O Novo Agronegócio e Resolução de Disputas

O Novo Agronegócio e Resolução de Disputas

2022

Augusto Tolentino
Thiago Marinho Nunes
Coordenadores

ALMEDINA

O NOVO AGRONEGÓCIO E RESOLUÇÃO DE DISPUTAS

COORDENADORES: Thiago Marinho Nunes e Augusto Tolentino
DIRETOR ALMEDINA BRASIL: Rodrigo Mentz
EDITORA JURÍDICA: Manuella Santos de Castro
EDITOR DE DESENVOLVIMENTO: Aurélio Cesar Nogueira
ASSISTENTES EDITORIAIS: Isabela Leite e Larissa Nogueira
DIAGRAMAÇÃO: Almedina
DESIGN DE CAPA: Roberta Bassanetto
ISBN: 9786556274461
Fevereiro, 2022

Dados Internacionais de Catalogação na Publicação (CIP)
(Câmara Brasileira do Livro, SP, Brasil)

O Novo agronegócio e resolução de disputas
Thiago Marinho Nunes, Augusto Tolentino, coordenadores. -- São Paulo : Almedina, 2022.

Vários autores.
Bibliografia.
ISBN 978-65-5627-446-1

1. Agroindústria - Brasil 2. Agronegócio - Brasil 3. Agronegócio - Leis e legislação - Brasil
4. Resolução de disputas (Direito) I. Nunes, Thiago Marinho. II. Tolentino, Augusto.

21-92095 CDU-34:338.43(81)

Índices para catálogo sistemático:

1 Brasil : Direito do agronegócio 34:338.43(81)

Cibele Maria Dias - Bibliotecária - CRB-8/9427

Este livro segue as regras do novo Acordo Ortográfico da Língua Portuguesa (1990).

EDITORA: Almedina Brasil
Rua José Maria Lisboa, 860, Conj.131 e 132, Jardim Paulista | 01423-001 São Paulo | Brasil
editora@almedina.com.br
www.almedina.com.br

SOBRE OS COORDENADORES

Augusto Tolentino Pacheco de Medeiros
Advogado. Mestre em Direito Comercial Internacional (LL.M) pela Universidade da Califórnia – EUA. MBA em Finanças – IBMEC. Presidente da Câmara de Mediação e Arbitragem Empresarial Brasil.

Thiago Marinho Nunes
Doutor em Direito Internacional e Comparado pela Faculdade de Direito da Universidade de São Paulo; Mestre em Contencioso, Arbitragem e Modos Alternativos de Resolução de Conflitos pela Universidade de Paris II – *Panthéon-Assas*. Vice-Presidente da CAMARB; *Fellow* do *Chartered Institute of Arbitrators*. Professor do Núcleo de Pesquisa em Arbitragem do IBMEC-SP. Árbitro independente.

SOBRE OS AUTORES

Ana Flávia Barros Moreira
Advogada. Mestre em Direito Privado pela PUC Minas.

Ana Paula Cabral Barbosa Andrade
Advogada. Pós-graduada em Direito do Agronegócio, Meio Ambiente e Desenvolvimento pela Universidade de Rio verde – UNIRV; Pós-graduada em Direito Tributário pela PUC-GO; Pós-graduada em Mediação, Conciliação, Negociação e Arbitragem pela Uni-Anhanguera – Goiás; Pós-graduada em Direito Processual Civil pelo CESUT – Jataí. Sócia do Escritório Barbosa e Andrade Advogados.

Augusto Tolentino
Advogado. Mestre em Direito Comercial Internacional (LL.M) pela Universidade da Califórnia – EUA. MBA em Finanças – IBMEC. Presidente da Câmara de Mediação e Arbitragem Empresarial Brasil.

Carla Sahium Traboulsi
Advogada. Pós-graduada em Mediação, Conciliação, Negociação e Arbitragem pela Uni-Anhanguera – Goiás; Pós-graduada em Direito Imobiliário Aplicado pela Escola Paulista de Direito – EPD; Bacharel em Letras pela Pontifícia Universidade Católica de Goiás – PUC-GO. Sócia Fundadora do Escritório Sahium Advogados Associados.

Cláudia Ferraz
Advogada. Pós-Graduada em Direito Processual Civil pelo Centro de Extensão Universitária de São Paulo.

Daniel Freitas Drumond Bento
Advogado em Belo Horizonte. Mestre em Direito pela UFMG.

Eliana Baraldi
Mestre em Direito Internacional e Comparado pela Universidade de São Paulo. Advogada e Árbitra.

Fabiane Verçosa
Doutora em Direito Internacional e da Integração Econômica pela Universidade do Estado do Rio de Janeiro (UERJ), com período de pesquisas no Max–Planck-Institut *für ausländisches und internationales Privatrecht*, em Hamburgo, Alemanha. Mestre em Direito Internacional e da Integração Econômica pela UERJ. Professora Adjunta da Faculdade de Direito da FGV Direito Rio. Professora da Pós-Graduação *Lato Sensu* do FGV *Law Program* (FGV Direito Rio) e da Pós-Graduação do Centro de Estudos e Pesquisas no Ensino do Direito (CEPED/UERJ). Pesquisadora Visitante, em nível Pós-Doutorado, no Max–Planck-Institut *für ausländisches und internationales Privatrecht* (2017). Advogada no Rio de Janeiro.

Francisco de Godoy Bueno
Mestre e Doutorando em Direito Civil pela Faculdade de Direito da Universidade de São Paulo. Sócio do Bueno, Mesquita e Advogados. Conselheiro da Sociedade Rural Brasileira.

Frederico Buss
Advogado com atuação no direito agrário e aplicado ao agronegócio. Sócio do Escritório Hein, Buss & Sampaio Advogados Associados. Consultor Jurídico da Federação da Agricultura do Estado do Rio Grande do Sul – Farsul.

Guilherme Toshihiro Takeishi
Doutorando, Mestre e Especialista em Direito Processual Civil pela PUC/SP. Professor do curso de Pós-Graduação *lato sensu* em Direito Processual Civil da COGEAE/PUC-SP. Membro do Instituto Brasileiro de Direito Processual (IBDP), do Centro de Estudos Avançados de Processo (CEAPRO) e do Comitê Brasileiro de Arbitragem (CBAR). Advogado, sócio do Reis, Souza, Takeishi & Arsuffi Advocacia Empresarial.

Jefferson Coelho Lopes
Advogado. Pós-Graduando em Direito Tributário pela Pontifícia Universidade Católica de Minas Gerais. Sócio do Escritório Sahium Advogados Associados.

João Paulo Hecker da Silva
Professor e Coordenador do Curso de Pós-graduação em Direito do IBMEC-SP. Doutor e Mestre em Direito Processual pela USP. Advogado em São Paulo/SP e sócio de VH Advogados.

Leonardo Polastri
Advogado. Mestre em Direito pela Universidade Federal de Minas Gerais (UFMG).

Luiz Eduardo Jardim Vilar
Advogado. Mestre em Direito pela New York University.

Marcos Hokumura Reis
Advogado e árbitro especialista em Direito do Agronegócio. Coordenador do Grupo de Estudos Arbitragem no Agronegócio do Comitê Brasileiro de Arbitragem – CBAr. Professor em diversos cursos de pós-graduação em Arbitragem e Agronegócio. Sócio do escritório Reis, Souza, Takeishi & Arsuffi Advocacia Empresarial.

Nancy Gombossy de Melo Franco
Pós-graduada em Direito Processual Civil pela PUC-SP e LL.M. em Direito dos Contratos pelo IBMEC-INSPER. Advogada em São Paulo/SP, sócia de Franco, Leutewiler, Henriques Sociedade de Advogados.

Pedro A. Batista Martins
Sócio de Batista Martins Advogados. Autor de (i) 4 livros sobre arbitragem, (ii) Comentários ao Código Civil – capítulo de Títulos de Crédito (coord. Arruda Alvim e Thereza Alvim), (iii) vários artigos sobre arbitragem, e (iv) outros temas do Direito.

Pedro Henrique Porto Magalhães
Mestrando em Direito pela UFMG. Advogado em Belo Horizonte.

Rômulo Greff Mariani
Advogado. Doutor em Direito pela Universidade de São Paulo – USP.

Suzana Santi Cremasco
Doutoranda em Direito e Mestre em Direito Processual pela UFMG. Vice-Presidente de Comunicação da CAMARB. Professora e Advogada em Belo Horizonte.

Thiago Marinho Nunes
Doutor em Direito Internacional e Comparado pela Faculdade de Direito da Universidade de São Paulo; Mestre em Contencioso, Arbitragem e Modos Alternativos de Resolução de Conflitos pela Universidade de Paris II – *Panthéon-Assas*; Vice-Presidente da CAMARB; *Fellow* do *Chartered Institute of Arbitrators*; Professor do Núcleo de Pesquisa em Arbitragem do IBMEC-SP; Árbitro independente.

NOTA DOS COORDENADORES

A dinâmica das relações comerciais tem tido, nos últimos tempos, enorme progresso na seara agrícola e na pecuária, que tradicionalmente chamamos de agronegócio. Como em toda atividade comercial, simples divergências ou complexas disputas podem surgir. Qualidade do produto questionada, eventual desequilíbrio econômico-financeiro dos contratos agroindustriais, rompimentos antes do prazo de duração da avença, problemas no processamento e armazenamento de produtos, na comercialização nas bolsas de mercadorias e futuros, entre outros, constituem causas comuns de disputas entre os *players* do agronegócio. Para a resolução de tais disputas e com objetivo de dar maior eficácia à resolução desses conflitos, entram em cena outros mecanismos mais adequados à sua solução: a arbitragem e a mediação empresarial.

Com efeito, em razão do desenvolvimento do agronegócio, nas últimas décadas o crescimento do setor foi acompanhado da sofisticação das relações comerciais a ele intrínsecas, uma vez que sua cadeia produtiva engloba uma gama complexa e variada de atividades comerciais. Obrigatoriamente, o sistema agroindustrial incorpora, além da agropecuária propriamente dita, a produção e comercialização de insumos, a indústria de transformação e processamento, e a rede de distribuição da produção. Complementando a cadeia, encontram-se os serviços de apoio, pesquisa e assistência técnica, além do transporte e da logística, da comercialização, da concessão de crédito, da exportação e importação (atividades desenvolvidas pelas empresas multinacionais denominadas *tradings*), dos serviços portuários, dos distribuidores das bolsas, até o consumidor final. É natural que, dessas relações negociais, surjam conflitos. Nesse contexto, a mediação e a arbitragem se mostram como métodos mais eficazes para a sua melhor resolução, dadas as suas especificidades, em comparação com o Judiciário (notadamente, a escolha dos árbitros e mediadores diretamente pelas partes envolvidas, a flexibilidade procedimental, bem como a celeridade dos procedimentos, entre outros).

Com o incremento das atividades agro negociais, notadamente após o advento da Lei nº 13.986/2020, que amplia o financiamento privado no agronegócio brasileiro e certamente atrairá investimentos estrangeiros no Brasil, esses métodos de resolução de conflitos ganham ainda mais força, daí a conveniência de que sejam cada vez mais discutidos. Que este conjunto de estudos seja mais um passo nessa direção.

São Paulo, Primavera de 2021.

Augusto Tolentino
Thiago Marinho Nunes

PREFÁCIO

O Brasil é um dos países mais extensos do mundo, com seis diferentes biomas compondo a sua extensão e recursos naturais incomparáveis. Seu direcionamento ao agronegócio ficou evidente desde o início da história brasileira. As políticas governamentais de crédito, seguro rural e comércio apoiando produtores em suas atividades são incentivos evidentes ao setor. Decorrente dessas políticas, as pesquisas agropecuárias tiveram início na época do império e são representadas pelo pioneirismo e inovação em tecnologias tropicais.

Com esses fundamentos, o agronegócio brasileiro é o setor mais competitivo e eficiente da economia nacional e coloca o país entre os principais produtores e exportadores de alimentos, fibras e bioenergia no mundo. A segurança alimentar mundial caminha, cada vez mais, a uma dependência direta de nossa produção agroindustrial que possui plena capacidade de atendê-la, sem que haja um prejuízo ao abastecimento interno.

Para entender o que vem a ser o agronegócio, nos convém partir da clássica divisão da economia em três setores: (i) primário – agricultura, pecuária e outras atividades extrativistas; (ii) secundário – indústria e comércio atacadista; e (iii) terciário – varejo e serviços. Necessário compreender então, que o agronegócio simplesmente não se enquadra em nenhuma dessas classificações, justamente por ser atividade que perpassa os três setores. É, desta forma, o exemplo mais acabado do que os economistas conhecem por "rede negocial", consistindo em articulado conjunto de atividades econômicas integradas. A transformação da agricultura tradicional, ligando a produção rural e a agroindústria em um contexto organizado e profissional da atividade forma um novo paradigma.

É possível dizer que o *complexo agroindustrial* compreende o conjunto de atividades relacionadas à produção agrícola, em sentido amplo no "antes da porteira", "dentro da porteira" e "pós-porteira". Os processos de produção, portanto, envolvem um conjunto de atividades que se interrelacionam à produção agrícola, pecuária, de pesca e aquicultura e por fim, de reflorestamento com a industrialização, logística e distribuição de alimentos, fibras e bioenergia para o mercado interno ou internacional.

Nesse contexto, convém rememorar os ensinamentos de John Davis e Ray Goldberg que trouxeram, em 1957, o termo *agribusiness* para o mundo, colocando a matriz insumo-produto no centro dos negócios agrícolas e visando dar amplitude ao termo agricultura.[1] Em contexto socioeconômico atual, o agronegócio é verdadeiro marco conceitual que delimita os sistemas integrados de produção de alimentos, fibras e bioenergia, operando desde o melhoramento genético até o produto final para consumo.[2] Um Sistema Agroindustrial (SAG) ou uma Cadeia Agroindustrial (CAI) específico é composto por agentes em distintos níveis de coordenação vertical.[3] Os SAG(s) compreendem os segmentos antes, dentro e depois da porteira da fazenda, envolvidos na produção, transformação, comercialização e logística de um produto agrícola básico e itens produzidos a partir dele, até o consumo final.

As atividades econômicas integradas que formam os SAG(s) ganham relevância jurídica a medida em que encontram os critérios de organicidade e economicidade. A atividade de produção rural demonstra ainda maior relevância quando compreendida, não de forma autônoma e individualizada, mas sim, quando interpretada no seu exercício dentro do conjunto econômico em que está envolvida. Assim, também na visão do Professor Fábio Ulhoa Coelho, o "*'agronegócio' é um conceito da economia que, no direito, se refere aos agentes e negócios inseridos na cadeia econômica de produtos agrícolas e pecuários, envolvendo todas as atividades nela inseridas, desde a produção de insumos até a comercialização ou exportação, incluindo plantio, colheita, processamento, transporte, logística, financiamento e investimento*".[4]

[1] DAVIS, John H.; GOLDBERG, Ray A. *A concept of agribusiness*. Boston: Harvard University, 1957.

[2] FARINA, Elizabeth M. M. Q. Abordagem sistêmica dos negócios agroindustriais e a economia dos custos de transação. *In:* FARIN, Elizabeth M. M. Q.; AZEVEDO, Paulo Furquim de; SAES, Maria Sylvia Macchione (org.). *Competitividade:* mercado, Estado e organizações. São Paulo: Singular, 1997.

[3] DAVIS, John H.; GOLDBERG, Ray A. *A concepto f agribusiness*. Boston: Harvard University, 1957.

[4] COELHO, Fábio Ulhoa. *Títulos de Crédito:* Uma nova abordagem. São Paulo: Revista dos Tribunais, 2021, p. 134.

Essa rede negocial está representada em uma cadeia de produção que pode ser caracterizada por: (i) sucessões de operações de transformação encadeadas, passíveis de serem separadas ou ligadas entre si, por um procedimento técnico; (ii) relações comerciais e financeiras que estabelecem, entre todos os estágios de transformação, um fluxo de troca entre fornecedores; e (iii) conjunto de ações econômicas que permitem a valorização dos meios de produção e asseguram a articulação de operações.

Ao tratarmos sobre a atividade agroindustrial, nos referimos à exploração econômica de propriedades rurais de forma dinâmica, em relações em cadeia e que integram verdadeiro arcabouço jurídico multifacetado. Referem-se, na verdade, a um sistema de negócios jurídicos interdependentes em um regime de mercado. Atua, desta forma, como um conjunto de institutos jurídicos que visam garantir trocas econômicas seguras e menores custos de transação. As transformações ocorridas e a evolução tecnológica aplicada às SAG(s) formam este novo conceito e, portanto, singular, com elementos caracterizadores específicos.

Cada uma das atividades, quando isoladamente considerada, não tem, nem de longe, a mesma relevância e efeito quando sistematizada como uma rede de contratos e de operações tomada por um conjunto integrado. A distribuição de riscos entre os diversos agentes que atuam na rede, estabelecida pelos contratos que a celebram, deve ser preservada. Nesse sentido, a medida em que temos modelo de negócios específicos e que muitas vezes vão além dos contratos típicos, extrapolando bases comuns às regras gerais do direito civil e expresso conjunto de contratos-tipo, acabamos por atuar com atipicidade contratual, função e riscos próprios. A isso, atribuímos um *design obrigacional* específico expresso em rede negocial, e no consequente desenho de estruturas de governança mais eficientes.

Sabe-se que os contratos são verdadeiros instrumentos de alocação de risco, minimizando os custos e aumentando a segurança jurídica nas relações. Em suma, é possível dizermos que o direito contratual provê segurança e previsibilidade para as operações econômicas e sociais, o que se caracteriza como um elemento importante no contexto institucional. Serve também para evitar a tendência ao oportunismo, bem como fornecer modelo regulatório simples, conduzindo as partes contratantes a comportamento honesto e cooperativo.

Ademais, não esqueçamos que são diversos os contratos que podem aqui incidir nas transações operadas nas cadeias agroindustriais, são exemplos: (i) na etapa de fornecimento de insumos – distribuição, representação, multiplicação e *barter*/Cédula de Produto Rural; (ii) na produção – arrendamento rural, parceria e integração vertical; (iii) na comercialização – compra e venda, fornecimento, contratos futuros e derivativos agrícolas *(hedge)*; (iv) na associação da técnica – desenvolvimento e cessão de tecnologia e prestação de serviços; (v) na reunião e alocação do capital – contrato de sociedade, associação e cooperativa; (vi) no financiamento – contrato bancário, títulos e valores mobiliários e contratos de investimentos; e (vii) na distribuição – transporte, depósito em armazéns agropecuários, armazenagem e *packing*.

Como apresentado, o setor é caracterizado por diversas e complexas relações multifacetadas, estabelecidas por contratos e muitas vezes, de longo prazo. Toda e qualquer relação jurídica envolverá, em alguma medida, o potencial para conflitos. O agronegócio não é diferente, ainda mais se pensarmos os riscos inerentes à atividade que está sujeita aos mais variados riscos físicos, de preço, de câmbio etc. Assim, a judicialização de conflitos de interesse no agronegócio ganha moldura especial. Compreende, porém, o Judiciário as nuances que envolvem as cadeias agroindustriais, seus modelos de negócios específicos e crises próprias de uma "indústria a céu aberto"?

Vale aqui dizer que os dados sobre *enforcement* contratual, ou seja, sobre a execução dos contratos no Brasil não são muito animadores. Reforçando isso, destacamos os trabalhos realizados pelo *Doing Business*[5] e pela Associação Brasileira de Jurimetria (ABJ).[6] Segundo o relatório anual do *Doing Business*, o Brasil possui pontuação de *enforcement* de contratos de 64.1, em escala de 0 a 100, assumindo o custo de valor do sinistro de 22 pontos percentuais. O Brasil ocupa a 124ª posição geral das 190 economias estudadas no *ranking* que analisa o ambiente de negócios, figurando na 58ª posição em relação à execução dos contratos. Isso, porém, não é suficiente para afastar as dificuldades já que, São Paulo (foco de estudo do relatório) possui tempo médio processual de 731 dias, ou seja, de 2 anos. No que concerne a custos, veja-se que os valores eram de 16,5% do valor da causa entre 2004 e 2013, passando para 20,7% a partir de 2014 até o relatório mais recente.

Já acerca dos estudos da ABJ, notamos alguns dados relevantes a serem destacados: a média de tempo para citação é de 76 dias (dois meses e meio);

[5] The World Bank. *Doing Business*. Washington, DC: 2020.

[6] Associação Brasileira de Jurimetria. *Estudo jurimétrico sobre Execução de Contratos:* Relatório Doing Business. São Paulo: 10 jun. 2020.

o tempo médio de penhora de bens, na fase executória, é de 151 dias (aproximadamente 5 meses); por fim, o tempo mediano de execução, em que pese a dificuldade de obtenção de informações, é de 255 dias, ou seja, oito meses e meio. Sobre os gastos tidos, obteve-se a informação de que os custos com honorários advocatícios estão mais próximos de 10% do que de 15% do valor da causa, assumindo, as custas de conhecimento, percentual de 7,37% do valor da causa e, as de execução, de apenas 0,09%. Os dados, ainda que não sejam totalmente homogêneos dadas as diferenças de metodologias adotadas, trazem constatação inequívoca: temos sensíveis problemas quanto à execução dos contratos e os processos judiciais são demorados.

É nesse sentido que os métodos alternativos de resolução de disputa surgem como importante alternativa à solução de conflitos de interesse no agronegócio. Podemos encontrar na arbitragem mecanismos que visam encerrar problemas complexos e específicos com equidade. Resguardamos, aqui, a importância da mediação, enquanto busca por restaurar a relação existente entre as partes conflitantes, já que baseada na aproximação destas com restauração da relação harmoniosa.

Enquanto baseado em relações de longo prazo entre os agentes, no setor notamos que disputas judiciais podem ser, em suma, prejudiciais à imagem de um *player* do mercado. Ainda, ao lidar com produtos altamente perecíveis não há muito espaço para a demora na tomada de decisões – é o caso da soja, que entre o plantio e a colheita decorrem apenas 120 dias, ou o milho, que entre as mesmas atividades possui espaço de 4 a 6 meses. Assim, o procedimento reconhecido pela Lei nº 9.307 de 1996, pode trazer às disputas no agronegócio maior tecnicidade, flexibilidade e celeridade na preservação dos interesses da cadeia de produção aqui em destaque.

Desta forma, pensamos que o leitor poderá conhecer a arbitragem e outras formas de resolução de disputas, observando sua evolução ao longo das últimas décadas e sua vinculação à tecnologia, bem como, seus mais delineados e ágeis procedimentos. Também, compreenderá como essa pode e deve estar inserida nos negócios agroindustriais, em sentido amplo, e assim, em quaisquer conflitos relativos a direitos patrimoniais disponíveis, não restritos aos contratos agrários típicos (arrendamento, parceria rural e integração), mas também, contratos de compra e venda e fornecimento de *commodities*, relações societárias e acordos de acionistas, *joint ventures* ou no planejamento sucessório. Ainda, nos instrumentos financeiros e títulos de crédito do setor, principalmente quanto às inovações trazidas pela Lei do Agro (Lei nº 13.986/2020).

As instituições, por seus efeitos sobre os custos de troca e produção, afetam decisivamente a performance econômica e as instituições determinam os custos de transação da atividade econômica em certo ambiente. Os mecanismos de coordenação econômica, dados por instituições políticas e legais, restringem as necessidades, as preferências e as escolhas dos atores econômicos de uma cadeia de produção. Assim, a análise conjunta do Direito, da Economia e das Organizações tem relevância por possibilitar entendimento mais profundo da complexidade da realidade no campo, permitindo o emprego de aparato metodológico profícuo para discussão crítica de temas como produtividade, infraestrutura, investimento e segurança jurídica dos contratos, razão encontrada na análise a partir de ferramental interdisciplinar no qual os mecanismos alternativos de solução de conflitos podem melhor atuar.

O arcabouço legal e seus instrumentos de *enforcement* fornecem um conjunto de incentivos aos tomadores de decisão econômica, definem estratégias e têm efeitos não triviais sobre eficiência. Um dos aspectos centrais nesse contexto está na capacidade das organizações funcionarem como instâncias para solução de conflitos pós-contratuais e tem papel central no enfoque do Direito, Economia e Organizações. A arbitragem, porém, apenas nos últimos anos começou a ser mais detidamente analisada e, no agronegócio, de maneira ainda mais recente, desenvolvida doutrina especial, profunda e analítica, como essa que aqui viemos apresentar. A dinamicidade do setor acaba por se contrapor às soluções fora da melhor sistematização dos conceitos que buscamos demonstrar, é conveniente e oportuna essa obra que compila fundamentados artigos, trilhando caminho mais claro para questões relativas aos conflitos de interesse no agronegócio.

RENATO BURANELLO

Doutor e Mestre em Direito Comercial pela Pontifícia Universidade Católica de São Paulo (PUC/SP). Sócio do VBSO Advogados. Com capacitação docente em Direito e Economia pela FGV/RJ. Coordenador do Curso de Direito do Agronegócio do Insper. Diretor da Associação Brasileira do Agronegócio (ABAG). Membro da Câmara de Crédito, Comercialização e Seguros do Ministério da Agricultura (MAPA) e do Conselho Superior de Agronegócio (COSAG) da FIESP. Árbitro na Câmara de Arbitragem Empresarial – Brasil (CAMARB). Fundador do Instituto Brasileiro de Direito do Agronegócio (IBDA).

SUMÁRIO

1.
ARBITRAGEM DO PASSADO À TECNOLOGIA

Pedro A. Batista Martins

Breve histórico

A arbitragem tem passado por vários e distintos momentos no curso de sua evolução no Brasil.

Do seu início no século XIX até o fim desta segunda década de XXI, conquanto se registrem idas e vindas, percebe-se que a partir de 1990 o instituto se revigora, ganha notoriedade, adeptos e estudiosos, para se afirmar nos anos 2000 como eficaz meio de solução de conflitos.

Nos idos do século XIX o Brasil se submeteu a algumas arbitragens para resolver questões com a Grã-Bretanha, os Estados Unidos da América, a Suécia e a Noruega.

Também foi objeto de arbitragem a pretensão indenizatória do filho e herdeiro do Almirante Cochrane, por serviços prestados por seu pai à causa da independência do Brasil.

Ilustres brasileiros integraram painéis arbitrais internacionais constituídos para julgar demandas expressivas e de grande relevância. São eles, Visconde de Itajubá, Conselheiro Lafayette, Barão Aguiar de Andrada e Barão de Arinos.

No início do século XX o Brasil é parte em arbitragens envolvendo disputas territoriais com alguns dos países fronteiriços.

No âmbito legislativo, a par de a Constituição Política do Império, de 1824, mencionar os juízes árbitros e as suas sentenças sem recurso, em 1831 a arbitragem emerge como o meio próprio e legal para a resolução de conflitos decorrentes dos contratos de seguro.

Em 1837, é promulgada lei cujos dispositivos indicam ser a arbitragem o meio hábil para o desenlace de conflitos oriundos dos contratos de locação de serviços.

Percebe-se, nesse momento, que a arbitragem começa a ganhar campo e a se expandir nas relações bilaterais, o que veio a se confirmar com o advento do Código Comercial de 1850, cujo prestígio conferido ao instituto demandou a inclusão de disposições próprias no Código de Processo Comercial que lhe seguiu.

Interessante realçar que, ao dispor sobre os vários tipos de sociedades, o Código Comercial estabeleceu que as controvérsias havidas entre sócios e as questões atinentes à liquidação e partilha do acervo patrimonial seriam, obrigatoriamente, resolvidas por arbitragem. Portanto, tais conflitos não poderiam ser resolvidos no Poder Judiciário, pois a jurisdição arbitral era compulsória.

Nessa época a arbitragem se afirma como instrumento valioso para os propósitos societários, contratuais e comerciais.

Todavia, essa linha ascendente do instituto dura pouco.

Em 1866 a arbitragem compulsória é banida do sistema legal, e no ano seguinte, a título de dispor sobre o juízo arbitral, a eficácia da cláusula compromissória restou comprometida pela necessidade de as partes contratantes, após eclodido o conflito, firmarem o chamado compromisso, no qual deveriam pactuar os limites e o objeto de suas pretensões.

Somente o compromisso autorizava a instituição da arbitragem. A cláusula compromissória passou assim a ser considerada mero *pactum de contrahendo* sem operar a eficácia desejada para impor, *per se*, a submissão do conflito à arbitragem.

Com isso, o instituto perde expressão e cai em verdadeiro ostracismo.

A despeito de alguns dos Códigos de Processo Civil estaduais disporem sobre a arbitragem, assim como o Código Civil de 1916 e o Código de Processo Civil de 1939, que unificou o sistema processual brasileiro, e ainda o Código de Processo Civil de 1973, fato é que a arbitragem quedou-se esquecida na prática e totalmente relegada pela academia jurídica.

O ano de 1867, por certo, giza o desterro do instituto que perdura até meados de 1990, quando é editada a Lei nº 9.307/96 ("Lei de Arbitragem") e, paralelamente, dá-se início ao programa de privatização das muitas empresas estatais que atuavam em segmentos relevantes da economia nacional e cujas atividades demandavam particular expertise e fortes investimentos.

Nesse momento, então, a arbitragem é repatriada e passa a ganhar tração nos setores jurídicos e empresariais, afeitos à contemporaneidade, para, finalmente, ganhar expressão no início do século XXI com sua adoção pela Administração Pública, direta e indireta.

Passa, então, a integrar a disciplina de várias Escolas e Faculdades de Direito, inúmeros livros sobre a matéria são editados, revistas dedicam-se exclusivamente a publicar artigos sobre o instituto, e torna-se a regra nos contratos dos mais variados setores econômicos e empresariais.

Sua fama é tanta que o Código de Processo Civil de 2015 (CPC) não só a apoia e reforça seus preceitos, como encampa parcela da dinâmica do procedimento e prática arbitral.

Nessa esteira, o CPC 2015 (i) chancela a arbitragem e demais meios extrajudiciais como instrumentos aptos de solução dos conflitos[7], (ii) reafirma a carta arbitral como instrumento hábil de cooperação jurisdicional[8],

[7] Art. 3º § 1º É permitida a arbitragem, na forma da lei.
§ 2º O Estado promoverá, sempre que possível, a solução consensual dos conflitos.
§ 3º A conciliação, a mediação e outros métodos de solução consensual de conflitos deverão ser estimulados por juízes, advogados, defensores públicos e membros do Ministério Público, inclusive no curso do processo judicial.

[8] Art. 69. § 1º As cartas de ordem, precatória e arbitral seguirão o regime previsto neste Código.
Art. 189. Os atos processuais são públicos, todavia tramitam em segredo de justiça os processos: (...) IV – que versem sobre arbitragem, inclusive sobre cumprimento de carta arbitral, desde que a confidencialidade estipulada na arbitragem seja comprovada perante o juízo.
Art. 237. Será expedida carta: (...) IV – arbitral, para que órgão do Poder Judiciário pratique ou determine o cumprimento, na área de sua competência territorial, de ato objeto de pedido de cooperação judiciária formulado por juízo arbitral, inclusive os que importem efetivação de tutela provisória.
Art. 260. São requisitos das cartas de ordem, precatória e rogatória: (...) § 3º A carta arbitral atenderá, no que couber, aos requisitos a que se refere o caput e será instruída com a convenção de arbitragem e com as provas da nomeação do árbitro e de sua aceitação da função.
Art. 267. O juiz recusará cumprimento a carta precatória ou arbitral, devolvendo-a com decisão motivada quando: I – a carta não estiver revestida dos requisitos legais; II – faltar ao juiz competência em razão da matéria ou da hierarquia; III – o juiz tiver dúvida acerca de sua autenticidade.

(iii) corrobora a eficácia da convenção de arbitragem[9], (iv) prestigia o princípio *kompetenz/kompetenz*[10], e *(v)* chancela a função jurisdicional do árbitro[11].

A assimilação pelo processo civil da dinâmica do procedimento arbitral é percebida ao se verificar o regramento específico sobre (i) a vedação à decisão-surpresa[12], (ii) o negócio jurídico processual[13], (iii) a distribuição diversa do ônus da prova[14], (iv) a sentença parcial de mérito[15],

Parágrafo único. No caso de incompetência em razão da matéria ou da hierarquia, o juiz deprecado, conforme o ato a ser praticado, poderá remeter a carta ao juiz ou ao tribunal competente.

9 Art. 337. Incumbe ao réu, antes de discutir o mérito, alegar: (...) X – convenção de arbitragem; (...)

§ 5º Excetuadas a convenção de arbitragem e a incompetência relativa, o juiz conhecerá de ofício das matérias enumeradas neste artigo.

Art. 1.012. A apelação terá efeito suspensivo.

§ 1º Além de outras hipóteses previstas em lei, começa a produzir efeitos imediatamente após a sua publicação a sentença que: (...) IV – julga procedente o pedido de instituição de arbitragem;

10 Art. 485. O juiz não resolverá o mérito quando: (...) VII – acolher a alegação de existência de convenção de arbitragem ou quando o juízo arbitral reconhecer sua competência;

11 Art. 515. São títulos executivos judiciais, cujo cumprimento dar-se-á de acordo com os artigos previstos neste Título: (...) VII – a sentença arbitral;

12 Art. 10. O juiz não pode decidir, em grau algum de jurisdição, com base em fundamento a respeito do qual não se tenha dado às partes oportunidade de se manifestar, ainda que se trate de matéria sobre a qual deva decidir de ofício.

13 Art. 190. Versando o processo sobre direitos que admitam autocomposição, é lícito às partes plenamente capazes estipular mudanças no procedimento para ajustá-lo às especificidades da causa e convencionar sobre os seus ônus, poderes, faculdades e deveres processuais, antes ou durante o processo.

Parágrafo único. De ofício ou a requerimento, o juiz controlará a validade das convenções previstas neste artigo, recusando-lhes aplicação somente nos casos de nulidade ou de inserção abusiva em contrato de adesão ou em que alguma parte se encontre em manifesta situação de vulnerabilidade.

14 Art. 373. § 3º A distribuição diversa do ônus da prova também pode ocorrer por convenção das partes, salvo quando:

I – Recair sobre direito indisponível da parte;

II – Tornar excessivamente difícil a uma parte o exercício do direito.

15 Art. 356. O juiz decidirá parcialmente o mérito quando um ou mais dos pedidos formulados ou parcela deles: I – mostrar-se incontroverso; II – estiver em condições de imediato julgamento, nos termos do art. 355.

(v) a inquirição de testemunhas diretamente pelo advogado[16], e (vi) a dispensa de nomeação de perito do juízo por força de juntada de laudos técnicos pelas partes[17].

Tecnologia e eficiência do procedimento

Paralelamente ao aprimoramento e crescimento da arbitragem, em harmonia com as decisões judiciais que têm afirmado os seus preceitos legais, as diversas instituições arbitrais se ajustaram devida e adequadamente aos seus objetivos de eficiência, a ponto de, praticamente, todo o procedimento arbitral se desenvolver eletronicamente.

Com efeito, do pedido de instauração de arbitragem ao envio da sentença final, tudo é feito remotamente. A nomeação de árbitros, a reunião para a conclusão do Termo de Arbitragem e a sua assinatura, o envio das manifestações e anexos, a deliberação e o encaminhamento das Ordens Processuais, a produção de documentos na posse da outra parte, enfim, todos os atos e demais providências são regularmente atendidos remota e eletronicamente.

§ 1º A decisão que julgar parcialmente o mérito poderá reconhecer a existência de obrigação líquida ou ilíquida.
§ 2º A parte poderá liquidar ou executar, desde logo, a obrigação reconhecida na decisão que julgar parcialmente o mérito, independentemente de caução, ainda que haja recurso contra essa interposto.
§ 3º Na hipótese do § 2º, se houver trânsito em julgado da decisão, a execução será definitiva.
§ 4º A liquidação e o cumprimento da decisão que julgar parcialmente o mérito poderão ser processados em autos suplementares, a requerimento da parte ou a critério do juiz.
§ 5º A decisão proferida com base neste artigo é impugnável por agravo de instrumento.

[16] Art. 459. As perguntas serão formuladas pelas partes diretamente à testemunha, começando pela que a arrolou, não admitindo o juiz aquelas que puderem induzir a resposta, não tiverem relação com as questões de fato objeto da atividade probatória ou importarem repetição de outra já respondida.
§ 1º O juiz poderá inquirir a testemunha tanto antes quanto depois da inquirição feita pelas partes.
§ 2º As testemunhas devem ser tratadas com urbanidade, não se lhes fazendo perguntas ou considerações impertinentes, capciosas ou vexatórias.
§ 3º As perguntas que o juiz indeferir serão transcritas no termo, se a parte o requerer.

[17] Art. 472. O juiz poderá dispensar prova pericial quando as partes, na inicial e na contestação, apresentarem, sobre as questões de fato, pareceres técnicos ou documentos elucidativos que considerar suficientes.

Salvo pontuais reuniões presenciais dos árbitros para deliberação sobre questões que demandam decisão, a exceção à regra da prática dos atos processuais por meio eletrônico se dá, ou se dava no tocante às audiências.

Tanto as audiências que visam a oitiva de testemunhas, depoimentos pessoais e esclarecimentos de peritos e assistentes técnicos, quanto aquelas que se resumem à apresentação do caso e esclarecimentos quanto às provas requeridas.

O usual, nesses casos, tem sido a realização de audiência presencial nas salas privativas das câmaras de arbitragem ou em espaços próprios reservados em hotéis.

Entretanto, os últimos tempos têm provado que mesmo a realização de boa parte das audiências, e evidentemente aquelas de exposição oral das questões controversas, podem ocorrer de forma remota.

A experiência prática tem demonstrado que as reuniões por videoconferências são produtivas, eficientes, ágeis e seguras devendo, portanto, ser prestigiadas, inclusive pela redução dos custos associados.

Conquanto possa surpreender, a realização de audiência por videoconferência não é uma novidade no mundo da arbitragem.

É de grande utilidade nas arbitragens expeditas, dado que o tempo é da essência nessa modalidade de procedimento. O mesmo ocorre nas medidas de urgência submetidas ao árbitro de emergência, cujo contato com as Partes para esclarecimentos ou exposição mais detalhada da controvérsia usualmente se faz por via remota, por força do exíguo prazo para a prolação da decisão cautelar.

Recentemente o *International Centre for Settlement of Investment Disputes* (ICSID) anunciou, em 2019, que grande parte das suas audiências ocorreu por meio remoto. Ou seja, ainda antes da pandemia da Covid-19 se verifica a opção pelo uso de plataformas digitais para a colheita de provas orais.

Percebe-se, assim, que audiência remota, para além de não ser novidade no mundo da arbitragem, já é uma prática adotada em procedimentos específicos (*v.g.* expedito; emergência) e também naqueles de curso ordinário.

Não é algo, portanto, que surge em razão das regras sanitárias restritivas de 2020 decorrentes da pandemia da Covid-19; na verdade, destas limitações impostas para a redução do contágio viral resulta a difusão das plataformas digitais e a sua utilidade para as audiências e reuniões arbitrais e, a isso atrelado, desponta o natural misoneísmo de parcela de arbitralistas e usuários que, abruptamente, se deparam e reagem a essa realidade tecnológica.

De fato, o novo surpreende e não raro assusta, mas, aos poucos, acaba por ser assimilado. Concretamente, não há como fugir dos meios e instrumentos digitais. Falam mais alto os avanços, as qualidades e a eficiência tecnológica em um mundo cada vez menos analógico.

A disseminação das tecnologias e a excelência de suas funcionalidades implicam, ao fim e ao cabo, na sua assimilação e aceitação; ainda que forçosamente. Em suma, difícil evitar o que a sociedade exercita na prática cotidiana.

E tal não deverá ser diferente no âmbito das arbitragens; afinal, procedimento arbitral eficiente é a meta e a tecnologia uma das suas molas propulsoras.

Não à toa, pesquisa realizada em 2018 pela Queen Mary University of London e pelo escritório White & Case junto aos usuários de arbitragem, registrou – no quesito "O futuro da arbitragem" – que a vasta maioria dos entrevistados almejavam a utilização de videoconferências e a disponibilização de salas virtuais de audiência. Ainda, para 61% dos entrevistados o procedimento arbitral será mais eficiente se houver o incremento no uso de tecnologias.

Com efeito, não há como se esquivar de instrumentos e meios tecnológicos que conduzem à otimização das arbitragens e à equação mais racional de tempo e custo em proveito de todos os envolvidos.

Adaptabilidade é qualidade essencial ao profissional contemporâneo e, não há dúvida, está no sangue da comunidade arbitral brasileira.

A rápida introdução pelas Câmaras nacionais de normas sobre a utilização das plataformas digitais e a realização de audiências remotas, bem como a disseminação de seu uso no ano de 2020, não deixa margem à dúvida quanto à capacidade de adaptação dos profissionais que atuam nesse meio de resolução de conflitos.

A grande maioria dos procedimentos arbitrais não sofreu solução de continuidade em razão das restrições sanitárias advindas da pandemia da Covid-19, e os poucos suspensos deveu-se, em parte, ao fato de a complexidade do caso demandar a realização de audiência presencial.

Nada obstante, persiste alguma resistência às audiências remotas que, no meu entender, será aos poucos superada pelo acúmulo de experiências que será conquistado no devido tempo.

Conquanto não se aplique a toda e qualquer audiência, dadas as particularidades de cada caso concreto, sua realização por videoconferência, por certo, atende a uma gama substancial de arbitragens. E tal já se atestou.

Nessa senda, cumpre ao tribunal arbitral, ouvido as partes, determinar a adoção desse meio quando se mostrar mais eficiente ao procedimento. Afinal, detém o tribunal arbitral, ausente disposições em contrário, amplos poderes para decidir sobre as questões procedimentais e as regras aplicáveis.

O tribunal arbitral tem a prerrogativa, sem que tal viole o devido processo legal, de dispensar a produção de provas que entenda inúteis e impertinentes, inclusive indeferir pedido de realização de audiência, se desnecessária a oitiva de testemunhas ou o depoimento pessoal ou de representante legal.

Do mesmo modo, o tribunal arbitral tem competência para decidir questões procedimentais e, assim, conduzir a arbitragem da maneira que entende adequada. Não raro, a ele também cumpre, nas hipóteses de lacunas, fixar o regramento mais adequado ao caso concreto.

Assim sendo, o tribunal arbitral está, a rigor, legitimado a determinar o meio apropriado e mais eficiente para a realização da audiência, seja ele presencial ou remoto.

Por suposto, decisão desse naipe não viola o direito pátrio e tampouco consubstancia, *per se*, anomalia processual, salvo se cabalmente atestada violação aos direitos básicos da parte.

Em outros termos, cumpre ao Tribunal Arbitral ponderar o grau de complexidade da audiência, o custo/benefício, as questões de ordem tecnológica, bem como sopesar as circunstâncias do caso concreto e, ao fim, considerá-las à luz do direito das partes de serem devida e adequadamente, ouvidas e tratadas de modo isonômico.

Segundo Maxi Scherer:

> "Regarding the test arbitral tribunals should apply when deciding on a remote hearing in the absence of the parties' agreement, one could imagine solutions similar to those adopted in national courts, set out in the previous

section. Arbitral tribunals could either require that the party seeking a remote hearing show good cause thereof or, to the contrary, put the burden on the party resisting a remote hearing to establish why the hearing cannot be conducted remotely. However, national arbitration laws or institutional rules do not provide for either such solution. Therefore, adopting the intermediate solution of an overall balancing test is best-suited and in line with the broad power granted to arbitral tribunals in determining whether a hearing may be conducted remotely. In this overall balancing exercise, tribunals need to compare the potential benefits resulting from a remote hearing with the potential prejudice to any party resulting therefrom."[18]

Nesse particular, vale registrar duas decisões da Corte Federal da Austrália dos anos 2000 e 2001, quando a oitiva de testemunhas por vídeo tratava-se de algo relativamente novo:

"Relatively recently, in McDonald v Commissioner of Taxation 2000 ATC 4,271, Finn J was concerned with a challenge to a decision of the Administrative Appeals Tribunal, based in part on that decision's having been made after the Tribunal had taken McDonald's evidence by video link. In the course of rejecting that challenge, his Honour said (at 4,276, [21]-[22]), 'As is now well known, the video-link facility is being utilised with greater regularity and acceptance in court proceedings – particularly of this Court – as judges have come to acknowledge that apprehended disadvantages from the use of video-links have not materialised as expected: see generally the discussions in B v Dentists Disciplinary Tribunal [1994] 1 NZLR 95 at 105ff and in Studniberg v JP Morgan Australia Ltd [1998] NSWIR Comm 483 [also reported in (1998) 84 IR 86]. Significantly, the facility has been used notwithstanding that a witness' evidence, for example, (a) was 'central' to a case, (b) was contentious, (c) would be expected to occupy three to four days and (d) was to be given in a serious criminal matter: see R v Kyu Hyuk Kim (1998) 104 A Crim R 233. Equally judges have accepted in relation to trials that a video-link is, for practical purposes, much the same as hearing evidence in court: see Lord Donaldson MR's observations quoted in B's case, above, at 107; and that it does not pose a significant impediment to the assessment of a witness' demeanour: see B's case at 109; see also the observations of Young J in Bayer AG v Minister for Health [reported in (1988) 96 FLR 50 at 116] as quoted in Studniberg's case, above.' (...) In light of the atti-

[18] SCHERER, Maxi. "Remote hearings in international arbitration: an analytical framework". *In* 37(4) *Journal of International Arbitration*, 2020, item 5.2(b).

tude taken in this Court in the five cases which I have mentioned above, as well as the attitude manifested in the courts of New South Wales Bayer AG and Studniberg), Victoria (Kyu Hyuk Kim), New Zealand (B) and England (Henderson v SBS Realisations Ltd (13 April 1992, unreported)) in the cases referred to by Finn J in McDonald, I find a strong current of authority in favour of permitting the relatively new video link technology to be used, in the absence of some considerable impediment telling against its use in a particular case. I do not find in this case, having regard to the matters put to me by counsel for the respondents, anything sufficiently out of the ordinary to cause me not to permit Dr Roulin's evidence to be taken by video link."[19]

"However, I note some discussion will take place between the parties in relation to the evidence from one witness mentioned at the hearing this morning and, therefore, I will make no determination in respect of the evidence of that witness with respect to the use of video links. Generally speaking, given the advanced state of video link technology and because of the convenience of this procedure and the savings in time and cost it provides, a substantial case needs to be made out to warrant the Court declining to make an order for evidence to be taken by video link, especially where evidence is adduced from various witnesses: see McDonald v Commissioner of Taxation [2000] ATC 4,271 at [21]-[22]; Tetra Pak Marketing Pty Ltd v Musashi Pty Ltd [2000] FCA 1261 and cases there cited. In the latter case, Katz J, at [25], said: 'I find a strong current of authority in favour of permitting the relatively new video link technology to be used, in the absence of some considerable impediment telling against its use in a particular case. I do not find in this case, having regard to the matters put to me by counsel for the respondents, anything sufficiently out of the ordinary to cause me not to permit Dr Roulin's evidence to be taken by video link.' (Emphasis added) There is no considerable impediment in this instance, nor is the present case out of the ordinary insofar as the use of video link technology is concerned."[20]

Outrossim, o tempo há de ser considerado na análise dos prós e contras da audiência remota, dada a norma constitucional que assegura aos jurisdicionados a razoável duração do processo e os meios que garantam a celeridade de sua tramitação[21].

[19] Austrália, Corte Federal, F.C.A. 1261, Tetra Pak Marketing Pty. Ltd. v. Musashi Pty. Ltd., 2000, §§17,25.

[20] Austrália, Corte Federal, F.C.A. 1454, Versace v. Monte, 2001, §§16,17.

[21] Art. 5º, LXXVIII. No contexto judicial, esse preceito encontra eco nos arts. 4º e 6º do Código de Processo Civil: "Art. 4º As partes têm o direito de obter em prazo razoável a

Audiência remota é realizada por meio tecnológico que confere celeridade ao procedimento e, assim, advoga em prol da sua duração adequada. Como sabido, tempo é da essência da arbitragem e a cláusula sem recurso sua mais evidente constatação. Por certo, a duração razoável do processo é uma das razões que conduz o empresariado a inserir a convenção arbitral nos mais variados tipos de contratos.

Outrossim, a audiência por meio digital não viola o direito da parte de apresentar o caso de modo apropriado e, tampouco, o seu direito de defesa, salvo particularidades que possam aflorar no concreto.

Ainda que remotamente, as partes terão normalmente a oportunidade de (i) expor as questões pertinentes ao conflito, (ii) ouvir e inquirir representantes legais, testemunhas e experts, (iii) apresentar objeções, e tudo mais que se mostre necessário, tal qual nas audiências presenciais.

Nada obstante, há reações ao modelo remoto, notadamente no tópico da inquirição de testemunhas e *experts*, por alegadamente afetar ou prejudicar a viabilidade de se demonstrar a falta de credibilidade dessas pessoas, pela perda da pressão psicológica e pela redução do poder persuasório do advogado.

Isso porque o meio tecnológico não permitiria o confronto direto, em ambiente físico único e com efetiva proximidade, capaz de assegurar o clima e a intensidade que essa difícil tarefa de inquirição demanda.

Enfim, testemunhas e *experts* encontrar-se-iam em terreno mais seguro e confortável, e menos vulnerável aos impactos psicológicos que a presença de advogados e árbitros, e mesmo das partes, lhes imporia.

Não se nega que esse argumento tenha certa procedência. Todavia, o tempo demonstrará não ser tal circunstância fator da relevância que tem sido vocalizada.

Não são muitas as ocasiões em que o advogado, de forma patente, e em decorrência da inquirição, desqualifica a testemunha ou o seu depoimento.

A falta de credibilidade, no mais das vezes, resulta de algum fato externo ao depoimento (*v.g.* histórico da testemunha; comportamento pretérito) ou da observação atenta das respostas dadas.

solução integral do mérito, incluída a atividade satisfativa."; "Art. 6º Todos os sujeitos do processo devem cooperar entre si para que se obtenha, em tempo razoável, decisão de mérito justa e efetiva."

Há ocasiões em que a falsidade é tão eloquente que o observador percebe com um mínimo de atenção e, com certeza, a visualização da testemunha na tela do monitor em nada prejudicará. Arrisca até mesmo a melhorar a sensibilidade perceptiva dado os recursos audiovisuais.

A rigor, a fragilidade do depoimento se revela usualmente nas tergiversações da testemunha, na incoerência ou ambiguidade do relato, nas tentativas de escapar ou claramente não responder às indagações dos patronos. Esses elementos e outros mais são os sinais que, ordinariamente, têm se revelado aptos a aferir a falta de qualidade do testemunho.

Outrossim, a testemunha que se predispõe a falsear o depoimento, assim o fará, seja presencial ou remotamente. E independe de ajuda, pois está de antemão preparada e disposta. É da personalidade e do caráter. Não raro desponta do instinto de autopreservação.

E não necessariamente a via remota será impeditiva para se atestar essa conduta e dela extrair as conclusões de estilo.

E, ainda que acarrete certa dose de embaraço, há de se ponderar a relevância do depoimento para a resolução do caso concreto. Em suma, há muito o que sopesar.

Creio que a prática, a excelência e a versatilidade dos advogados restarão por estabelecer, no correr do tempo, meios e modos de preservar os efeitos persuasórios e psicológicos nas inquirições levadas a cabo por videoconferência.

A adaptabilidade do advogado brasileiro e a sua reconhecida criatividade, aliadas aos céleres avanços tecnológicos, notadamente na melhoria da qualidade das imagens e no incremento e versatilidade das funcionalidades associadas às reuniões remotas, conduzirão a um aperfeiçoamento das técnicas e a um grau razoável de conforto dos advogados nesses sensíveis temas de inquirição de testemunha e de aferição de sua credibilidade.

Um dos caminhos a colaborar para acomodar ou reduzir essas tensões pode ser a adoção de depoimentos escritos, à medida que as manifestações das partes sejam apresentadas.

Esse figurino, ao menos, reduz o risco de surpresa (*trial by ambush*) ao permitir à contraparte e aos árbitros conhecer previamente os fatos vivenciados, conforme relatado pela testemunha e, assim, se preparar para enfrentá-los de forma mais eficaz e com as baterias centradas nos pontos efetivamente cruciais.

Do mesmo modo, a apresentação dos depoimentos escritos a cada manifestação das partes reduz o espaço para manobras ou inverdades, dado o desconhecimento quanto ao depoimento que a contraparte submeterá juntamente com sua próxima manifestação.

Em outras palavras, a incerteza sobre quem será o depoente que a contraparte apresentará – em confronto – e o seu grau de informação sobre as questões fáticas controversas impõem cuidados e precauções na narrativa da testemunha juntada anteriormente pela outra litigante, a implicar maior precisão no relato dos fatos, sob pena de perda de fidedignidade.

Essa perda demandará a retificação pela testemunha do seu depoimento escrito anteriormente apresentado ou abrirá espaço para questionamentos na audiência de instrução.

Enfim, diante da possibilidade de serem inquiridas pelos patronos da contraparte (*cross examination*), pautadas no quanto afirmado com antecipação e por escrito, as testemunhas tendem a ser menos propensas a falsear o relato.

Visto sob a ótica da realidade dos fatos, da celeridade e do custo/benefício, tudo indica que a audiência remota veio para ficar, ao menos nos procedimentos cujas nuances e especificidades não demandem seja ela realizada presencialmente.

Com efeito, é preciso olhar o futuro e para ele se dirigir com a devida atenção, mas sem resistências e receios irrazoáveis. O caminhar deve ser proativo e aberto ao novo, na busca, primeiramente, do bom para, após, centrar-se no ótimo.

Por sinal, foi embasada nesse sentimento, com arrojo e espírito despojado de amarras, que a comunidade jurídica abraçou a arbitragem no final dos anos 1990 e a conduziu ao patamar que hoje se encontra.

2.
A NOVA LEI DO AGRO, ARBITRAGEM E A SEGURANÇA JURÍDICA COMO ATRAÇÃO PARA NOVOS INVESTIDORES NO AGRONEGÓCIO

Ana Paula Cabral Barbosa Andrade
Carla Sahium Traboulsi
Jefferson Coelho Lopes

Introdução

O agronegócio brasileiro alimenta mais de 1,5 bilhão de pessoas no mundo, responde por mais de 21% do produto interno bruto, segundo a Confederação da Agricultura e Pecuária do Brasil (CNA), publicado em junho de 2020. (https://www.cnabrasil.org.br/cna/panorama-do-agro). Essa conquista se deve ao produtor rural que não mede esforços para produzir cada vez mais, zelando pelo meio ambiente, buscando as melhores técnicas de produção com o menor custo, fazendo uso de tecnologias, melhores máquinas, desenvolvendo e aprimorando. O crescimento da atividade rural se deve à coragem, ao bom clima, aos investimentos, às pesquisas e parcerias. O homem do campo é o empreendedor nato, aquele que não dorme, não espera, mas faz acontecer.

Sabemos que, para que tudo funcione bem no campo ou em qualquer outro empreendimento, é também necessário, conhecimento, investimento e dinheiro. O subsídio governamental é importante, sim, só que não supre todas as necessidades do agro. A inovação e demanda por pesquisas e novas tecnologias, é suprida pelos investidores, bancos privados, *tradings*, fornecedores de insumos e defensivos agrícolas, indústrias de maquinários e equipamentos, e vários outros *players* dispostos a investir no agronegócio. Bem assim, imprescindível também são as indústrias que tornarão a matéria-prima produzida no campo em alimentos, as *tra-*

dings que farão a exportação dos grãos e demais produtos do campo, e distribuirão pelo mundo.

Diante de todo esse processo que gira a economia e faz o Brasil crescer e despontar mundo afora, estamos tratando de pessoas e empresas, uma interligada à outra, parceiros de negócios, gerando uma cadeia produtiva em diversos setores. Todo esse trabalho acontece na dependência dos contratos e títulos de crédito. É um universo de documentos que precisam ser analisados de modo a proporcionar às partes, segurança jurídica.

Os conflitos surgem, não só no agronegócio e sim em qualquer relação negocial, o que este trabalho visa é esclarecer ao leitor, alguns pontos da seara jurídica que podem ser apresentados, tanto para o produtor rural como para o investidor do agronegócio, como forma de prevenir a solução do conflito com a mesma dinâmica que o agronegócio acontece: eficiência, celeridade, especialidade, equilíbrio, previsibilidade, confidencialidade e eficácia. Resumindo esses itens: segurança jurídica.

1. A nova Lei do Agronegócio – Lei 13.986/2020

O agronegócio, recentemente, tem acesso a uma legislação exclusiva que visa a fomentar o setor, incrementar, por meio dos títulos de crédito, novas formas de garantia, mecanismos de proteção, circulação e crescimento. O foco fundiário do direito agrário agora também precisa de um cuidado especial ligado às questões comerciais e financeiras do setor.

Tempos atrás, o crédito para o agro era oferecido exclusivamente por meio de custeios agrícola e pecuário, atualmente, com o crescimento da atividade, outros *players* chegaram ao mercado, financiando e investindo no agronegócio.

O Agronegócio tem apresentado crescimento constante, dada à necessidade e demanda mundial para produção de alimentos, ocasionada pelo aumento da população mundial e capacidade de compra de países populosos.

A legislação precisou se atualizar para que o acesso ao crédito, por meio dos investidores privados, se tornasse viável. Assim como a exigência de novas garantias, previsibilidade e maior segurança jurídica foram pauta de inúmeras discussões legislativas, judiciárias e das entidades de classe.

As questões ligadas à seara jurídica vêm sendo discutidas, tanto pelo investidor quanto pelo tomador do crédito. As partes não querem se submeter a longas demandas judiciais para discussão e retomada do seu investimento. Diante da evolução econômica, regras de confidencialidade e a necessidade de que o dinheiro circule são compreendidas pelos dois lados da mesa. Ninguém quer problemas em longo prazo e, tampouco, terceirizar a solução para pessoas que não conhecem o sistema agroindustrial, antes, durante e após a porteira.

Os *players* do agro, bem assim, os tomadores do crédito, sabem que quem dá segurança jurídica não é o judiciário e sim o próprio contrato ou o título de crédito. A nova lei do agro (Lei 13.986/2020) visa a oferecer maior segurança econômica, jurídica e melhorar as chances de tomada de empréstimo e recuperação do investimento.

A nova lei do agro, conforme esclarecimento publicado pela Frente Parlamentar da Agropecuária no resumo executivo do dia 13 de outubro de 2020, representa o primeiro grande marco regulatório com várias possibilidades de tomada de empréstimo, criando duas modalidades novas de garantia, o Fundo Garantidor Solidário e o Patrimônio de Afetação, e estimula o aumento da competição no mercado de crédito rural, ao possibilitar a equalização de juros pelo Tesouro Nacional para qualquer instituição financeira que possa operar o crédito rural, e ainda viabiliza a expansão do financiamento por meio do mercado de capitais, inclusive atraindo investidores estrangeiros.

A Lei veio para melhorar a tomada do empréstimo e a retomada dele, o que ainda fica é a dúvida dos dois lados: se surgir conflito, descumprimento de cláusulas, inadimplemento, sigo para o Poder Judiciário ou é possível prevenir litígios e construir em conjunto a solução?

Essa dúvida pode ser sanada se se colocar em prática os mais refinados e adequados métodos de solução de conflitos, negociação, mediação e arbitragem. Aquele que concede o crédito investe na atividade de um terceiro e, para isso, necessita de instrumentos que lhe possibilitem uma maior segurança em relação ao investimento que está realizando, pois, como é sabido, o agronegócio é um mercado suscetível a riscos, uma vez que depende de fatores externos e internos. A seguir, vamos tratar de um dos métodos que oferecem às partes (investidor e produtor rural) maior previsibilidade, tecnicidade, calculabilidade e confidencialidade, visando a que a relação econômica tenha estabilidade, protegendo, com isso, a cadeia agroindustrial como um todo.

1.1. Destaques sobre a nova Lei do Agro

Com a promulgação da Lei 13.986/2020, o setor agrícola se viu capaz em expandir ainda mais a sua capacidade na produção, com avanços na legislação.

É fato que o Agronegócio será, nos próximos 30 anos, o setor que mais crescerá no Brasil, considerando a necessidade mundial da alimentação.

Com o crescimento econômico de países, como a China e Índia, a capacidade financeira em adquirir produtos se avolumou na última década, e o Brasil, tendo como aptidão o agronegócio, tem grande vantagem no contexto mundial para produzir em grande escala.

Destaque se faz a pontos trazidos na nova lei que ampliaram o crédito, com a emissão de novos títulos do agro. Esse leque implica em maior abrangência ao crédito ao produtor, consideradas as suas necessidades.

Noutro ponto, a possibilidade de emissão de CPR em real (R$), ou com cláusula de variação cambial que pode ser interessante ao produtor rural que tenha seu fluxo de receita em dólar.

No que tange ao Fundo Garantidor Solidário (FGS), vem a permitir formar um grupo que possa garantir o investimento, esse formato pode viabilizar que sejam criados grupos de produtores rurais com o intuito de oferecer uma garantia conjunta.

Ainda como vantagem da nova lei do Agro, o produtor rural pode fracionar a sua propriedade para diversas e diferentes operações de crédito, sem que haja a necessidade de comprometer todo o imóvel em apenas uma operação. Essa nova modalidade, entendida como patrimônio de afetação, vislumbra uma maior capacidade de investimentos e créditos em favor do produtor, de modo mais dinâmico.

A lei ainda trouxe um incremento que precisa ser bem avaliado pelo produtor rural, pois o investidor estrangeiro pode, sim, receber o imóvel como garantia, estendida a área de fronteira.

Conclui-se que, com essas novas possibilidades, o produtor rural possa captar mais recursos e créditos e, sob essa égide, tem como premissa maior a necessidade de segurança jurídica, para que o endividamento provisório seja operacionalizado e construído visando à sua capacidade de pagamento, de modo a preservar seu patrimônio e garantir seu lucro.

2. Da arbitragem – conceito

A arbitragem é um método de solução de conflito, exercido fora do ambiente judicial, que envolve direitos disponíveis, de caráter econômico, cujo julgador, o árbitro, escolhido pelas partes, decidirá o litígio. O procedimento arbitral, diferente do estatal, é definido previamente pelas partes, sendo estabelecidas regras para sua condução, a exemplo, por quem será conduzido, os prazos, os atos, as provas e inclusive a data da sentença poderá ser ajustada pelos envolvidos. É um procedimento construído pelas partes, o que gera maior satisfação e previsibilidade e ainda com previsão de término da demanda.

Como o agronegócio integra várias atividades econômicas organizadas, de fabricação e fornecimento de insumos, produção agrícola e pecuária, processamento, beneficiamento e transformação, comercialização, armazenamento, logística e distribuição de bens agrícolas, pecuários, reflorestamento e pesca, bem como seus subprodutos e resíduos de valor econômico. Assim, a arbitragem, em sendo instituída como método de solução de conflitos, pode ser aplicada em qualquer das fases da cadeia produtiva, e já tem sido muito utilizada nos litígios do agronegócio, exemplificando e não limitando: a) contratos agrários; b) contratos de financiamento rural; c) contratos de compra e venda de insumos (sementes, adubo, defensivos agrícolas); d) contratos de fornecimento e integração vertical; e) contratos imobiliários de compra e venda de imóveis rurais; f) contratos de condomínios rurais; g) contratos sociais e acordos de acionistas; h) contratos de fornecimento de eucalipto; i) contratos de parceria para produção de sementes e tantos outros que acampam toda a cadeia do agro.

A solução do conflito, por meio do uso da arbitragem, oferece às partes várias vantagens em comparação ao processo estatal, uma delas é a flexibilidade, que não significa desrespeito às normas de ordem pública, pois serão sempre respeitados, o contraditório, a ampla defesa, a igualdade das partes. A flexibilidade proporciona o depoimento conjunto de testemunhas, prorroga ou encurta prazos, permite a livre realização das provas, meios probatórios modernos e videoconferência. Há, ainda, a composição do Corpo Arbitral com profissionais de diversas áreas de conhecimento. A flexibilidade no procedimento arbitral sempre respeitará as regras ajustadas pelas partes.

Outra vantagem que a arbitragem proporciona é a eficiência, que é alcançada com a escolha dos árbitros da CONFIANÇA das partes. É benéfico porque as partes se sentem numa melhor posição para identificar conhecimento, habilidades e expertise desejadas na figura do árbitro e, com isso, as partes tendem a confiar ainda mais no procedimento, elas participam da arbitragem.

Deve-se buscar o conceito do Papel do Árbitro, nas palavras da ilustre Professora Selma Ferreira Lemes[22], que assim o conceitua:

> Discorrer sobre o papel do árbitro no procedimento arbitral impõe, inicialmente, refletir sobre um adágio mundialmente conhecido: "A arbitragem vale o que vale o árbitro", fato incontroverso. E mais, saliento que "o árbitro representa a chave da abóbada da arbitragem e ao seu redor gravitam todos os temas e conceitos afeitos à arbitragem".

A participação das partes na constituição do tribunal arbitral confere maior legitimidade às decisões dos árbitros e protege a sentença contra eventual ação anulatória. Outro ponto favorável é a escolha quanto à forma que a arbitragem vai se processar.

As partes, ao estabelecerem que a solução de futuro litígio se dê por meio da arbitragem, escolhem a câmara onde tramitará o procedimento. A escolha de uma câmara setorial proporciona agilidade, informalidade, qualidade técnica, lista de profissionais capacitados e especializados, com experiência nos usos e costumes dos próprios agentes econômicos e do setor produtivo, o que é pouco conhecido pelos juízes de direito.

O Brasil conta com câmaras especializadas por setores, com reconhecimento internacional. Os regulamentos são eficientes e menos formais, existem câmaras nas principais cidades, o que torna acessível o procedimento, principalmente para o produtor rural.

O procedimento arbitral é reconhecido pela sua eficiência, agilidade, confidencialidade, segurança e especialidade, e tudo isso combina com a dinâmica do agronegócio.

[22] LEMES, Selma Ferreira. A Arbitragem e a Decisão por Equidade no Direito Brasileiro e Comparado, in: *Arbitragem. Estudos em Homenagem ao Prof. Guido Fernando da Silva Soares, in memoriam*, Selma Ferreira Lemes, Carlos Alberto Carmona e Pedro Batista Martins (orgs.), São Paulo, Atlas, 2007, p. 189-229.

3. A segurança jurídica como atração para novos investidores no agronegócio

O mercado agrícola é baseado em expectativas. Da porteira para dentro da fazenda, o produtor atua com a melhor tecnologia, está bem preparado; já da porteira para fora, o produtor ainda está se preparando para acompanhar melhor o mercado. Ele precisa de auxílio jurídico, econômico, contábil e de contratos bem elaborados para que a gestão do seu negócio minimize os riscos.

Os investidores do agro, esperam obter resultado financeiro. O produtor rural que obteve o financiamento também tem a mesma pretensão: resultado financeiro positivo, lucratividade, para continuar produzindo, cada vez mais e melhor.

Considerando que a atividade rural está exposta a diversos cenários como as questões climáticas e a variação de câmbio, é necessário que o produtor se ampare em profissionais na área jurídica e econômica que possam avaliar os riscos, adequando as cláusulas contratuais que venham a lhe dar maior segurança jurídica.

A atividade agrícola e pecuária são atividades de risco que dependem de inúmeros fatores externos: clima, dólar, preço, custos de produção, imposição do mercado externo e vários outros fatores que podem interferir na rentabilidade.

O produtor que trabalha em terra arrendada precisa de um contrato que lhe dê garantia de que poderá investir na terra e plantar ou criar o gado por certo prazo, uma vez que o financiamento da sua atividade estará ligado ao tempo que tiver de contrato. Na outra ponta, o Banco investidor, a *trading*, o fornecedor dos insumos, também contam com essa previsibilidade.

O rompimento do contrato pelo proprietário do imóvel pode causar ao arrendatário ou parceiro prejuízos consideráveis e, da mesma forma, o arrendatário pode causar ao proprietário prejuízos também consideráveis, se não cumprir as cláusulas do contrato. Um está ligado ao outro, e se conectam com vários outros com o mesmo objetivo: obter vantagem econômica.

Estamos tratando aqui de uma relação econômica que interfere na vida de inúmeras pessoas, numa cadeia produtiva. Se esse elo se rompe em alguma parte, todos os outros sofrem as consequências. Por isso, estamos tratando da nova lei do agro que atrai investidores para o setor que mais cresce no país, no entanto, esse setor é de risco, uma vez que o clima e vários outros fatores que não são controlados podem interferir, melhorando ou piorando as relações entre as partes.

As disputas que surgem no ambiente do agronegócio e do direito agrário merecem ser tratadas com nível de profundidade e agilidade. Utilizamos aqui o exemplo da produção de soja, pois esse é o produto mais exportado pelo Brasil. É plantada, cultivada e colhida no prazo de, aproximadamente, 120 (cento e vinte) dias. A celeridade na solução de conflitos que envolvem essa *commodity* é uma questão de lucidez, não se pode investir em um setor tão dinâmico e de risco, sem prevenir conflitos, traçar diretrizes para que a solução ocorra de forma breve, célere, especializada, eficaz e confidencial, de preferência. Evitar desgastes, manter as relações comerciais também fazem parte de uma gestão eficiente, até mesmo porque existem contratos firmados, não apenas para uma produção e, sim, várias ao ano.

Vimos, anteriormente, que uma das formas de prevenir conflitos é trazer para o contrato ou título de crédito as regras que serão utilizadas em caso de disputas.

As disputas, geralmente, são interpretadas como prejudiciais; isso, grosso modo, no entanto, pode ser bastante produtivas e proporcionar às partes uma melhor compreensão do seu negócio e até atrair novos investidores, tudo dependerá de como será conduzida.

Todas as atividades econômicas, independentemente do tamanho delas, são difíceis e requerem conhecimento, dedicação, zelo e disciplina, tudo dependerá das escolhas que serão feitas durante o processo.

A Lei 13.986/2020 trouxe para a seara jurídica e econômica avanços para a viabilização dos investimentos no agronegócio, com isso, trouxe maior possibilidade no oferecimento de garantias, acrescentou títulos de crédito que proporcionem a sua circulação no mercado e captação de recursos estrangeiros.

O trabalho tem sido realizado pelo homem do campo, buscando sempre a melhor tecnologia, maior produtividade e melhor conservação dos recursos naturais.

As atividades do agente financeiro e do produtor rural estão interligadas através dos contratos e dos títulos de crédito.

O contrato para atingir o nível de excelência precisa atender alguns requisitos: o equilíbrio das partes, a especialidade, a clareza, a objetividade, a previsibilidade de riscos e a forma de solução.

É necessário constar do contrato a forma de solução do conflito, assim como as demais cláusulas que preveem as obrigações de cada uma das partes. Se as partes elegem o foro da Comarca de São Paulo para dirimir o litígio, é importante que saibam o que envolverá o futuro conflito, custo, legislação a que estarão submetidos e o prazo para a solução. Se optarem por aguardar o resultado de um processo judicial, é importante que saibam o tempo que o Judiciário responde a esse ensejo. Se optarem pela solução do conflito pela arbitragem, as partes conseguem previamente calcular custos, poderão contar com a especialidade do árbitro, a flexibilidade do procedimento, fixar as diretrizes e o prazo final do litígio.

Analisando as dificuldades que o litígio confere às partes, avaliando o que pode ocorrer na demanda conduzida pela justiça estatal e pela justiça privada, é possível concluir qual é a melhor forma de solucionar o conflito.

O agronegócio é dinâmico, quem atua no financiamento espera que o dinheiro circule igual ao sangue. Imaginando tudo isso, é possível aguardar a solução do conflito por longo prazo? É viável financiar o agronegócio e esperar um resultado em caso de conflito de pessoa não especializada? É viável para o produtor aguardar uma nova safra para que o adubo que jogou na safra anterior produza o efeito esperado? É possível aguardar a solução relativa à classificação do grão que está sobre rodas para o ano seguinte? É possível esperar uma solução no caso de dúvida no contrato de arrendamento se a área de plantio é numa gleba ou noutra? E a semente, é viável utilizá-la fora da janela de plantio?

Quando se observam os riscos, a vontade de desistir do agronegócio é grande, no entanto, quando se observa o quanto evoluiu e o quanto o mundo precisa dele, a vontade de investir retoma o seu curso e tudo se encaixa.

O produtor rural e o investidor são otimistas, o agro precisa de quem o execute e de quem invista nele e, para que esse elo se fortaleça, é imprescindível que ele seja seguro, tanto do ponto de vista econômico quanto do ponto de vista jurídico.

Analisando do ponto de vista em que as partes estão conscientes do seu investimento e do que será trabalhado, a boa contratação solidificará as atividades. A segurança jurídica dessa relação é oferecida pelo contrato.

A segurança jurídica é tratada na Constituição Federal, como uma das garantias fundamentais. Prevista no artigo 5º, a sua relevância é oferecer ao cidadão a estabilidade e a certeza de que os seus direitos estão protegidos e a lei será obedecida.

Ademais, temos visto a legislação evoluir, permitindo, ainda, a possibilidade de utilização da Arbitragem, inclusive em questões de Direito Público, como Tributário e Ambiental. Não resta dúvidas de que a desburocratização do Serviço Público passará pela Arbitragem, o que fará que o Agro seja enormemente beneficiado.

A segurança que se busca nas relações contratuais do agronegócio está ligada à economia e à circulação de riquezas, à previsibilidade e à agilidade na solução dos conflitos. Essa relação, por se tratar de direitos disponíveis, possibilita a utilização de métodos convencionais, sendo um deles a arbitragem, que se traduz na melhor forma de tratar o conflito e que é acessível às partes envolvidas, possibilitando a solução, fundamentada nos mesmos objetivos do agronegócio: especialidade, equilíbrio, agilidade e eficiência.

Conclusões

O agronegócio é uma das molas propulsoras da economia brasileira, tanto em termos de geração de renda e emprego quanto da contribuição para o desempenho da balança comercial do País e, por isso, necessita de mecanismos que possam ampliar a oferta de créditos para o setor.

A Lei 13.986/2020 inovou e trouxe mecanismos para o produtor rural buscar créditos com taxas mais módicas e garantir o crédito por meio do patrimônio rural em regime de afetação, fundo garantidor solidário e a melhor circulação dos títulos de crédito.

Ainda assim, o investidor e o produtor rural precisam de outro item tão importante quanto a concessão do crédito e a boa safra: é o procedimento adequado para melhor solucionar conflito em caso de incompreensão de cláusula contratual, descumprimento, dúvidas e até mesmo inadimplemento.

Observou-se que a arbitragem é o método de solução de conflito que proporciona maior segurança jurídica às partes. A previsibilidade, o equilíbrio do procedimento, a flexibilização das regras, a escolha do especialista que vai decidir o conflito proporciona clareza, objetividade, dinâmica e eficiência. A sua eficácia é constatada no cumprimento espontâneo pela parte vencida. Não se pode aguardar, sequer um ano, para solucionar um problema na classificação de grão ou na germinação da semente. A solução precisa ser rápida, sob pena de prejudicar toda a cadeia agroindustrial.

Com os resultados deste trabalho, pode-se afirmar que a arbitragem é o método que melhor se encaixa para as contratações que envolvem o agronegócio.

Referências

Brasil. Lei nº 13.986, de 07 de abril de 2020. Disponível em: <http://www.planalto.gov.br/ccivil_03/_ato2019-2022/2020/lei/L13986.htm>. Acesso em: 17/01/2021.

Brasil. *Novidades introduzidas pela Lei 13.986 (Lei do Agro).* Disponível em: https://fpagropecuaria.org.br/resumos-executivos/assuntos-tematicos/novidades-introduzidas-pela-lei-13-986-mp-do-agro/Acesso em: 17/01/2021.

Buranello, Renato. *Manual do Direito do Agronegócio.* São Paulo: Saraiva, 2018.

Calcini, Fábio. Lei do Agro, patrimônio de afetação e efeitos fiscais. *Conjur, 2020.* Disponível em: <https://www.conjur.com.br/2020-mai-08/direito-agronegocio-lei-agro-patrimonio-afetacao-efeitos-fiscais>. Acesso em: 16/01/2021.

Ferreira, R. M. Et al. Desenvolvimento Sustentável e Perspectivas sobre o Agronegócio no Estado de Goiás. In: *Direito do Agronegócio: Sustentabilidade, Regulação e Desenvolvimento.* Goiânia: Kelps, 2019.

Junior, João Porto Silvério. *Direito do Agronegócio – aplicações interdisciplinares.* João Porto Silvério Júnior, Ribeiro Morão Ferreira (orgs.), Goiânia: Kelps, 2017.

Lemes, Selma Ferreira. A Arbitragem e a Decisão por Equidade no Direito Brasileiro e Comparado, In: *Arbitragem. Estudos em Homenagem ao Prof. Guido Fernando da Silva Soares,* in memoriam, Selma Ferreira Lemes, Carlos Alberto Carmona e Pedro Batista Martins (orgs.), São Paulo: Atlas, 2007.

Nunes, Thiago Marinho. *Arbitragem nos Contratos Agroindustriais.* Insper, Direito do Agronegócio. São Paulo, 2019.

–. *Arbitragem como Método Adequado de Resolução de Conflitos nos Contratos Agroindustriais.* Revista Brasileira de Arbitragem. São Paulo, 2019.

Pereira, Lutero de Paiva. *Patrimônio Rural em Afetação & Cédula Imobiliária Rural.* Curitiba: Íthala Ltda., 2020.

Reis, Marcos Hokomura. *Arbitragem no Agronegócio.* São Paulo. Verbatim, 2018.: Artigos consultados: Dispute Resolution Board: uma proposta eficaz de prevenção e resolução de conflitos nos contratos relacionados ao agronegócio. Paulo Antônio Rodrigues Martins e Ana Paula Cabral Barbosa Andrade; por que a Arbitragem no Agronegócio? Luciano Benetti Timm e Caio de Faro Nunes; Arbitragem no Agronegócio: flexibilidade, tecnicidade e adequação, Thiago

Marinho Nunes; Arbitragem no Agronegócio: A Particularidade e Importância das Entidades Especializadas, Mauricio Gomm Santos.

Reis, Marcus Vinícius de Carvalho Rezende. *Crédito Rural Teoria e Prática.* Rio de Janeiro: Forense, 2019.

Traboulsi, Carla Sahium. *Negociação, Mediação, Conciliação e Arbitragem – Coletânea de Artigos,* Goiânia: Kelps, 2013. Disponível em: https://www.cnabrasil.org.br/cna/panorama-do-agro. Acesso em: 18.01.2021

3.
ARBITRAGEM E MEDIAÇÃO NOS CONTRATOS DE FINANCIAMENTO DO AGRONEGÓCIO

Augusto Tolentino
Ana Flávia Barros Moreira

1. Títulos de financiamento na "nova Lei do Agro"

O agronegócio consiste no "conjunto organizado de atividades econômicas que envolve todas as etapas compreendidas entre o fornecimento de insumos para produção até a distribuição para consumo final de produtos, subprodutos e resíduos de valor econômico relativos a alimentos, fibras naturais e bioenergia, também compreendidas as bolsas de mercadorias e futuros e as formas próprias de financiamento"[23], também podendo ser definido como "complexo agroindustrial ou conjunto geral dos sistemas agroindustriais"[24]. Tal sistema responde por considerável parte do PIB brasileiro[25], tornando o país um dos grandes *players*[26] mundiais nesse setor.

[23] Buranello, Renato M. *Manual do direito do agronegócio.* 2.ed. São Paulo: Saraiva Educação, 2018, p. 33.

[24] Buranello, Renato M. *Manual do direito do agronegócio.* 2.ed. São Paulo: Saraiva Educação, 2018, p. 33.

[25] A esse respeito, conferir levantamentos constantemente realizados pelo CEPEA-USP acerca do desempenho do agronegócio para o PIB brasileiro. Disponível em: <https://www.cepea.esalq.usp.br/br/pib-do-agronegocio-brasileiro.aspx>. Acesso: 14 jan. 2021.

[26] "O agronegócio é, portanto, um elo relevante no combate à constante luta pelo necessário equilíbrio entre produção e consumo, sendo que o Brasil, por suas dimensões continentais e acentuada área já cultivada ou cultivável, desponta como um importante player na busca do referido equilíbrio não só na produção e consumo interno, mas também no

Dentro desse conjunto organizado de atividades econômicas, estão presentes vários agentes, atuantes nas mais variadas estruturas do complexo agroindustrial. Essa atuação compreende o **antes** (todo o procedimento preparatório de insumos para a produção agropecuária), o **durante** (a fase de produção agropecuária dentro das fazendas) e o **depois** da produção rural (fase da agroindustrialização, armazenamento e distribuição dos produtos aos mercados interno e internacional para consumo)[27].

Tudo isso acaba por exigir uma sistemática de financiamentos mais sofisticada.

Visando, pois, entre outros, a fomentar o crédito privado e a circulação de riquezas no agronegócio, foi promulgada a Lei nº 13.986/2020, chamada "Nova Lei do Agro", advinda da conversão da Medida Provisória nº 897/2019 ("MP do Agro")[28]. Para além de outros avanços, a Nova Lei criou novos mecanismos de financiamento privado, como a

direcionamento externo, o que abre espaço para o incremento das relações comerciais com diversos países." (SANTOS, Mauricio Gomm. *Arbitragem no Agronegócio: A Particularidade e Importância das Entidades Especializadas.* REIS, Marcos Hokumura (coord.). *Arbitragem no Agronegócio*, São Paulo: Ed. Verbatim, 2018, p. 37).

[27] QUERUBINI, Albenir; ZIBETTI, Darcy Walmor. *O direito agrário brasileiro e sua relação com o agronegócio. In:* PARRA, Rafaela Aiex (org). *Direito Aplicado ao Agronegócio:* uma análise multidisciplinar. Londrina: Toth, 2018, p. 61-62.

[28] Na Exposição de Motivos da MP do Agro, a proposta de facilitação do crédito rural vem como justificativa do legislativo para a rápida tramitação que sofreu. A propósito, restou consignado no texto que "[a] proposta de revisão do ordenamento jurídico do processo de contratação e condução de operações de crédito rural reveste-se de caráter urgente e relevante por representar condição essencial para eliminação de barreiras operacionais para a modernização dos processos de gestão documental e de circulação de títulos relativos a operações de crédito, melhorando a segurança jurídica dos contratos e dos títulos de crédito e conferindo maior eficiência, com potenciais impactos positivos na oferta de produtos e serviços financeiros. As alterações ora propostas no ordenamento legal do crédito se impõem, sobretudo, pela necessidade de alavancar as contratações de financiamento que, por consequência, contribuem para a retomada sustentável do crescimento econômico, além de fortalecer o setor rural. Ademais, incrementar a capacidade de armazenagem no Brasil é um desafio que pode ser enfrentado com mais rapidez por meio do incentivo às empresas cerealistas especializadas no comércio de grãos, com potencial elevado de atuar em áreas ainda dependentes desse tipo de prestação de serviço." Disponível em: <https://www2.camara.leg.br/legin/fed/medpro/2019/medidaprovisoria-897-1-outubro-2019-789181-exposicaodemotivos-159160-pe.html>. Acesso: 7 dez. 2020.

Cédula Imobiliária Rural (CIR), e previu a possibilidade de constituição de novas garantias para as operações, a exemplo do patrimônio rural em afetação e da constituição do Fundo Garantidor Solidário (FGS), além de modernizar títulos de crédito já existentes, por exemplo, autorizando expressamente que os títulos do agronegócio tradicionalmente cartulares sejam escriturados eletronicamente, além de admitir a emissão do CDCA (Certificado de Direitos Creditórios do Agronegócio) e da LCA (Letra de Câmbio do Agronegócio) com cláusula de variação cambial.

Essa estrutura de financiamentos, somada à diversidade de agentes econômicos e de transações envolvidos no agronegócio ensejam inegavelmente grande potencial de conflitos.

É, pois, recomendável que se verifique quais são os métodos mais adequados para a solução desses conflitos. E, nesse contexto, surgem como opção, além da jurisdição estatal, a arbitragem e a mediação empresarial.

Este trabalho se propõe a essa análise.

2. Os títulos de financiamento do agronegócio e a nova lei do agro

Até a promulgação da Lei nº 4.829/1965[29], o Brasil não possuía sistema de incentivos para o desenvolvimento das atividades associadas ao agronegócio por meio da concessão de linhas de financiamento (público e privado). Entretanto, a expansão do setor levou à criação de novas modalidades de obtenção de crédito privado, de modo que, por meio

[29] A Lei nº 4.829/1965, regulamentada pelo Decreto nº 58.380/1966, trata da institucionalização do crédito rural no Brasil e engloba o suprimento de crédito tanto por entidades públicas quanto particulares a produtores rurais ou cooperativas, cujos recursos devem ser aplicados exclusivamente para desempenho de atividades rurais que se enquadrem nos objetivos fixados pela Lei (estimulo ao incremento de atividades rurais, favorecimento do custeio da produção e comercialização de produtos agropecuários, fortalecer o desenvolvimento econômico dos pequenos e médios produtores rurais, além de incentivo aos métodos racionais de produção).

das Leis nº 8.929/1994[30] e 11.076/2004[31], foram criados, respectivamente, a CPR (hoje, um dos principais títulos de financiamento utiliza-

[30] Referida lei regulamentou a CPR – Cédula de Produto Rural, título de crédito representativo de promessa de entrega de produtos rurais, podendo, ou não, ter garantia cedular constituída. Tal título possibilita que seja realizada uma venda a termo, de forma que o seu emissor, recebendo antecipadamente o valor, efetue a comercialização do seu produto. Por meio da Lei nº 10.200/2001, foi criada a CPR-F, que é também considerada título de crédito, mas difere da CPR por possuir mecanismo de liquidação financeira (obrigação de pagamento em dinheiro, pelo emitente, ao titular do título).

[31] A Lei nº 11.076/2004 regulamentou importantes títulos de financiamento do agro, como o CDA – Certificado de Depósito Agropecuário, o WA – *Warrant* Agropecuário, o CDCA – Certificado de Direitos Creditórios do Agronegócio, a LCA – Letra de Câmbio do Agronegócio e o CRA – Certificado de Recebíveis do Agronegócio. O CDA consiste em título de crédito representativo de promessa de entrega de produtos agropecuários, seus derivados, subprodutos e resíduos de valor econômico, desde que depositados dentro das normas para armazenagem de produtos agropecuários, nos termos da Lei nº 9.973/2000. O CDA nasce necessariamente unido a um WA (título de crédito representativo de promessa de pagamento em dinheiro que confere ao titular do título o direito de penhor sobre a CDA a ele vinculada bem como sobre o produto a que ele se refere. Segundo Marcos Hokumura Reis, "tais títulos são utilizados principalmente para financiamento de estoque de produtos, a fim de possibilitar que o produtor possa obter recursos financeiros necessários para armazenar seu estoque para ser vendido no melhor momento possível (normalmente na entressafra, quando os preços do produto tendem a aumentar)." (Reis, Marcos Hokumura. *Títulos de Financiamento do Agronegócio e Cláusula Arbitral: coexistência pacífica e benéfica. In*: Reis, Marcos Hokumura (coord.). *Arbitragem no Agronegócio.* São Paulo: Verbatim, 2018, p. 153).

Consiste o CDCA em título de crédito nominativo, de livre negociação, representativo de promessa de pagamento em dinheiro, que deve, necessariamente, estar vinculado a direitos creditórios originários de negócios realizados com produtores rurais ou cooperativas e terceiros.

A LCA é título de crédito nominativo, de livre negociação, representativo de promessa de pagamento em dinheiro de emissão exclusiva de instituições financeiras (públicas ou privadas), devendo estar lastreada em direitos creditórios vinculados ao título.

O CRA consiste em título de crédito nominativo, de livre negociação, representativo de promessa de pagamento em dinheiro de emissão exclusiva das companhias securitizadoras de direitos creditórios do agronegócio. Para Marcos Hokumura Reis, referido título é "voltado precipuamente ao mercado de capitais e que garante ao investidor um (sic) proteção adicional de segregação dos ativos vinculados ao CRA do patrimônio e atividades da emitente – empresa securitizadora." (Reis, Marcos Hokumura. *Títulos de Financiamento do Agronegócio e Cláusula Arbitral: coexistência pacífica e benéfica. In*: Reis, Marcos Hokumura (coord.). *Arbitragem no Agronegócio.* São Paulo: Verbatim, 2018, p. 153).

dos) e os chamados "novos títulos do agronegócio" (CDA/WA, CDCA, CRA, LCA).

Nesse contexto, e como consequência das novas formas de obtenção de crédito, foram aprimoradas as operações de *Barter*[32], instrumentos relevantes no fluxo de financiamento do agronegócio, pois, além de poderem ser consolidadas pela via contratual tradicional, podem também ser vinculadas a títulos do agro (LCA, CDCA, CRA e CPR).

Além disso, houve um aprimoramento das operações estruturadas de financiamento estrangeiro[33] para comercialização de *commodities*. Exemplo disso é o que ocorre com o pré-pagamento de exportação, que consiste em financiamento para exportação em moeda estrangeira, concedido por um banco ou pelo próprio importador, e que se afigura como empréstimo na forma de adiantamento do preço dos produtos devidos em decorrência da operação de exportação[34].

A Nova Lei do Agro criou um novo título de crédito, a Cédula Imobiliária Rural (CIR)[35] e aprimorou títulos pré-existentes (CDA/WA, CDCA, LCA, CPR e CRA), expandindo, assim, o acesso dos produtores a novas formas de financiamento privado. Também para facilitar o

[32] Mecanismo de financiamento de safras futuras por meio da aquisição de insumos agrícolas das mais diversas naturezas (sementes, fertilizantes, defensivos, maquinários, entre outros) junto às agroindústrias, indústrias de insumos, *tradings*, exportadoras ou distribuidoras de insumo, por meio do qual, após o período da safra, o próprio produto da colheita é utilizado como pagamento. Para detalhes, ver: Reis, Marcus. *Crédito Rural:* teoria e prática. 1. ed. Rio de Janeiro: Forense, 2019.

[33] Por meio de tais operações "o financiador estrangeiro busca compreender quais são os riscos a serem mitigados em relação ao ambiente investido, na medida em que o mesmo assume inúmeros riscos inerentes à operação comercial que se está a financiar em uma jurisdição estrangeira" (Slav, Heloisa. *A Arbitragem nas Operações de Financiamento à Exportação. In*: Reis, Marcos Hokumura (coord.). *Arbitragem no Agronegócio.* São Paulo: Verbatim, 2018, p. 128).

[34] Sobre o tema, ver: Buranello, Renato. *Execução dos Instrumentos Financeiros e Garantias e Recuperação do Crédito no Agronegócio. In*: Buranello, Renato (org.). *Direito do Agronegócio* – Mercado, Regulação, Tributação e Meio Ambiente. 1. ed. São Paulo: Quartier Latin, 2011, v. 1, p. 690.

[35] Título de crédito nominativo, transferível e de livre negociação, representativo de promessa de pagamento em dinheiro, que pode ser emitido somente pelo proprietário de imóvel rural (pessoa física ou jurídica) e é garantido pelo patrimônio rural em afetação.

crédito para o setor, a Nova Lei do Agro ampliou as possibilidades de garantia nas operações de financiamento.

Nesse sentido, pode-se destacar a previsão contida no seu art. 51[36], que alterou a redação constante da Lei nº 5.709/1971. Com isso, acabou-se com a celeuma relativa à limitação de constituição de garantia fiduciária de imóveis rurais em favor de pessoa jurídica estrangeira ou de capital majoritariamente estrangeiro e à posterior consolidação de propriedade na hipótese de inadimplemento, hoje tida como uma das principais garantias para mitigação de risco das operações de financiamento atreladas aos títulos privados do agronegócio.

Mencione-se ainda a criação do Fundo Garantidor Solidário (FGS)[37] – consistindo em garantia complementar a ser implementada nas operações de crédito rural privado em qualquer fase da cadeia produtiva, mas cuja natureza jurídica não chegou a ser definida pela Nova Lei do Agro[38]. O FGS tem como característica a comunhão de recursos a serem integralizados em conjunto por um grupo de produtores rurais (devedores) e credores para garantir operações de financiamento firmadas pelos próprios devedores, cuja integralização será realizada pelos participantes (pelo menos dois devedores, o credor e o garantidor, caso exista) com a

[36] "Art. 51. O § 2º do art. 1º da Lei nº 5.709, de 7 de outubro de 1971, passa a vigorar com a seguinte redação:
"Art. 1º
(...)
§ 2º As restrições estabelecidas nesta Lei não se aplicam:
(...).
II – às hipóteses de constituição de garantia real, inclusive a transmissão da propriedade fiduciária em favor de pessoa jurídica, nacional ou estrangeira;
III – aos casos de recebimento de imóvel em liquidação de transação com pessoa jurídica, nacional ou estrangeira, ou pessoa jurídica nacional da qual participem, a qualquer título, pessoas estrangeiras físicas ou jurídicas que tenham a maioria do seu capital social e que residam ou tenham sede no exterior, por meio de realização de garantia real, de dação em pagamento ou de qualquer outra forma."

[37] Na vigência da MP do Agro, esse instituto foi provisoriamente denominado FAF – Fundo de Aval Fraterno.

[38] A despeito disso, pode-se dizer que a sua natureza jurídica se aproxima da definição de associação civil prevista no Código Civil. Sobre o assunto, verificar: COSAC, Marcelo, *et. al. Fundo Garantidor Solidário e simplificação dos títulos de crédito do agronegócio.* Disponível em: <https://www.jota.info/opiniao-e-analise/artigos/fundo-garantidor-solidario-e-simplificacao-dos-titulos-de-credito-do-agronegocio-17052020>. Acesso: 7 dez. 2020.

estruturação de cotas e percentuais mínimos incidentes sobre os saldos devedores das operações garantidas (primária, secundária e terciária).

Tem-se, também, a nova previsão da constituição do patrimônio rural em afetação, que autoriza o produtor rural a dar seu imóvel rural, ou fração dele, em garantia a operações de crédito envolvendo as CIR e as CPR. Por ser patrimônio em afetação, o bem dado em garantia não se comunica com os demais bens, direitos e obrigações do devedor, à exceção das obrigações de natureza trabalhista, previdenciária e fiscal. Essa limitação, todavia, de certa forma acaba enfraquecendo a garantia, pois essas obrigações são, na verdade, as principais contingências dos produtores rurais.

A Nova Lei do Agro chega assim em boa hora, na medida em que traz infraestrutura normativa mais ampla, eficiente e capaz de dar maior segurança jurídica às operações do agro, o que, ao mesmo tempo em que contribui para reduzir o custo do crédito rural, cria ambiente mais atrativo para os investidores estrangeiros.

3. Os métodos adequados de resolução de disputas nos contratos de financiamento do agronegócio

Como se viu, as operações de financiamento no âmbito do agronegócio vêm se tornando cada vez mais complexas. Como consequência, diversos são os conflitos que podem daí surgir, indo de um simples pleito de revisão de encargos até discussões mais complexas sobre a higidez da garantia prestada[39].

[39] "O crescimento do agronegócio veio acompanhado de uma notável sofisticação dos aspectos jurídicos inerentes às transações do setor, seja nos contratos de "take or pay" em operações transfronteiriças, seja em produtos financeiros, como os Certificados de Recebíveis Agrícolas (CRAs) ou em operações mais complexas como as de gestão de garantias (os *colateral management agreements*), seja ainda nas inúmeras operações de fusão e aquisição que movimentam anualmente o agronegócio no Brasil, envolvendo sofisticadas empresas de capital nacional e estrangeiro com presença global.
[...].
Desde desentendimentos quanto à base econômica de um contrato, sua execução, influência de fatores externos, problemas setoriais (como o que afetou o sucroalcooleiro), disputas em operações de aquisição ou fusão de empresas, securitização de recebíveis, compra de ativo produtores, remuneração de títulos mobiliários, exportações e importações, entre outros, há uma gama sempre crescente de litígios." (Gonçalves, Eduardo Damião. Arbi-

Some-se a isso o fato de que o agronegócio é altamente técnico, especializado, dinâmico e tem usos e costumes próprios, de modo que a escolha, no momento da celebração do negócio, do método mais adequado para a resolução de eventual disputa é de fundamental importância.

Essa escolha deve, necessariamente, passar pela análise econômica dos custos da transação relacionados à solução de eventuais controvérsias oriundas da operação, os quais estão diretamente atrelados aos riscos do negócio[40]. Nesse sentido, a maior ou menor possibilidade de recuperação do crédito em caso de inadimplemento, assim como o tempo necessário para tanto, são fatores que devem ser levados em consideração.

Geralmente, no caso de inadimplemento, as obrigações e garantias previstas nos contratos de financiamento do agronegócio podem ser exigidas diretamente pelo credor, via ação de execução[41], perante o Poder Judiciário.

Mas a escolha da arbitragem como método de resolução de conflitos não retira a exequibilidade de tais contratos, podendo a cláusula de eleição de foro judicial e a cláusula arbitral coexistirem em perfeita harmonia, haja vista que a competência do Poder Judiciário e a competência do tribunal arbitral são distintas: o primeiro será competente para julgar eventuais medidas cautelares até a instauração da arbitragem e para a execução do título e o segundo para decidir controvérsias referentes ao

tragem e Agronegócio: Uma breve análise dos benefícios da arbitragem para resolução de disputadas do agronegócio do século XXI. *Revista do Advogado*, São Paulo, n. 134, jul. 2017)

[40] Conforme aponta Renato Buranello, "[a]ntes de iniciar o estudo da execução dos instrumentos de financiamento do agronegócio e suas garantias, é importante destacar que o êxito na recuperação de crédito está intimamente relacionado à avaliação dos riscos de crédito, operacional e de mercado." (BURANELLO, Renato. *Execução dos Instrumentos Financeiros e Garantias e Recuperação do Crédito no Agronegócio. In*: BURANELLO, Renato (org.). Direito do Agronegócio – Mercado, Regulação, Tributação e Meio Ambiente. 1.ed. São Paulo: Quartier Latin, 2011, v. 1, p. 687.

[41] À exceção das garantias que podem ser executadas pelo credor extrajudicialmente, por meio do cartório de registro de imóveis, nos termos da Lei nº 9.514/1997. São exemplos disso a alienação fiduciária de imóvel em garantia e o patrimônio rural em afetação.

direito material discutido (existência, validade e exigibilidade da obrigação[42]).

3.1. Arbitragem

Após 25 anos da promulgação da Lei nº 9.307/1996 (Lei de Arbitragem), que promoveu o renascimento do instituto no Brasil, não há dúvidas sobre a consolidação de seu uso no universo dos contratos empresariais, sendo certo que, nesse contexto, o país já se firmou como *arbitration-friendly jurisdiction*[43].

Desse modo, inserir no contrato de financiamento do agronegócio cláusula compromissória de arbitragem pode criar o ambiente institucional mais adequado para que o negócio se desenvolva, sobretudo em razão da especificidade da matéria tratada.

Noutras palavras, a escolha da arbitragem como método de resolução de disputas nos títulos privados confere aos contratantes a segurança de que eventuais controvérsias de natureza material serão levadas à apreciação de um tribunal arbitral especializado, sem, contudo, afastar do Poder Judiciário a apreciação de medidas de constrição patrimonial na hipótese de inadimplemento.

No âmbito do agronegócio, a arbitragem, em comparação com a via do Poder Judiciário, pode apresentar benefícios que, do ponto de vista econômico, também se mostram relevantes para a tomada de decisão sobre a inclusão de uma cláusula compromissória. São eles: (i) flexibili-

[42] O STJ, inclusive, já teve a oportunidade de se manifestar acerca do tema, reconhecendo a exequibilidade de títulos executivos extrajudiciais contendo cláusula compromissória: "2. A existência de cláusula compromissória não obsta a execução de título extrajudicial, desde que preenchidos os requisitos da certeza, liquidez e exigibilidade na medida em que os árbitros não são investidos do poder de império estatal à prática de atos executivos, não tendo poder coercitivo direto. Precedentes." (STJ, Terceira Turma, Recurso Especial nº 1.864.686/SP, relator: Min. Moura Ribeiro. Data do julgamento: 13/10/2020. Data da publicação: 15/10/2020).

[43] Monteiro, André Luis; Mannheimer, Sérgio Nelson; Fitchner, José Antônio. *Is Brazil an Arbitration-Friendly Jurisdiction?* Disponível em: <http://arbitrationblog.kluwerarbitration.com/2019/01/06/is-brazil-an-arbitration-friendly-jurisdiction/>. Acesso: 7 dez. 2020.

dade do procedimento, (ii) maior técnica e precisão das decisões exaradas pelo tribunal arbitral e (iii) maior eficiência[44].

A flexibilidade do procedimento arbitral repousa na premissa de que, com base na autonomia privada dos contratantes, possam ser adotadas regras procedimentais livres, pré-determinadas pelas partes no contrato, obedecidos, por óbvio, os limites impostos pelas normas de ordem pública e os princípios constitucionais, como a ampla defesa, o contraditório e a igualdade entre as partes.

Sobretudo no contexto de títulos de financiamento do agronegócio envolvendo negociações internacionais, é possível que, a depender do valor envolvido ou da complexidade da operação, sejam estabelecidas regras mais adequadas à resolução de conflitos que envolvam partes de diferentes nacionalidades[45], já aplicadas na prática internacional da arbitragem.

De outro lado, a tecnicidade das decisões proferidas pelos árbitros surge como grande vantagem da arbitragem sobre o processo judicial. O agronegócio, como já se viu, forma um mercado altamente especializado, de modo que a composição do painel por árbitros especializados no tema certamente fará toda a diferença, não apenas para conferir maior celeridade à apreciação do litígio, como, também, para garantir que o seu julgamento seja realizado por quem, de fato, tem experiência na matéria em discussão.

Imagine-se, por hipótese, a emissão de uma CPR vinculada a operação de *Barter*[46] para financiamento de safra, em que o produtor, para

[44] A esse respeito, confira-se: NUNES, Thiago Marinho. *Arbitragem no Agronegócio: flexibilidade, tecnicidade e adequação. In*: REIS, Marcos Hokumura (coord.). *Arbitragem no Agronegócio.* São Paulo: Verbatim, 2018, p. 21-36.

[45] Especificamente no tocante aos contratos de financiamento de exportação, Heloisa Slav assevera que o uso da arbitragem "surge como medida de justiça alternativa para atender as preocupações dos financiadores estrangeiros, que poderão se valer de árbitros especializados para o julgamento do processo no país, permitindo maior celeridade e efetividade na resolução da disputa, pois não se sujeita aos inúmeros recursos e graus recursais existentes no nosso sistema judiciário, conferindo maior segurança na interpretação mais adequada das complexas estruturações contratuais de financiamento à exportação brasileira." (SLAV, Heloisa. *A Arbitragem nas Operações de Financiamento à Exportação. In*: REIS, Marcos Hokumura (coord.). *Arbitragem no Agronegócio.* São Paulo: Verbatim, 2018, p. 138).

[46] As operações de *Barter*, ao contrário do que faz parecer a simples tradução de seu termo (permuta), são realizadas por meio de encadeamentos negociais complexos e emparelha-

financiar a sua produção, adquire do fornecedor os insumos necessários em troca de uma promessa futura da entrega da colheita para uma *trading* agrícola. Ocorre que a colheita não foi feita na forma e qualidade esperadas, tendo sido o resultado do produtor muito aquém do esperado. Entre as razões desse produtor para seu insucesso estão fatos que fugiram ao seu controle (fenômenos climáticos) e a má qualidade dos insumos repassados pelo fornecedor, que, por sua vez, afirma que o insucesso na colheita deveu-se à desídia do produtor, que deverá pagar o valor acordado na CPR, o que enseja efeito cascata: a produção da safra futura, não entregue para o pagamento da antecipação feita ao produtor, impede a sua remessa às *tradings* para comercialização e desequilibra a relação econômico-financeiro, já que o fechamento do preço por meio da operação de *hedge* ficará comprometido.

Nessa situação hipotética, seria muito mais vantajoso para todas as partes que a arbitragem fosse o método escolhido para a resolução do conflito, não apenas para garantir uma decisão técnica, como também um julgamento célere.

Outro exemplo, desta vez concreto, é o famoso caso da "soja verde"[47], em que, não havendo cláusula compromissória, o Poder Judiciário acolheu pleito revisional de vendas antecipadas de soja a *tradings* agrícolas realizadas em decorrência de uma súbita valorização da soja no período.

No caso, os produtores rurais ingressaram com medidas judiciais para, em última análise, não entregarem o produto da safra futura pelo preço inicialmente estipulado, o que fez com que as *tradings* que antes negociavam com todos os produtores rurais do estado não mais o fizessem no ano seguinte e nas condições anteriormente estabelecidas.

dos, envolvendo uma multiplicidade de agentes, que são antecipadamente liquidadas pelo interessado na aquisição (chamado de *offtaker*) da safra futura como pagamento, usualmente com a intervenção de instituições financeiras para fechamento desse adiantamento, ocasionando o bloqueio do valor das *commodities* por meio de uma operação de *hedge* (mecanismo de proteção das operações financeiras que apresentem alta instabilidade de preços, por meio da negociação e travamento antecipados do preço em bolsas de valores de mercadorias e futuros). Ver: Reis, Marcus. *Barter como Instrumento de Financiamento do Agronegócio.* Disponível em: <http://genjuridico.com.br/2018/12/12/barter-instrumento-financiamento--agronegocio/#_ftn2>. Acesso: 14 jan. 2021.

[47] Timm, Luciano Benetti. *Direito, economia, instituições e arbitragem: o caso da "soja verde". In: Revista de Arbitragem e Mediação,* vol. 16, jan.-jun./2008, p. 38.

Esse é um típico caso em que a ingerência do Poder Judiciário na autonomia privada dos contratantes, no âmbito de operação tão específica e complexa, trouxe imensa insegurança jurídica e descompassos nas estruturas de mercado do agronegócio.

Há, ainda, o elemento de maior eficiência do procedimento que torna a arbitragem o método mais adequado à resolução de disputas envolvendo títulos de financiamento do agronegócio. Observadas as limitações de ordem pública, as partes têm liberdade para estabelecer o rito a ser seguido, escolher a câmara de arbitragem, a legislação aplicável, a sede da arbitragem, limitações à produção de provas, etc.

Também atrelada à eficiência, há a questão relativa ao sigilo do procedimento, adotada em praticamente todos os procedimentos arbitrais e que protege as partes da exposição que há no processo judicial, o que é ainda mais relevante no âmbito do agronegócio, em que os agentes da cadeia produtiva são poucos. Assim, por exemplo, caso o produtor queira discutir eventual pleito com o fornecedor A, ele continuará podendo negociar com o fornecedor B sem o receio de que aquela discussão, tornada pública, possa prejudicá-lo.

Ainda em relação a possíveis conflitos envolvendo títulos de financiamento privado, apontam-se aqueles envolvendo (i) encargos passíveis de revisão e (ii) a responsabilização do devedor na hipótese de grave depreciação ou perdimento da garantia do patrimônio rural em afetação vinculado à CPR ou CIR, considerando as determinações contidas no art. 14 da Nova Lei do Agro, que fixa os deveres de manutenção do imóvel dado em garantia até o final do adimplemento da dívida.

Nessas discussões, a arbitragem também é vantajosa, já que a experiência mostra que os árbitros tendem a dar mais peso à autonomia privada do que o Poder Judiciário.

Além disso, nos dois casos mencionados acima, que, *prima facie*, são de menor complexidade, poder-se-ia, inclusive, cogitar a implementação da arbitragem expedita, procedimento previsto no regulamento das principais câmaras brasileiras, com atos reduzidos e/ou condensados, que levam a um resultado mais rápido e menos custoso.

Com isso, "sob uma análise econômica do direito, a arbitragem possui o condão de substituir a atividade jurisdicional estatal de modo a reduzir os custos de transação associados a solução de controvérsias, além de representar um ganho em celeridade e eficiência para as partes, acarretando ganhos de escala e ganhos em custos de oportunidade"[48].

Deve-se repetir aqui, porém, que a arbitragem não substitui o Poder Judiciário, considerando que, além das interfaces que demandam a atuação coercitiva do Estado (cautelares pré-arbitrais e cartas arbitrais), o contrato de financiamento do agronegócio, enquanto título executivo extrajudicial, será necessariamente executado perante o Poder Judiciário, assim como as decisões do tribunal arbitral que não forem voluntariamente acatadas pelas partes, já que o tribunal arbitral carece de poder coercitivo, reservado, com exclusividade, à jurisdição estatal.

3.2. Mediação

A mediação, cujo movimento no Brasil – pode-se dizer – iniciou-se com a publicação, pelo Conselho Nacional de Justiça, da Resolução nº 125/2010, e, mais tarde, foi contemplada no Código de Processo Civil de 2015 e regulamentada pela Lei nº 13.140/2015, consiste em método de resolução autocompositivo incidente após o surgimento de um litígio, por meio do qual um terceiro, exercendo uma atividade técnica e sem poder decisório, tem o papel de aproximar as partes em controvérsia para auxiliá-las e estimulá-las a identificar ou desenvolver soluções consensuais para o problema.

Por meio da mediação pretende-se primordialmente compreender a origem da disputa, para que, no segundo momento, seja possível resolver a controvérsia de forma eficaz, preservando-se a relação anterior entre as partes.

A mediação tem como vantagens a solução rápida da disputa, com a otimização do tempo, a redução dos custos do conflito (diretos e indiretos)[49], o sigilo, a existência de um terceiro neutro[50] apto a ajudar as partes a solucionar o litígio, além da viabilizar maior fluxo de informações, haja vista que o procedimento de mediação induz ao exercício de

[48] Timm, Luciano Benetti. *Análise Econômica da Arbitragem*. Disponível em: <https://lawle2014.files.wordpress.com/2017/10/timm-10042016-aed-da-arbitragem-livro-tarcicc81sio--lmj.pdf>. Acesso: 14 jan. 2021.

[49] Faleck, Diego. *Mediação Empresarial: introdução e aspectos práticos*. *In*: *Revista de Arbitragem e Mediação*, vol. 42, Jul.-Set./2014, p. 263-278.

[50] Lima, Leandro Rigueira Rennó. *Os Métodos Adequados de Solução de Conflitos Empresariais*. *In*: *Revista de Arbitragem e Mediação Empresarial*, Ano III, Número 4. Brasília: 2016, p. 19.

uma escuta ativa para que os fatos relativos à controvérsia surgida sejam efetivamente esclarecidos entre as partes. É, em verdade, um procedimento que, bem sucedido, gera ganhos para ambas as partes em conflito.

No universo dos contratos empresariais, a mediação apresenta uma vantagem que se destaca sobre as demais: se bem conduzido, o procedimento tem a capacidade indutora de acordo, mitigando os riscos de conflitos futuros relativos ao negócio e permitindo a manutenção da relação comercial entre as partes litigantes depois de resolvida a questão controvertida[51].

Quando se pensa nos títulos de financiamento do agronegócio, esse aspecto ganha destaque, considerando que, na sistemática da cadeia produtiva agroindustrial, por vezes os *players* que participam de um determinado setor são poucos – a exemplo do que ocorre no mercado de fertilizantes, defensivos agrícolas e sementes para plantio, e no mercado de produção de maquinários agrícolas especializados –, podendo a mediação criar um ambiente mais amistoso e evitar que a parte seja prejudicada em outras negociações em razão da existência de um conflito instaurado, por exemplo, perante o Poder Judiciário.

Interessante exemplo do uso da mediação em disputas dessa natureza pode ser verificado por meio do chamado *Agricultural Mediation Program*[52], ou, traduzido livremente, "Programa de Mediação Agrícola", criado pelo Departamento de Agricultura dos Estados Unidos, em que diversos estados norte-americanos utilizam tal método para tentar solucionar antecipadamente disputas oriundas de questões afetas ao agronegócio, inclusive aquelas referentes a empréstimos entre credores e agri-

[51] Adolfo Braga Neto explica que, "[e]m muitos casos, as pessoas que dela fazem uso acabam aprendendo a administrar de maneira mais amigável seus conflitos e, com isso, se capacitam para futuros conflitos entre elas. Por isso, muito autores identificam seu caráter didático na gestão dos conflitos, pois muitas vezes as pessoas passam a prevenir de maneira mais frequente futuros conflitos entre elas." (BRAGA NETO, Adolfo. *Mediação de conflitos: conceito e técnicas*. *In*: LORENCINI, Marco Antônio Garcia Lopes; SILVA, Paulo Eduardo Alves da (coord.). *Negociação, mediação, conciliação e arbitragem*: curso de métodos adequados de solução de controvérsias. 3 ed., Rio de Janeiro: Forense, 2020).

[52] Informações disponíveis em: <https://www.fsa.usda.gov/Assets/USDA-FSA-Public/usdafiles/FactSheets/agricultural-mediation-program-factssheet.pdf>. Acesso: 17 jan. 2021.

cultores nas operações de financiamento agrícola (*agricultural loans*)[53]. O foco reside essencialmente em resolver a controvérsia entre os agentes reduzindo os custos de futuro litígio, mantendo relações sociais e otimizando o tempo das partes.

No Brasil, especificamente no contexto da Lei do Agro, a mediação também pode ser interessante instrumento para resolução de conflitos. Por exemplo, o FGS, marcado essencialmente pela pluralidade de agentes econômicos envolvidos (mínimo de dois devedores, o financiador e o garantidor, caso existente), que pode ser utilizado como garantia complementar de qualquer operação de crédito destinada à cadeia produtiva do agronegócio (tanto pode garantir a obtenção de novas linhas novas de crédito como a renegociação de dívidas preexistentes).

Em uma situação hipotética, imagine-se a consolidação de um FGS composto por quatro produtores devedores, em que houve o acordo

[53] "Numerous states mandate the mediation of farm loan foreclosures and certain federal programs use mediation to resolve agricultural disputes. The Farmers Home Administration supports state programs to mediate loan disputes between creditors and farmers. (*See* Riskin, 1993; Bailey, 1994.). The parties to these mediations are farmers (borrowers) and lenders. Often the lending institution will be a local bank or savings and loan facing numerous farm loan defaults. The theory of mediating such disputes is to force the disputants into a structural negotiation that may result in something short of an actual foreclosure and forced sale of what is often the proverbial family farm.
(...).
The advantages of mediation are many. Settlement agreements may allow a homeowner to remain in the home with a loan modification, or they may set terms for the foreclosure to allow a less stressful "graceful exit." Mediation in foreclosure cases serves to focus the lender on a loan modification request and can help overcome banks' dual track systems that tend to separate loan modification from foreclosure. It can assist both parties in navigating paperwork, serve an educational function for the homeowner about available programs, and improve communication.
Implementation has been uneven, however, and even states with a strong tradition of institutionalized mediation connected to the courts have faced challenges (Press, 2011). The design of the programs, and the degree of success, varies among the states. Some are mandatory for all foreclosures; others are voluntary and initiated by the homeowner. Some are run through state court systems; others are managed by non-profit groups. There is also variation in eligibility requirements, outreach to homeowners, and requirements for attendance and participation." (Deason, Ellen E.; Craver, Charles B.; Brunet, Edward. *Alternative Dispute Resolution: the advocate's perspective.* Durham: Carolina Academic Press, 5. ed., 2016, p. 660-661).

de que a cota pertencente a cada um deles (correspondente a 4% do valor incidente sobre os saldos devedores das operações garantidas pelo fundo, nos termos do que determina o inciso I do art. 2º da Nova Lei do Agro) seria integralizada à proporção de 1% cada, e apenas um dos membros não realizou o aporte no prazo fixado pelas partes no respectivo estatuto[54], sem que houvesse uma justificativa plausível para tanto.

Por ser um problema entre os financiados, e não entre os financiadores e os garantidores, é altamente recomendável que, para se otimizar a resolução do conflito a fim de se evitar uma perda maior (não renegociação da dívida ou não concessão de nova linha de crédito), a mediação seja utilizada como mecanismo adequado para a resolução da controvérsia.

As vantagens são várias: garantir maior celeridade à resolução do conflito pontual, manter as relações negociais entre todos os membros do FGS, evitar que se leve a discussão para arbitragem, no caso de existir cláusula compromissória, ou para o Poder Judiciário, havendo cláusula de eleição de foro, enfim, assegurar que todas as partes ganhem.

3.3. As cláusulas *med-arb*

As chamadas cláusulas escalonadas, ou cláusulas combinadas, de resolução de disputas, previstas no art. 23 da Lei de Mediação (nº 13.140/ /2015), ou, como são chamadas no direito estrangeiro, *multi-tiered* (ou *multi-step*) *dispute resolution clauses*, têm aplicabilidade em contratos de longo prazo, "especialmente naqueles que integram cadeias contratuais bastante complexas (...) onde o inadimplemento num contrato tem reflexo sobre os demais"[55].

Tais cláusulas surgem como forma de encontrar, preliminarmente, um ponto de resolução do conflito consensual que se avizinha antes que

[54] O estatuto do FGS disporá sobre "a forma de constituição do FGS e sua administração, a remuneração do administrador, a utilização dos recursos e sua forma de atualização, a representação ativa e passiva do fundo, entre outras disposições necessárias ao seu funcionamento" (art. 6º da Nova Lei do Agro).

[55] PINTO, José Emílio Nunes. *O mecanismo multi-etapas de solução de controvérsias*. Disponível em: <https://jus.com.br/artigos/6024/o-mecanismo-multi-etapas-de-solucao-de-controversias>. Acesso: 7 dez. 2020.

ele seja encaminhado para a arbitragem ou mesmo para o Poder Judiciário[56], por meio da adoção de mecanismo autocompositivo.

Além disso, e muito embora, como visto, a mediação e a arbitragem sejam métodos de resolução de disputas totalmente distintos, fato é que, institucionalmente, apresentam-se usualmente juntos, por terem em comum, na origem, o seu surgimento atrelado à busca por alternativas à jurisdição estatal[57].

Uma dessas hipóteses de escalonamento de resolução de conflitos, e mais comum entre outras existentes[58], consiste no estabelecimento da cláusula *med-arb*[59], que impõe a realização prévia de sessão (ou sessões, a depender do que constar na cláusula compromissória) de mediação entre as partes para, somente então, na hipótese de insucesso, prosseguir a parte interessada com a instauração de um procedimento arbitral[60].

A primeira grande vantagem de utilização desse método multi-etapas reside no fato de que a etapa prévia da mediação é sem dúvida benéfica para que as relações comerciais entre as partes sejam mantidas de forma mais amigável, como alternativa a uma conduta beligerante que, em última análise, prejudicaria novas relações contratuais futuras. Como antes pontuado, situações como essa no âmbito das negociações da cadeia agroindustrial são potencialmente lesivas, considerando que essas mesmas partes, via de regra, possuem uma frequência de negociações bastante significativa.

[56] JOLLES, Alexander. *Consequences of multi-tier arbitration clauses: issues of enforcement. In: Arbitration:* The International Journal of Arbitration, Mediation and Dispute Management, <https://kluwerlawonline.com/journalissue/Arbitration:+The+International+Journal+of+Arbitration,+Mediation+and+Dispute+Management/72.4/19482>, (2006), p. 329-338.

[57] LEVY, Fernanda Lourenço Rocha. *Cláusulas escalonadas:* a mediação comercial no contexto da arbitragem. São Paulo: Saraiva, 2013, p. 194.

[58] GUERRERO, Luis Fernando. *Os métodos de solução de conflitos e o processo civil.* São Paulo: Atlas, 2015, p. 34.

[59] Há também a hipótese de cláusulas *arb-med*, que consistem em mecanismos escalonados de resolução de conflitos em que há a combinação da arbitragem seguida de mediação, em caráter incidente.

[60] Ao adotar essa definição, parte-se do pressuposto de que a natureza jurídica da cláusula *med-arb* seria de uma "cláusula compromissória". A respeito, confira-se: LEVY, Fernanda Lourenço Rocha. *Cláusulas escalonadas:* a mediação comercial no contexto da arbitragem. São Paulo: Saraiva, 2013, p. 213.

Desse modo, conduzir o litígio antecipadamente a um procedimento de mediação, em vez de se iniciar, de imediato, um procedimento arbitral, evita desgastes desnecessários entre os contratantes.

Some-se a isso a redução dos custos, afinal a mediação é menos custosa se comparada à arbitragem. Além disso, é possível que, por meio da utilização da cláusula *med-arb*, sejam depuradas as questões que serão levadas à arbitragem em caso de insucesso da mediação, o que também poderá implicar redução de custos.

Para ilustrar, volte-se ao exemplo mencionado no capítulo anterior acerca da hipotética disputa entre o produtor que contraiu financiamento de safra por meio da emissão de CPR vinculada a uma operação de *Barter* e o interessado na aquisição da safra futura. Nele, o ponto de discussão recai sobre quem seria o responsável pelo insucesso da safra. A mediação, ainda que seja incapaz de evitar a arbitragem, poderá, caso executada com técnica e precisão, auxiliar as partes a ajustarem o escopo dos pleitos a serem formulados e a definirem as partes a serem incluídas no futuro procedimento arbitral.

Ademais, é bastante recomendável que, mesmo encerrada a fase inicial das tratativas, o canal da mediação seja mantido permanentemente aberto[61], sobretudo considerando a dinâmica da mediação empresarial no contexto do agronegócio, em que as partes, com relativa frequência, negociam entre si uma série de operações de financiamento ao longo do tempo, sendo de todo recomendável que mantenham relações comerciais sólidas para o giro dos negócios.

Por outro lado, da mesma forma que a adoção da cláusula *med-arb* pode, no melhor cenário, ensejar a resolução do conflito de forma mais eficiente e menos custosa, há a possibilidade de a parte devedora dela se valer para procrastinar o início do procedimento arbitral. Portanto, é fundamental que a referida cláusula contenha disposições claras e pre-

[61] "A manutenção de mediação paralela à demanda tem a vantagem de manter algum nível de relacionamento entre as partes intacto, de aproveitar os momentos de apetite e suscetibilidade das partes ao acordo e perseguir a minimização de custos e incertezas quanto ao resultado na maior extensão possível, ainda que os custos iniciais da demanda já tenham sido desembolsados." (Faleck, Diego. *Mediação Empresarial: introdução e aspectos práticos. In: Revista de Arbitragem e Mediação*, vol. 42, jul.-set./2014, p. 263-278).

cisas acerca da duração da mediação para evitar esse tipo de comportamento protelatório[62].

Nesse ponto, é preciso ressalvar que a instauração de um procedimento de mediação não impede o ajuizamento de medida cautelar pela parte interessada para resguardar seus direitos. É o caso, por exemplo, da hipótese de se identificar situação agravante de potencial perecimento de garantia prestada a um título de financiamento do agronegócio, cujo problema precisa ser resolvido de imediato para evitar maiores prejuízos a todas as partes envolvidas (credor e devedor), independentemente do término da mediação (e de seus resultados para o conflito surgido).

Logo, é absolutamente relevante que, uma vez escolhida a opção pela inserção de cláusula *med-arb* em um título de financiamento do agronegócio, estabeleçam-se todos os critérios e procedimentos a serem observados pelas partes quando do surgimento de um litígio, tanto na fase da mediação quando na eventualidade de uma arbitragem[63]. Além disso, como forma de driblar eventuais comportamentos que tenham por objetivo atrasar a exigibilidade do título inadimplido pela via judicial, é igualmente relevante que essas premissas sejam bem delimitadas na cláusula.

Por fim, em se tratando da adoção de cláusulas *med-arb*, é vedado ao mediador que atuou no procedimento de mediação figurar como árbitro no procedimento arbitral caso a primeira fase (consensual) reste frustrada, conforme disposição expressa contida no art. 7º[64] da Lei de Mediação.

[62] LEVY, Fernanda Lourenço Rocha. *Cláusulas escalonadas:* a mediação comercial no contexto da arbitragem. São Paulo: Saraiva, 2013, p. 230.

[63] "A redação das cláusulas escalonadas deve observar adequadamente os critérios e parâmetros a serem adotados, tanto na fase de mediação como na eventualidade de este procedimento autocompositivo não ser exitoso, instaurando-se a arbitragem imediatamente, sem objeções." (LEMES, Selma Ferreira. *A peculiaridades e os efeitos jurídicos da cláusula escalonada: mediação ou conciliação e arbitragem. In:* FERRAZ, Rafaella; MUNIZ, Joaquim de Paiva (org). *Arbitragem doméstica e internacional.* Rio de Janeiro: Forense, 2008, p. 359-376).

[64] "Art. 7º. O mediador não poderá atuar como árbitro nem funcionar como testemunha em processos judiciais ou arbitrais pertinentes a conflito em que tenha atuado como mediador."

Conclusões

A Nova Lei do Agro, cuja finalidade central foi aprimorar os mecanismos de financiamento privado do agronegócio, com a criação de novas operações e o melhoramento dos títulos já existentes, veio em boa hora, atraindo investimentos a níveis nacional e internacional.

Diante deste cenário, a expectativa é que haja cada vez mais financiamento privado para o setor, o que, somado à complexidade das operações realizadas no âmbito do agronegócio e ao seu alto nível de especialização, contribuirá para a potencialização dos conflitos entre os agentes da cadeia produtiva, que, por isso mesmo, deverão ter cautela na escolha dos métodos mais eficazes e adequados para a resolução de eventuais disputas.

Nesse contexto, parece-nos que a inclusão de cláusulas compromissórias nos contratos de financiamento do agronegócio deve ser considerada como a melhor alternativa para assegurar um ambiente institucional mais seguro e atrativo para o investidor, ao passo que não retira a sua natureza de título executivo extrajudicial.

Especialmente as cláusulas *med-arb* revelam-se interessantes, sobretudo em operações de financiamento de grande monta, pois podem viabilizar um espaço de diálogo eficaz entre as partes para a solução preventiva do litígio, de modo a preservar as suas relações comerciais presentes e futuras, e também minimizar os custos da transação relacionados à solução de eventuais controvérsias.

4.
AGRONEGÓCIO E CONTRATOS COLIGADOS – EXTENSÃO OBJETIVA DA CLÁUSULA ARBITRAL NA VISÃO DO STJ

Cláudia Ferraz
Leonardo Polastri

Introdução

O agronegócio representa grande parte do comércio interno e externo do país – cerca de um quinto do PIB brasileiro –, e a projeção é de que esse número cresça[65]. Com a progressiva expansão do setor, a sua regulamentação jurídica assume vital importância para garantia de previsibilidade e mitigação de riscos[66].

[65] O levantamento é da Confederação da Agricultura e Pecuária do Brasil (CNA): "O agronegócio tem sido reconhecido como um vetor crucial do crescimento econômico brasileiro. Em 2019, a soma de bens e serviços gerados no agronegócio chegou a R$ 1,55 trilhão ou 21,4% do PIB brasileiro. Dentre os segmentos, a maior parcela é do ramo agrícola, que corresponde a 68% desse valor (R$ 1,06 trilhão), a pecuária corresponde a 32%, ou R$ 494,8 bilhões. O valor bruto da produção (VBP) agropecuária alcançou R$ 651,5 bilhões em 2019, dos quais R$ 400,7 bilhões na produção agrícola e R$ 250,8 no segmento pecuário. As estimativas e projeções mais recentes, apontam que o VBP em 2020 deve alcançar R$728,68 bilhões – R$ 457,08 bilhões do ramo agrícola e R$ 271,6 do ramo pecuário –, um incremento de 11,8% frente a 2019". Disponível em: https://www.cnabrasil.org.br/cna/panorama-do-agro#:~:text=O%20agronegócio%20tem%20sido%20reconhecido,do%20PIB%20brasileiro%5B1%5D. Acesso em 9 dez. 2020.

[66] Nesse sentido, dá-se destaque à recente Lei nº 13.986/2020, que se convencionou chamar "Nova Lei do Agro", responsável por trazer relevantes inovações ao mercado do agronegócio que certamente incrementarão as operações nesse cada vez mais relevante segmento da economia. Por exemplo, para garantia de operações de crédito realizadas por pro-

A complexidade é inerente ao agronegócio em razão das variadas relações presentes em cada etapa da sua cadeia produtiva, que necessitam ser reguladas. Há os contratos referentes à posse e à propriedade do imóvel rural e dos equipamentos e maquinários (de arrendamento, de parceria rural, de comodato, de locação ou compra e venda), os contratos relacionais, societários, cooperativos, associativos, de propriedade intelectual, entre tantos outros. A compra dos insumos e a venda dos produtos agrícolas gera nova gama de relações jurídicas e de instrumentos, como os contratos de seguro, transporte, financiamento, distribuição, garantia, para citar apenas alguns.

A casuística mostra que muitas dessas relações jurídicas decorrem de relação econômica única. Por serem geralmente coligados[67], os respectivos contratos acabam sendo interligados ou vinculados entre si, o que cria um ambiente fértil para, em casos de disputas e de incompatibilidade das cláusulas de resolução de controvérsias pactuadas nos diferentes instrumentos, surgirem discussões sobre o juízo competente para apreciá-las.

Com essa preocupação, cuidar-se-á neste artigo de analisar, na prática, a extensão objetiva da cláusula arbitral a contratos coligados na visão do STJ, com o objetivo de chamar à reflexão os advogados que atuam no agronegócio, considerando os vários tipos de instrumentos contratuais previstos na legislação que rege a matéria. Posteriormente, pretende-se elencar pontos de atenção na redação das cláusulas de arbitragem a fim de evitar os inconvenientes advindos da ausência de compatibilidade entre cláusulas de resolução de disputas presentes em instrumentos que integram a mesma relação econômica.

1. A extensão da cláusula compromissória em virtude da coligação contratual

Como as operações envolvendo o agronegócio são geralmente complexas, a arbitragem surge como o método mais adequado para a solução de

dutores rurais, referida lei instituiu o Fundo Garantidor Solidário (FGS) e dispõe sobre o patrimônio rural em afetação.

[67] "A coligação contratual é caracterizada pela existência de dois ou mais negócios unidos para obtenção de um mesmo resultado econômico-social". Gomes, Orlando. *Introdução ao Direito Civil*. 19. ed. rev. atual. e ampli. por Edvaldo Brito e Reginalda Paranhos de Brito. Rio de Janeiro: Forense, 2007, pp. 324-326.

eventual controvérsia. Isso, porque, na arbitragem, o conflito é decidido por julgadores especializados na matéria, via de regra escolhidos pelas partes. Ademais, o procedimento é sigiloso e tende a ser bastante mais célere do que uma demanda judicial.

Apesar disso, pouca atenção costuma ser dada à redação da cláusula arbitral, que fica relegada a segundo plano, por ser tida como menos importante no emaranhado das outras cláusulas que estruturam a operação. Daí o jargão "*midnight clause*" para se referir à cláusula arbitral, geralmente inserida no último momento de fechamento do contrato, sem a reflexão e o cuidado devidos[68].

Não é incomum uma rede de contratos em que apenas um ou alguns possuem cláusula arbitral enquanto outro ou outros não contêm qualquer cláusula de resolução de disputas, ou em que um ou mais contratos possuem cláusula arbitral mas os outros contêm cláusula de eleição do foro judicial.

Nesses casos, podem surgir dúvidas quanto ao interesse das partes de submeterem os conflitos oriundos de todos os instrumentos à arbitragem ou apenas as controvérsias referentes a alguns deles. A questão é intrincada, pois, na prática, um conflito pode dizer respeito, ao mesmo tempo, a mais de um contrato.

Nesse contexto emerge a possibilidade da *extensão objetiva da cláusula arbitral*, que consiste, nada mais, do que expandir a abrangência da cláusula compromissória contida num determinado contrato para além dele, de forma a gerar efeitos sobre outro instrumento contratual. A medida tem como fim precípuo evitar a repartição do mérito da disputa para fins jurisdicionais e, por conseguinte, o risco de decisões conflitantes.

Diferentemente do que se poderia pensar numa primeira análise, tal fenômeno não contraria a Lei de Arbitragem, que no seu art. 4º, §1º, ao estipular como requisito para se valer da arbitragem a existência de pacto expresso, visa apenas a impedir que a cláusula arbitral seja estipulada verbalmente[69], o que, de modo algum, impede que se estenda a cláusula arbitral contida num contrato a outro, haja vista, inclusive, que

[68] REDFERN, Alan. HUNTER, Martin. BLACKABY, Nigel. PARTASIDES, Constantine. *Redfern and Hunter on International Arbitration*, 6. ed. Oxford University Press, 2009, p. 78.

[69] MARTINS, Pedro Antonio Batista. LEMES, Selma Maria Ferreira. CARMONA, Carlos Alberto. *Aspectos Fundamentais da Lei de Arbitragem*. Rio de Janeiro: Forense, 1999, p. 219.

o mesmo dispositivo legal permite que a cláusula arbitral seja estabelecida em documento apartado. Trata-se, ademais, de interpretar a cláusula arbitral à luz do princípio da boa-fé objetiva, com o fim de desvelar a vontade das partes de, no âmbito da mesma relação econômica, submeter o litígio à arbitragem ainda que determinado contrato não contenha cláusula arbitral[70].

Ocorre que, no caso concreto, essa situação representa questão delicada, sobretudo porque a arbitragem é expressão da autonomia da vontade[71]. Ainda mais sensível se torna a questão quando o contrato para o qual se pretende expandir os efeitos da convenção de arbitragem possui cláusula de foro judicial, pois se deve perquirir se de fato não foi interesse das partes "fatiar" a disputa perante os dois juízos – arbitral e judicial.

Ademais, a interpretação extensiva da cláusula compromissória somente pode ser admitida se existir prova robusta da coligação contratual[72],

[70] Souza, Ananda Portes. *Extensão de Cláusula Arbitral em Contratos Coligados Celebrados entre as Mesmas Partes.* Revista de Arbitragem e Mediação, versão digital, 2017, p. 8.

[71] Como explica Rodrigo Garcia da Fonseca, "[e]m matéria de arbitragem, o princípio é que uma parte não pode ser forçada a aceitá-la se não tiver dado a sua anuência a essa forma de solução de litígios, seja previamente através do acordo na cláusula compromissória, seja no momento do surgimento do conflito, mediante o compromisso arbitral. Assim, diferentemente das regras sobre a competência das autoridades judiciárias, que eventualmente podem ser até modificadas, mas em geral contêm comandos obrigatórios, as regras de arbitragem são essencialmente voluntárias". Fonseca, Rodrigo Garcia da. *Os Contratos Conexos, as Garantias e a Arbitragem na Indústria do Petróleo e do Gás Natural.* In.: Revista de Arbitragem e Mediação, 2011, p. 225-233.

[72] "4. *Os contratos coligados são aqueles que, apesar de sua autonomia, se reúnem por nexo econômico funcional,* em que as vicissitudes de um podem influir no outro, dentro da malha contratual na qual estão inseridos. *'Por força de disposição legal, da natureza acessória de um deles ou do conteúdo contratual (expresso ou implícito), encontram-se em relação de dependência unilateral ou recíproca'* (Marino, Francisco Paulo de Crescenzo. Contratos coligados no direito brasileiro. São Paulo: Saraiva, 2009, p. 99). Nesse passo e em uma perspectiva funcional dos contratos, deve-se ter em conta que a invalidade da obrigação principal não apenas contamina o contrato acessório (CC, art. 184), estendendo-se, também, *aos contratos coligados, intermediário entre os contratos principais e acessórios, pelos quais a resolução de um influenciará diretamente na existência do outro*" (Brasil. Superior Tribunal de Justiça. 4ª Turma. *REsp. nº 1.141.985/PR.* Relator: Min. Luis Felipe Salomão. Brasília, 7 abr. 2014, g.n.).

que dependerá de análise absolutamente casuística[73], a depender de fatores como as partes de cada instrumento, o objeto de cada um, as datas de sua celebração e a intenção dos contratantes.

Por tudo isso, não se tem como estabelecer regras gerais e abstratas acerca da extensão objetiva da cláusula compromissória.

2. A extensão objetiva da cláusula arbitral na visão do STJ

As decisões do STJ a esse respeito podem dar algum norte ao advogado que assessora o cliente no setor do agronegócio.

2.1. Sentença estrangeira Contestada nº 1 (Kia Motors Corporation v. Washington Armênio Lopes e outros)

O caso da Sentença Estrangeira Contestada (SEC) nº 1[74], cujo acórdão, relatado pela Ministra Maria Thereza de Assis Moura, foi publicado em 01/02/2012, envolveu Kia Motors Corporation, na condição de requerente da homologação da sentença arbitral estrangeira, e Washington Armênio Lopes, Chong Jin Jeon, Roberto Uchôa Neto, Asia Motors do Brasil S/A, Set Participações e Empreendimentos S/A, Set Trading S/A, JBP do Brasil e American Samoa Corporation, na condição de requeridos.

No caso, a arbitragem teve por objeto um contrato de parceria – denominado contrato de *joint venture* – celebrado em 1997, cujo escopo era expandir as vendas de veículos da Asia Motors Company – posteriormente incorporado pela Kia Motors Corporation – na América Latina.

Referido contrato possuía cláusula compromissória, elegendo a Câmara de Comércio Internacional como instituição para administração do procedimento.

[73] Não é escopo desse artigo teorizar acerca das diferentes hipóteses de coligação contratual, o que seria por demais pretensioso. Como ensinam Jéssica Ricci Gago e Wanderley Fernandes, "há diversas teorias que buscam determinar as hipóteses de coligação contratual, bem como diferentes classificações dos diversos tipos de coligação". Por essa razão, como concluem os mesmos autores, "qualquer tentativa de elaboração de regras gerais, portanto, não pode desconsiderar a importantíssima dimensão fática de qualquer caso que se pretenda solucionar" (GAGO, Jéssica Ricci. FERNANDES, Wanderley. *Extensão Objetiva da Cláusula Arbitral*. In: Revista Brasileira de Arbitragem, n. 43, 2014, p. 38 e 56).

[74] BRASIL. Superior Tribunal de Justiça. Corte Especial. *SEC nº 1/KR*. Relatora: Min. Maria Thereza de Assis Moura. Brasília, 1 fev. 2012.

Após proferida a sentença arbitral, que reconheceu a violação do contrato de parceria e condenou os requeridos ao pagamento de indenização, a Kia Motors Corporation pediu a sua homologação perante o STJ. Parte dos requeridos formulou objeções com fulcro no art. 38, incisos IV e V, da Lei de Arbitragem, e um dos argumentos para tanto foi o de que a cláusula compromissória instituída no contrato de parceria teria sido superada por instrumentos posteriores, notadamente o acordo de acionistas e o estatuto social, que não previram convenção arbitral e sim cláusula de eleição de foro judicial.

O STJ entendeu, contudo, que a autonomia das partes exigia que a sua renúncia à cláusula arbitral tivesse sido expressa. Além disso, interpretou o contrato de parceria como um contrato guarda-chuva, que deu origem aos demais instrumentos satélites (acordo de acionistas e estatuto social), os quais estavam, portanto, igualmente abarcados pela cláusula arbitral. Ainda de acordo com o STJ, mesmo que se entendesse que os demais instrumentos suplantaram o contrato de parceria, isso não implicaria a nulidade da cláusula compromissória nele inserida, em razão do princípio da separabilidade, previsto no art. 8º da Lei de Arbitragem, segundo o qual a validade e a eficácia da cláusula arbitral são independentes da validade e da eficácia do contrato no qual ela esteja contida ou a que se refira.

Assim, entendeu o STJ que, sendo a arbitragem uma escolha das partes e estando a cláusula compromissória inserida no primeiro instrumento sem que tenha sido claramente revogada pelas partes, a escolha pela arbitragem deveria ser preservada, sob pena de ofender a autonomia da vontade das partes e o princípio da boa-fé objetiva.

2.2. Recurso Especial nº 1.639.035/SP (Caso Paranapanema)

Julgamento mais recente e polêmico[75] é aquele que se convencionou chamar "Caso Paranapanema"[76]. Trata-se do Recurso Especial nº

[75] Digno de nota que o julgamento do STJ foi alvo de críticas. Por exemplo, ver: CUOZZO, Mariana Aguieiras. Jurisprudência Nacional Comentada: STJ – REsp 1.639.035 / Estado de São Paulo – 3ª Turma – j. 18.09.2018 – Rel. Paulo de Tarso Vieira Sanseverino – DJe 15.10.2018. Revista de Arbitragem e Mediação, n. 60, 2019.

[76] BRASIL. Superior Tribunal de Justiça. 3ª Turma. *REsp n. 1.639.035/SP*. Relator: Min. Paulo de Tarso Sanseverino. Brasília, 15 out. 2018.

1.639.035/SP, relatado pelo Ministro Paulo de Tarso Sanseverino, cujo acórdão foi publicado em 15/10/2018.

Paranapanema S/A, Banco BTG Pactual S/A e Banco Santander S/A celebraram contrato de abertura de crédito, contendo cláusula arbitral. Para subscrição das ações por meio de dação em pagamento, que serviriam à quitação do empréstimo, foram celebrados contratos de *swap*, contendo cláusula de eleição de foro judicial que elegia a comarca de São Paulo como competente para a resolução de controvérsias.

O procedimento arbitral foi instaurado no Centro de Arbitragem e Mediação da Câmara de Comércio Brasil-Canadá com base nos contratos de *swap*. Após proferida a sentença que condenou a Paranapanema S/A ao pagamento de indenização, ela ingressou com ação anulatória, fundada no art. 32, inciso VIII, da Lei de Arbitragem, ao argumento de que teria havido vício na constituição do tribunal arbitral.

A sentença de improcedência concluiu que, muito embora os contratos de *swap* não possuíssem cláusula arbitral, eram acessórios ao contrato de abertura de crédito, de forma que a cláusula arbitral presente neste estender-se-ia àqueles. À apelação interposta por Paranapanema S/A foi negado provimento pelo TJSP, sob o fundamento de que os contratos de *swap* estavam vinculados ao contrato de abertura de crédito, devendo prevalecer a vontade das partes no sentido de que os conflitos emergentes do contrato principal e de todos os contratos a ele conexos fossem submetidos à arbitragem, sob pena de ofensa à eleição da arbitragem.

Na via especial, Paranapanema S/A alegou ofensa aos arts. 3º da Lei de Arbitragem, 114 do Código Civil e 111 do Código de Processo Civil de 1973, sustentando, em síntese, que os efeitos da cláusula arbitral presente no contrato de abertura de crédito não poderiam ser estendidos aos contratos de *swap*, que continham cláusula de eleição de foro judicial.

No entanto, o entendimento da sentença e do acórdão do TJSP foi confirmado pelo STJ, que, tal como as instâncias ordinárias, concluiu que a existência de uma única operação econômica implicaria a extensão da cláusula compromissória prevista no contrato principal, de abertura de crédito, aos contratos acessórios, de *swap*, pois, por força do princípio da gravitação jurídica, tudo o que ocorre com relação ao contrato principal repercute no acessório, nisso se incluindo a própria eficácia da convenção de arbitragem.

2.3. Recurso Especial nº 1.834.338/SP (Anhanguera Educacional Ltda. v. Credituni Promoção e Intermediação de Produtos e Serviços Ltda.)

Acórdão ainda mais recente refere-se ao julgamento do Recurso Especial nº 1.834.338/SP[77], interposto por Anhanguera Educacional Ltda. contra Credituni Promoção e Intermediação de Produtos e Serviços Ltda., relatado pelo Ministro Marco Aurélio Bellizze e publicado em 16/10/2020.

Como consta do relatório da Ministra Nancy Andrighi, em 2011, a Anhanguera Educacional Ltda. adquiriu a Universidade Uniban. Para a realização da operação, além do contrato de compra e venda, foram celebrados outros instrumentos contratuais, incluindo um contrato de cessão de direitos creditórios visando ao pagamento de parte do preço da operação.

Diante do surgimento de disputa atinente à natureza dos títulos cedidos com base no contrato de cessão de direitos creditórios, que previa cláusula de eleição de foro, iniciou-se discussão sobre se a cláusula arbitral contida no contrato de compra e venda seria aplicável também ao contrato de cessão de direitos creditórios, haja vista o caráter acessório deste último.

O TJSP concluiu que, apesar de relacionados, os contratos seriam autônomos entre si, inclusive com partes diversas, sendo que o contrato de cessão de crédito continha cláusula de eleição de foro. Em face do respectivo acórdão, a Anhanguera Educacional Ltda. interpôs recurso especial, objetivando o reconhecimento pelo STJ de que a cláusula arbitral contida no contrato de compra e venda seria aplicável ao contrato de cessão de direitos creditórios.

Em seu voto, a relatora Ministra Nancy Andrighi consignou que, como a arbitragem é exceção à jurisdição estatal, a interpretação em torno da cláusula compromissória deve ser restritiva e não ampliativa, respeitando-se a vontade das partes tal como pactuada. Assim, como o litígio afetava, tão somente, os títulos cedidos por meio do contrato de cessão de crédito, que era silente quanto à adoção da arbitragem, a Ministra Nancy Andrighi negou provimento ao recurso especial.

[77] BRASIL. Superior Tribunal de Justiça. 3ª Turma. *REsp n. 1.834.338/SP*. Relator: Min. Marco Aurélio Bellizze. Brasília, 1º set. 2020.

O Ministro Marco Aurélio Bellizze, por sua vez, instaurou divergência, por entender que, como o contrato de cessão de créditos era acessório ao contrato de compra e venda, a sua cláusula arbitral deveria ser estendida ao primeiro, e votou pela extinção do processo judicial, invocando, inclusive, o "Caso Paranapanema".

O Ministro Marco Aurélio Bellizze compreendeu que o fato de o contrato de cessão de crédito ter previsto cláusula de eleição de foro não afasta o entendimento de que a cláusula arbitral do contrato principal é aplicável também ao instrumento acessório. Isso, porque a cláusula de eleição de foro deve ser interpretada à luz das exceções estabelecidas no contrato principal para o acesso ao Poder Judiciário (requerimento de tutela provisória e execução da sentença arbitral). O Ministro Marco Aurélio Belizze ainda consignou que o fato de a cláusula arbitral não estabelecer qualquer ressalva em relação ao contrato acessório também revelava a intenção das partes de submeter todos os conflitos oriundos ou relacionados ao grupo de contratos à arbitragem.

Ademais, o Ministro Marco Aurélio Bellizze sustentou, no voto condutor do respectivo acórdão, que não seria possível analisar a validade e a legitimidade dos títulos oferecidos por meio do contrato de cessão de créditos sem imiscuir no contrato principal, o que também justificava a submissão de todo o conflito à mesma jurisdição, no caso, arbitral. Vale reproduzir trecho do seu voto:

> "Compartilha-se da compreensão de que a coligação contratual pode, eventualmente - e não necessariamente - ensejar a extensão da cláusula compromissória arbitral inserida no contrato principal ao contrato acessório a ele conexo se a indissociabilidade dos ajustes em coligação, evidenciada pela ausência de autonomia das obrigações ajustadas em cada contrato, considerado o elevado grau de interdependência, tornar impositiva a submissão de ambos os contratos à arbitragem, sem descurar, na medida do possível, da preservação da autonomia da vontade das partes contratantes de se submeterem à arbitragem. [...] a extensão da cláusula compromissória arbitral inserta no contrato principal ao contrato acessório decorre, no caso, da absoluta indissociabilidade das obrigações ajustadas, com elevado grau de interdependência, a tornar de todo inviável a análise, estanque e fragmentada, pela jurisdição estatal, de controvérsia advinda do ajuste acessório, sem promover, para tanto, o exame das obrigações estabelecidas no

contrato principal, cuja incumbência, por deliberação voluntária das partes, incumbe exclusivamente ao Tribunal arbitral".

A divergência foi acompanhada pelos Ministros Ricardo Villas Bôas Cueva e Paulo de Tarso Sanseverino, ficando vencida a Ministra Nancy Andrighi.

2.4. Breve conclusão quanto à visão do STJ em matéria de extensão objetiva de cláusula arbitral

Com reservas às críticas feitas no ambiente acadêmico, o cotejo dos julgados anteriores permite identificar que o STJ tem firmado orientação, em tese, pró-arbitragem. Muito embora a interpretação da cláusula arbitral deva se dar restritivamente, visto que a arbitragem representa renúncia à jurisdição estatal, o STJ vem entendendo que, a depender das circunstâncias, existindo coligação contratual e havendo cláusula arbitral no contrato principal, ela se entende aos demais instrumentos de caráter acessório, ainda que estes sejam posteriores àquele e contenham cláusula de eleição de foro.

Contudo, como se extrai dos votos condutores dos mencionados acórdãos do STJ, essa análise tem que ser feita à luz de cada caso concreto, pois depende de diversos fatores, sobretudo do grau de indissociabilidade dos instrumentos contratuais, da redação da cláusula arbitral e, o mais importante, da vontade das partes, aferida não apenas a partir do próprio contrato, como também de outras circunstâncias relevantes, que vão desde o seu comportamento na negociação dos contratos até na sua execução. É possível, por exemplo, que o conflito diga respeito exclusivamente ao contrato acessório que prevê cláusula de eleição de foro, hipótese na qual, em princípio, a cláusula arbitral não será aplicável. Noutras palavras, não é a mera existência de coligação contratual que determinará, automaticamente, a extensão da convenção de arbitragem.

3. Cuidados na redação das cláusulas arbitrais

A experiência prática e o tratamento dado à questão pelo STJ permitem extrair valiosas lições no que toca à redação das cláusulas arbitrais, a fim de se tentar evitar discussões do tipo das anteriormente narradas. Nesse sentido:

(i) As cláusulas arbitrais devem ser explícitas, de forma a não oferecer dúvidas sobre a vontade inequívoca das partes de se valerem da arbitragem como método de resolução de suas controvérsias;

(ii) As cláusulas arbitrais devem ser completas (i.e., cheias), prevendo, ao menos, a instituição arbitral (salvo se a arbitragem for *ad hoc*), o número de árbitros e a forma de seu apontamento, o idioma e a sede da arbitragem;

(iii) A cláusula arbitral deve ser compatível – preferencialmente, idêntica – em todos os instrumentos. Por exemplo, não se deve estabelecer uma câmara para administrar o procedimento num contrato e noutro câmara diferente. Da mesma forma, não se recomenda que um contrato eleja a arbitragem como método de resolução de controvérsias e que outro contrato, integrante da mesma relação econômica, eleja o Poder Judiciário como foro competente. O número de árbitros, a legislação aplicável, o idioma, a sede, as exceções à arbitragem e o foro judicial para medidas pré-arbitrais ou para anulação e cumprimento da sentença arbitral também devem ser os mesmos em todos os instrumentos;

(iv) No caso de adoção de cláusulas escalonadas, cada etapa deve ser suficientemente regulamentada, incluindo a sua duração e o momento em que se a considerará finalizada, a fim de que nenhuma delas perdure para além do razoável; e

(v) Caso seja, de fato, interesse das partes segmentar a resolução das disputas advindas de cada contrato entre o juízo arbitral e o juízo estatal, que sopesem os possíveis inconvenientes dessa escolha e o façam de forma expressa, clara e inequívoca (estipulando, por exemplo, que as partes afastam a cláusula arbitral com relação a determinado instrumento).

Esses cuidados podem minimizar o risco de surgirem discussões paralelas, que prolongarão a solução da controvérsia, não apenas sobre se competente é o tribunal arbitral ou o Poder Judiciário, mas também sobre todas aquelas questões que, sem definição, dificultam a própria instauração da arbitragem.

Conclusões

O agronegócio é de vital importância no Brasil, o que justifica o seu cuidadoso tratamento jurídico. Ademais, é setor no qual o uso da arbitragem pode ser muito proveitoso, levando-se em conta os já mencionados benefícios na adoção desse método de resolução de controvérsias.

Todavia, quando as cláusulas arbitrais não são redigidas de forma técnica, adequada e completa, considerando a estruturação da operação como um todo, pode-se deparar com situações de choque entre as cláusulas de resolução de controvérsias previstas nos diferentes contratos que integram a mesma relação econômica.

Nesses casos, a solução passará inevitavelmente pela análise da extensão objetiva da convenção de arbitragem, de forma a suprir a ausência da cláusula arbitral em determinado instrumento ou a sanar as divergências identificadas nas cláusulas arbitrais presentes em cada contrato.

Concordando-se ou não com as decisões do STJ anteriormente analisadas, percebe-se que, em todos os casos, a discussão atinente ao alcance da convenção de arbitragem poderia ter sido evitada se as cláusulas de resolução de disputas inseridas nos diferentes instrumentos do feixe de contratos estivessem em harmonia.

À luz dessas considerações e a fim de se garantir celeridade e eficiência à solução de eventual disputa que surja no âmbito de operação do agronegócio, o advogado que assessora o cliente na sua estruturação não pode se descuidar das cláusulas de solução de controvérsias previstas em cada instrumento que a compõe. Deverá sobre elas refletir, antevendo as discussões que poderão surgir a seu respeito na hipótese de conflitos, para deixar expressa a vontade das partes em cada situação, assegurando, em especial, que tais cláusulas "conversem entre si", ao invés de criar incompatibilidades que poderão atrasar a decisão de mérito do litígio, comprometendo, quiçá, o sucesso da operação.

Referências

BRASIL. Superior Tribunal de Justiça. 3ª Turma. *REsp n. 1.639.035/SP*. Relator: Min. Paulo de Tarso Sanseverino. Brasília, 15 out. 2018.

BRASIL. Superior Tribunal de Justiça. 3ª Turma. *REsp n. 1.834.338/SP*. Relator: Min. Marco Aurélio Bellizze. Brasília, 1º set. 2020.

BRASIL. Superior Tribunal de Justiça. 4ª Turma. *REsp. nº 1.141.985/PR*. Relator: Min. Luis Felipe Salomão. Brasília, 7 abr. 2014.

BRASIL. Superior Tribunal de Justiça. Corte Especial. *SEC nº 1/KR*. Relatora: Min. Maria Thereza de Assis Moura. Brasília, 1 fev. 2012.

BORN, Gary B. *International Arbitration and Forum Selection Agreements: Drafting and Enforcing*. 3ª ed., Kluwer Law International, 2010.

CARMONA, Carlos Alberto. *Arbitragem e Processo*: um comentário à Lei nº 9.307/1996. São Paulo: Atlas, 2009.

CUOZZO, Mariana Aguieiras. *Jurisprudência Nacional Comentada: STJ – REsp 1.639.035/Estado de São Paulo – 3ª Turma – j. 18.09.2018 – Rel. Paulo de Tarso Vieira Sanseverino – DJe 15.10.2018*. Revista de Arbitragem e Mediação, n. 60, 2019.

FONSECA, Rodrigo Garcia da. *Os Contratos Conexos, as Garantias e a Arbitragem na Indústria do Petróleo e do Gás Natural*. In.: Revista de Arbitragem e Mediação, 2011.

GAGO, Jéssica Ricci. FERNANDES, Wanderley. *Extensão Objetiva da Cláusula Arbitral*. In: Revista Brasileira de Arbitragem, n. 43, 2014.

GOMES, Orlando. *Introdução ao Direito Civil*. 19. ed. rev. atual. e ampli. por Edvaldo Brito e Reginalda Paranhos de Brito. Rio de Janeiro: Forense, 2007.

HANOTIAU, Bernard. *Complex Arbitrations*: Multiparty, Multicontract, Multi-issue and Class Actions. Kluwer Law International, 2005.

KONDER, Carlos Nelson. *O Alcance da Cláusula Compromissória em Contratos Coligados*: leitura a partir da tutela de confiança. Revista de Arbitragem e Mediação, vol. 63, ano 16. São Paulo: Ed. RT, 2019.

LEMES, Selma Maria Ferreira. *A Cláusula Arbitral por Referência e os Contratos Comerciais Conexos*. Disponível em: < http://selmalemes.adv.br/artigos/artigo_juri01.pdf>. Acesso em 9 dez. 2020.

MARINO. Francisco Paulo de Crescenso. *Contratos Coligados no Direito Brasileiro*. São Paulo: Saraiva, 2009.

MARTINS, Pedro Antonio Batista. LEMES, Selma Maria Ferreira. CARMONA, Carlos Alberto. *Aspectos Fundamentais da Lei de Arbitragem*. Rio de Janeiro: Forense, 1999.

PINTO, José Emílio Nunes. *A Cláusula Compromissória à luz do Código Civil*. Revista de Arbitragem e Mediação, vol. 4, 2005, p. 34.

REDFERN, Alan. HUNTER, Martin. BLACKABY, Nigel. PARTASIDES, Constantine. *Redfern and Hunter on International Arbitration*, 6. ed. Oxford University Press, 2009.

ROCHA, Pedro Cavalcanti. *Extensão da Convenção Arbitral aos Contratos Conexos*. 1. ed. Salvador: Juspodivm, 2020.

SOUZA, Ananda Portes. *Extensão de Cláusula Arbitral em Contratos Coligados Celebrados entre as Mesmas Partes*. Revista de Arbitragem e Mediação, versão digital, 2017.

5.
ARBITRAGEM E DEFESA NA EXECUÇÃO JUDICIAL

Daniel Freitas Drumond Bento
Pedro Henrique Porto Magalhães
Suzana Santi Cremasco

Introdução

À medida em que a arbitragem é fortalecida no cenário nacional como alternativa ao Poder Judiciário na heterocomposição de conflitos, intensificam-se as discussões relativas aos múltiplos efeitos da adoção da cláusula compromissória no tocante ao processo judicial. Ao pactuarem cláusula arbitral, as partes derrogam a jurisdição estatal em favor da jurisdição arbitral para resolução dos conflitos oriundos daquele instrumento. Contudo, a utilização da arbitragem não é possível quando a pretensão é a execução forçada de obrigações materialmente previstas no instrumento abrangido pela convenção de arbitragem.

1. Arbitragem e execução: coexistência e convivência

Na sistemática jurídica em vigor, não há dúvidas que a atividade e a jurisdição do árbitro são restritas à fase de conhecimento e extinguem-se com a prolação da sentença arbitral (art. 29 da Lei de Arbitragem), cabendo às partes executá-la, em caso do não cumprimento voluntário ou de necessidade de cumprimento forçado[78], perante o Poder Judiciário (art. 515, inciso VII, do CPC).

[78] Algumas sentenças arbitrais – tais como as judiciais – independem de cumprimento, como, por exemplo, é o caso das sentenças meramente declaratórias que, em regra, não

Nada obsta, por outro lado, que as partes constituam título executivo extrajudicial (nas hipóteses do art. 784 do CPC), invertendo a lógica que rege o processo de conhecimento e autorizando ao credor a perseguir imediatamente a satisfação do crédito materializado pelo título, por meio do processo de execução, independentemente de qualquer decisão jurisdicional a respeito do seu crédito. Nessa hipótese, somente haverá a incidência do juízo de cognição caso o executado, em eventual defesa, suscite matérias típicas da fase de conhecimento (art. 917, inciso VI, do CPC).

Nesse cenário, não é raro que a parte executada invoque, como defesa, a existência da convenção de arbitragem, alegando que a questão deveria ser submetida primeiramente ao juízo arbitral e que a cláusula arbitral retiraria a exequibilidade do título.

Cabe esclarecer que tal discussão não se relaciona à análise de existência, validade ou eficácia da cláusula compromissória, mas sobre a certeza, liquidez e exigibilidade do título (art. 783 do CPC), sendo inaplicável, portanto, o princípio da competência-competência (art. 8º, parágrafo único da Lei de Arbitragem). Isso porque ao assim decidir, o Poder Judiciário não estaria determinando que caberia aos árbitros processarem a execução, mas que o título não é apto a ser executado e que o direito sobre o qual pretendeu-se executar precisaria ser reconhecido perante o juízo arbitral, para que assim, passasse a ser um título executivo judicial (art. 515, inciso VII do CPC).

Apesar de existirem decisões que acolhem essa tese[79] – inclusive, decisões recentes do Superior Tribunal de Justiça[80] –, o entendimento que prevalece é que a mera presença da cláusula compromissória em título executivo, por si só, não lhe retira a sua exequibilidade. Rafael

comportam execução, vez que a sentença, por si só, é suficiente para o exercício do direito e as sentenças puramente constitutivas.

[79] A título de exemplo: Tribunal de Justiça de Minas Gerais, 16ª Câmara Cível, Apelação Cível nº 1699582-70.2005.8.13.0105. J. 31/10/2007. Tribunal de Justiça do Rio de Janeiro, 14ª Câmara Cível, Apelação Cível nº 0004813-79.2007.8.19.0209. J. 18/02/2009. Tribunal de Justiça do Rio Grande do Sul, 18ª Câmara Cível, Apelação Cível nº9 016930919.2017.8.21.7000. J. 29/08/2017. Tribunal de Justiça de São Paulo, 25ª Câmara de Direito Privado, Apelação Cível nº 9060328-93.2007.8.26.0000. J. 23/11/2011.

[80] Superior Tribunal de Justiça. 3ª Turma. Recurso Especial nº 1.717.677/PR. J. 19/11/2019.

Francisco Alves[81] sustenta que afastar a exequibilidade de um título executivo em razão da previsão de cláusula compromissória implicaria desestímulo à adoção da arbitragem como forma de solução de conflitos.

Cabe citar aqui a controvérsia recentemente julgada pelo STJ, envolvendo Contrato de Compra e Venda de Ações celebrado entre All Ore Minerações S.A., compradora, e Campina Participações S.A. e outros, vendedores. Com base no instrumento firmado, a All Ore ajuizou ação de execução buscando a devolução de Taxa de Exclusividade que pagou em razão do contrato. A Campina Participações e outros, por sua vez, solicitaram a instauração de arbitragem com vistas a discutir a culpa pela rescisão contratual. Paralelamente, os executados apresentaram exceção de pré-executividade em que alegaram que não estava provada a responsabilidade pelo descumprimento das obrigações e que, portanto, não haveria como existir procedimento executório, o que foi acolhido em primeira instância, com a extinção da execução por ausência de título executivo. Posteriormente, sobreveio decisão arbitral que reconheceu o direito da All Ore em ser reembolsada, o que formou a convicção da segunda instância ao julgar a apelação e reformar integralmente a sentença de procedência da exceção de pré-executividade, decisão que transitou em julgado após o não conhecimento do Recurso Especial nº 1.658.07/SP[82]. Ao deixar de conhecer o Recurso Especial, o STJ não decidiu sobre os efeitos da convenção de arbitragem à exequibilidade do título, mas apenas assentou, em sede de *obiter dictum*, que mesmo que considerados os argumentos dos exequentes, seria cabível a apresentação posterior pela All Ore da comprovação da legalidade da rescisão contratual – no caso, a decisão arbitral já proferida – que dava ensejo à execução.

Nesse contexto, e diante das razões de decidir que levaram à rejeição da exceção de pré-executividade, seriam justificáveis as dúvidas em relação à posição dos Tribunais sobre a exequibilidade do título. Isso porque apesar da decisão arbitral, incidental à discussão iniciada pelos Executados e que a tornou inócua, o objeto da ação é a execução do contrato e a

[81] Alves, Rafael Francisco. Cláusula Compromissória. *Título Executivo Extrajudicial. Suspensão da execução. Prejudicialidade. Poderes do Árbitro.* Revista Brasileira de Arbitragem, Porto Alegre, nº 21, p. 198-206, Jan-Mar/2009. p. 204.

[82] Superior Tribunal de Justiça. 3ª Turma. Recurso Especial nº 1.658.078/SP. J. 14/08/2018.

decisão sobre sua exequibilidade, independentemente de decisão arbitral, não poderia ser dispensada.

Posteriormente, Campina Participações e outros ajuizaram Ação Anulatória de Sentença Arbitral, alegando que o Tribunal Arbitral teria proferido sentença *extra petita*, por inexistir pedido condenatório à devolução da Taxa de Exclusividade, mas apenas declaratório de responsabilidade pela rescisão contratual. A pretensão foi julgada improcedente em primeira e segunda instância, sendo que ao julgar o Recurso Especial nº 1.735.538/SP[83], o STJ finalmente sacramentou que:

> "[a]figura-se absolutamente possível a imediata promoção da ação de execução de contrato que possua cláusula compromissória arbitral perante o Juízo estatal (única jurisdição, aliás, dotada de coercibilidade, passível de incursionar no patrimônio alheio), não se exigindo, para esse propósito, a existência de prévia sentença arbitral. Afinal, se tal contrato, por si, já possui os atributos de executibilidade exigidos pela lei de regência, de todo despiciendo a prolação de anterior sentença arbitral para lhe conferir executividade".

Com efeito, a inclusão de cláusula compromissória em um instrumento não afasta a natureza do título executivo, tampouco obsta o início da ação de execução, desde que preenchidos os requisitos de certeza, liquidez e exigibilidade[84]. A toda hipótese, o Poder Judiciário será o foro próprio – e, até então, o único possível – para os atos de execução, considerando que o juízo arbitral não detém poder coercitivo direto[85]. Esse, inclusive, é o entendimento majoritário que vem sendo adotado pelo STJ desde 2007[86].

Assim, tem-se que não deverá ser acatada a tese suscitada pelo devedor de que a simples existência de convenção de arbitragem impede o prosseguimento da execução (art. 485, inciso VII, do CPC). Ao iniciar a execução o exequente não busca o reconhecimento do seu direito, cuja

[83] Superior Tribunal de Justiça. 3ª Turma. Recurso Especial nº 1.735.538/SP. J. 06/10/2020.

[84] Superior Tribunal de Justiça. 3ª Turma. Recurso Especial nº 1.373.710/MG. J. 07/04/2015.

[85] Superior Tribunal de Justiça. 3ª Turma. Recurso Especial nº 944.917/SP. J. 18/09/2008.

[86] Superior Tribunal de Justiça. Decisão Monocrática rel. Min. Nancy Andrighi. Medida Cautelar nº 13.274/SP, J. 13/09/2007.

certeza, liquidez e exigibilidade são atestadas pelo título executivo e pelas próprias partes ao assim contratarem.

Contudo, a previsão de arbitragem inserta em cláusula compromissória constante em um título executivo gera uma série de dúvidas quanto ao foro correto para a apreciação, e para a decisão, sobre as eventuais defesas apresentadas pelo executado, que poderão suscitar matérias entre as mais variadas, incluindo as que seriam objeto de processo de conhecimento, sendo este o tema do presente estudo.

2. Defesa na execução e Convenção de Arbitragem

Diferente do processo de conhecimento, o processo executivo não se desenvolve voltado à total e ampla defesa do executado. O executado é citado para pagar a dívida e a mera distribuição da pretensão executiva permitirá ao exequente praticar atos de limitação à disponibilidade dos direitos do executado antes mesmo de sua citação (art. 828 do CPC). Contudo, a natureza do procedimento não afasta o direito ao contraditório do executado (art. 5º, inciso LV, da CF).

A principal forma de defesa do executado ao procedimento executivo são os embargos à execução (arts. 914 a 920 do CPC) sendo cabível impugnar tanto as questões processuais (art. 917, incisos I, primeira parte, II, III, IV[87] e V) quanto de fundo (mérito da dívida em execução, art. 917, incisos I, segunda parte, IV e VI). A defesa do executado, via embargos à execução, é ação autônoma ao processo execução que é distribuída por dependência e será julgada pelo mesmo juízo da execução (art. 914, §1º do CPC). Sua distribuição, contudo, não suspende automaticamente a execução (art. 919, *caput* do CPC), que dependerá, cumulativamente (art. 919, §1º do CPC), do preenchimento dos requisitos da tutela provisória e da garantia da execução.

As dúvidas e as controvérsias surgem quando as partes elegeram a arbitragem para a solução do conflito relacionados ao instrumento objeto da execução forçada.

[87] Entende-se que o inciso IV do art. 917 do CPC que trata da oposição com embargos com vistas à retenção da coisa por benfeitorias necessárias ou úteis, nos casos de execução para entrega de coisa certa pode ter natureza tanto processual, quando não há controvérsias acerca da existência dessa benfeitorias e dos valores por elas devidos, bem como material, quando há discussão da existência e do valor a ser indenizado que, nesse caso, deve ser discutido em arbitragem.

2.1. Exceção de pré-executividade

De início, entendemos não ser possível a utilização de exceção de pré-executividade para suscitar a convenção de arbitragem e eventual inexequibilidade do título em virtude disso. Com efeito, a exceção de pré-executividade visa a suscitar, por meio de simples petição, a existência de vícios lastreado em matérias de ordem pública e que, portanto, são cognoscíveis de ofício pelo juiz (art. 803, parágrafo único, do CPC e Súmula 393 do STJ). Nos termos do art. 337, §5º, a convenção de arbitragem não pode ser conhecida de ofício pelo juiz, o que, por si só, inviabiliza o manejo da exceção de pré-executividade. Além do mais, como visto, a existência de convenção de arbitragem não retira a exequibilidade do título.

2.2. Embargos à execução via Poder Judiciário

A princípio, não há qualquer óbice que o executado apresente sua defesa de mérito integralmente perante o Poder Judiciário, o que implicará verdadeira renúncia, da sua parte, à cláusula arbitral. Caberá ao exequente, em sua impugnação, alegar a celebração de convenção de arbitragem (art. 337, inciso X, do CPC), sob pena de concordar com a renúncia ao juízo arbitral (art. 337, §6º do CPC) e aceitar que a defesa do executado seja integralmente processada perante o Poder Judiciário.

É certo que não cabe ao juiz togado negar sua jurisdição e conhecer de ofício da cláusula compromissória (art. 337, §5º do CPC). A arbitragem tem como um dos seus pilares a consensualidade, que deve ser observada não apenas em sua contratação, mas também após a instauração do litígio.

Assim, uma vez opostos embargos à execução e suscitada a convenção de arbitragem pelo exequente, é preciso delimitar o alcance da convenção de arbitragem sobre as matérias passíveis de discussão nos embargos, apurando-se o que deve ser resolvido pelo Poder Judiciário e o que deve ser resolvido por arbitragem.

Inicialmente, pode-se concluir que a defesa do executado que se pautar em matérias relacionadas ao mérito da obrigação executada, devem ser submetidas exclusivamente à arbitragem, sendo esse o entendimento aprovado na I Jornada de Prevenção e Solução Extrajudicial de Litígios, na proposição nº 37:

> [a] existência de cláusula compromissória não obsta a execução de título executivo extrajudicial, reservando-se à arbitragem o julgamento das matérias previstas no art. 917, inciso I e VI do CPC/2015.

Contudo, o Superior Tribunal de Justiça, ao julgar o REsp nº 1.465.535/SP[88] decidiu que as questões "atinentes ao título ou às obrigações ali consignadas (existência, constituição ou extinção do crédito) e das matérias que foram eleitas pelas partes para serem solucionadas pela instância arbitral (kompetenz kompetenz)" deverão ser solucionadas pelos árbitros, o que foi seguido, ipsis litteris, no julgamento do CC nº 150.830/PA[89].

Ao analisar o posicionamento do STJ, não é possível estabelecer relação direta entre a definição das matérias que caberão a cada juízo e os incisos do art. 917 (ou outros dispositivos legais), tal como feito na I Jornada de Prevenção e Solução Extrajudicial de Litígios. O que há é adoção, pelo STJ, de critério de cunho prático, devendo ser analisado se a discussão diz respeito ao mérito da obrigação executada ou às questões formais do título, dos atos executivos ou à arbitrabilidade do conflito[90], sendo que na primeira das hipóteses a jurisdição será dos árbitros enquanto nas restantes, da justiça estatal.

Nesse caso, estar-se-ia diante da extinção parcial (ou total, se for a única matéria suscitada) dos embargos à execução, e não da execução em si. O esclarecimento é necessário porque há decisões – a nosso ver equivocadas – que, apesar de adotarem expressamente o entendimento daqueles julgados do STJ, não extinguiram os embargos à execução, mas sim a demanda executiva[91].

[88] Superior Tribunal de Justiça. 4ª Turma. Recurso Especial nº 1.465.535/SP. J. 21.06.2016.

[89] Superior Tribunal de Justiça. 2ª Seção. Conflito de Competência nº 150.830/PA. J. 10/10/2018.

[90] Barbosa, Flávio Spaccaquerche. Coelho, Leonardo de Castro. *Execução de Título Extrajudicial com Cláusula Compromissória. Limitação do Objeto dos Embargos à Execução na Justiça Estatal.* Superior Tribunal de Justiça. 4ª Turma. Rel. Min. Luis Felipe Salomão. Recurso Especial nº 1.465.535/SP. J. 21.06.2016. Revista Brasileira de Arbitragem, Porto Alegre, nº 52, p. 155-193, Out-Dez/2016. p. 187.

[91] Tribunal de Justiça de Minas Gerais. 16ª Câmara Cível. Agravo de Instrumento nº 0980676-77.2017.8.13.0000. J. 26/03/2018.

No que diz respeito à competência para definir quais tópicos serão levados à arbitragem e quais devem ser submetidas ao Poder Judiciário, ambos os julgados que citamos do STJ prestigiaram o princípio da competência-competência, decidindo que "o Juízo estatal deverá aguardar a definição, pelo Tribunal arbitral, de tais matérias, necessariamente" (CC nº 150.830/PA).

Apesar da solução ser, em nosso entendimento, irretocável, na prática, certamente enfrentará percalços. Isso porque apesar da definição das matérias objeto da arbitragem caber aos árbitros, o executado não poderá aguardá-la para apresentar os embargos à execução, sob pena de serem rejeitados liminarmente em razão de sua intempestividade (art. 918, inciso I do CPC).

O que parece ser mais adequado é a proposição dos embargos à execução e da arbitragem, no primeiro caso, o executado tratará das matérias que entendem ser processuais e no segundo das matérias de fundo. Na hipótese de o Poder Judiciário entender que uma questão não é processual, mas sim de fundo, restará ao executado, se possível, incluir a questão no bojo da arbitragem, ou distribuir uma nova arbitragem que, muito provavelmente, será conexa a primeira. Na hipótese contrária, contudo, sendo questionável o conhecimento da matéria pelos árbitros, como forma de se evitar as preclusões em âmbito judicial, sugere-se que a matéria seja submetida perante os dois juízos, esclarecendo essa situação e ressalvando que a jurisdição do juiz togado para decidir sobre aquele tópico estaria condicionada à decisão, pelos árbitros, de que não tinham jurisdição. Notadamente, não há qualquer óbice para que, antes da instauração da arbitragem, o juiz togado tome decisões, com base nesses tópicos, de cunho cautelar ou de urgência (art. 22-A da LArb).

À toda hipótese, recorrendo às duas vias, como forma de se evitar o reconhecimento de preclusões e propiciar a melhor coordenação entre os juízos, caberá ao executado ressalvar que solicitou a instauração de procedimento arbitral em que discutirá obrigações relacionadas ao título.

2.2.1. Recorribilidade da decisão que extingue parcialmente os embargos à execução

O remédio processual cabível contra a decisão que extinguir parcialmente os embargos à execução em razão da alegação de convenção de arbitragem também merece algumas considerações.

Sob a ótica processual, especificamente sobre o liame entre a execução e a defesa, se a intenção do legislador do CPC/15 foi de criar uma sistemática mais restrita ao cabimento do Agravo de Instrumento em relação ao CPC/73, regra diferente foi adotada nos procedimentos de (i) liquidação de sentença, (ii) cumprimento de sentença, (iii) execução e (iv) inventário, cuja recorribilidade de todas as decisões por meio de Agravo de Instrumento está expressamente prevista no parágrafo único do art. 1.015 do CPC. Ocorre que os embargos à execução são ação autônoma, de conhecimento, pelo procedimento comum, que apenas tem seu processamento incidental à execução, sendo-lhe inaplicável a regra da recorribilidade imediata[92].

O inciso III do art. 1.015 do CPC prevê que caberá Agravo de Instrumento contra as decisões que rejeitam a alegação de convenção de arbitragem, nada dispondo acerca da decisão que a acolhe. Naturalmente, em situações ordinárias, o acolhimento da preliminar de arbitragem causa a extinção total do processo mediante sentença (art. 485, inciso VII, do CPC), sendo a apelação o recurso único cabível. Ocorre que na hipótese em que são opostos embargos à execução tratando simultaneamente do mérito da obrigação e de questões processuais, a extinção preliminar será apenas parcial.

Aponta-se o parágrafo único do art. 354 do CPC, que prevê que, para qualquer das hipóteses de extinção do processo sem resolução de mérito, quando dizer respeito apenas a parte do processo, caberá Agravo de Instrumento, o que sem sombra de dúvidas, enquadra-se à hipótese.

Não obstante, o parágrafo único do art. 8º da Lei de Arbitragem determina que cabe ao árbitro decidir sobre as questões relativas à existência, validade e eficácia da cláusula compromissória (princípio da competência-competência), de tal modo que, ainda que admitido o cabimento do recurso, o Poder Judiciário não teria jurisdição para afastar a incidência da cláusula compromissória, a não ser nas mitigações

[92] "Nem há que se falar em interpretação extensiva do Parágrafo Único do art. 1.015 do Código Fux, sob a alegação de que a decisão seria recorrível de imediato por ter sido proferida em execução ou cumprimento de sentença. Isso porque os Embargos à Execução são ação autônoma na qual se aplica o regime da taxatividade prevista no caput do artigo, e não o disposto no Parágrafo Único." Superior Tribunal de Justiça. 1ª Turma. Agravo Interno no Agravo em Recurso Especial nº 1.543.256/SP. J. 08.06.2020.

conhecidas. Esse entendimento é reafirmado pelo STJ, que por vezes já decidiu que o Poder Judiciário deverá conhecer da questão apenas quando tratar-se de cláusula patológica, claramente ilegal, dotada de vícios explícitos[93].

Ocorre que, como outro lado da moeda do princípio da competência-competência, ao extinguir o processo sem resolução de mérito acolhendo a convenção de arbitragem, o juiz estatal não decidirá se a cláusula arbitral é existente, válida ou eficaz, mas tão somente que há previsão de uma cláusula arbitral e que ela não é patológica, cabendo ao(s) árbitro(s) a decisão sobre sua incidência.

Isso significa que a argumentação pautada no princípio da competência-competência não afasta o cabimento do Agravo de Instrumento com fulcro no parágrafo único do art. 354 do CPC, mas tão somente delimita o escopo da decisão que poderá ser tomada no âmbito daquele recurso.

2.3. Instauração de procedimento arbitral

Para iniciar a abordagem sobre a instauração de procedimento arbitral em defesa à execução, nada mais elementar do que tratar seu prazo. Isso porque no processo judicial o Executado tem o prazo de 15 dias, a contar da citação, para opor embargos à execução (art. 915 do CPC), sob pena de rejeição liminar da defesa (art. 918, inciso I).

De fato, ainda que adotando o entendimento majoritário de que o CPC não se aplica à arbitragem, a conclusão merece ressalvas. O juízo da execução é subordinado às normas processuais e deverá segui-las, de modo que a não oposição da defesa no prazo assinalado terá suas consequências ordinárias, como por exemplo, a imediata subrrogação em direitos que venham a ser penhorados (art. 857 do CPC).

Ocorre que, ao iniciar o procedimento arbitral, ainda que impulsionado pela propositura da ação de execução, o direito de ação do Requerente-Executado não se restringe necessariamente à declaração da inexistência do direito objeto da execução. A depender da complexidade da relação, o Requerente poderá formular pedidos que em nada se relacionam ao objeto da execução, e sobre esses direitos, ressalvado o prazo prescricional (art. 206 do Código Civil), a lei não impõe lapso temporal

[93] Superior Tribunal de Justiça. 3ª Turma. Recurso Especial nº 1.602.076/SP. J. 15.09.2016.

para exercê-lo e interpretação diversa é de constitucionalidade questionável (art. 5º, inciso II da Constituição).

Assim, não seria razoável exigir que o executado desse início à arbitragem observado o prazo para embargos à execução sob pena de rejeição liminar da defesa (art. 918, inciso I), apesar de, sob o ponto de vista prático e estratégico, ser medida recomendável, considerando os efeitos da não apresentação tempestiva da defesa em relação à ação de execução e o interesse de evitar incidentes processuais e/ou arbitrais, ainda que de cabimento duvidoso, que questionem a regularidade da defesa.

Além do mais, os regulamentos de algumas das principais câmaras do país[94] não exigem que ao solicitar a instauração da arbitragem a parte requerente submeta imediatamente todas suas causas de pedir e seus pedidos. Assim, dentro do lapso temporal para oposição de embargos à execução, seria possível ao Executado requerer a instauração da arbitragem sem que isso representasse prejuízo à formulação detalhada de todos seus pedidos.

Passando ao início da arbitragem, a lei deixa a cargo das partes e dos árbitros regularem o desenvolvimento do procedimento arbitral, delimitando apenas os princípios que o guiarão (art. 21, *caput*, §§1º e 2º da LArb). Dito isso, diferentemente do que ocorre no CPC, não há qualquer especificidade sobre a forma de processamento da arbitragem instaurada em defesa à demanda executória em relação ao que seria uma arbitragem instaurada em condições sem a preexistência de demanda executiva.

Diante da ausência de regramento, nada impede que os árbitros decidam aplicar subsidiariamente as normas do CPC, apesar dessa aplicação não ser cogente à arbitragem se assim não foi ajustado. Tal hipótese não nos afigura ser a melhor solução, tendo em vista que os embargos à execução estão inseridos em uma sistemática processual própria e que sua adoção, na arbitragem, dificilmente se mostraria adequada, tendo em vista, principalmente, a celeridade em que tramitam as Ações de execução e os trâmites burocráticos, desde o requerimento de instauração da

[94] A título de exemplo CAM-CCBC (item 4.1, alínea 'c'), CAMARB (item 3.1, alíneas 'd' e 'e'), CAM-B3 (item 2.1, alíneas 'iii' e 'iv'), CAM-CIESP-FIESP (item 2.1), CBMA (item 3.3, alíneas 'b' e 'c') e AMCHAM (item 3.2, alíneas 'd' e 'e').

arbitragem, até sua efetiva instauração e posterior assinatura do Termo de Arbitragem.

2.3.1. Suspensão da execução

A ideia de um procedimento próprio para esse tipo de arbitragem parte do provável interesse do Executado em suspender a ação de execução – e, principalmente, os atos de constrição e expropriação – enquanto discute seus pedidos na arbitragem. Assim, questões que se inserem no debate são a jurisdição/competência para determinar a suspensão da ação de execução e os requisitos a serem analisados para tanto.

Obviamente, em observância ao princípio dispositivo, caberá à parte interessada requerer no âmbito do juízo adequado, a suspensão da execução. Não cabe ao Poder Judiciário, tampouco aos árbitros, determinarem a suspensão *ex officio* da execução.

a) Prejudicialidade externa: a ideia hoje predominante é de que, à hipótese, seria aplicável a suspensão do processo em razão da prejudicialidade externa (art. 313, inciso V, item 'a' do CPC), cuja ordem de suspensão cabe ao juízo em que tramita o processo que seria "prejudicado" e sobre o qual requer que seja suspenso, quando a sentença de mérito depende do julgamento de outra causa ou de declaração de existência ou inexistência de relação jurídica objeto de outro processo pendente, questões essas que, invariavelmente, poderão ser discutidas no âmbito do procedimento arbitral.

Essa posição é defendida por Gustavo Milaré Almeida[95], para quem a suspensão da execução depende da análise de prejudicialidade da questão posta na arbitragem, sendo a tese jurídica adotada pelo STJ no julgamento do Conflito de Competência nº 150.830/PA, de 10/10/2018[96].

Destaca-se que, seguindo este caminho, a lei não determina que para que obtenha a suspensão, o executado deverá garantir o juízo e demonstrar a probabilidade do direito discutido na arbitragem ou o perigo de

[95] ALMEIDA, Gustavo Milaré. *Convivência Harmônica. Competências Distintas. Execução de Título Executivo Extrajudicial. Cláusula Compromissória.* Tribunal de Justiça de São Paulo. 2ª Câmara Reservada de Direito Empresarial. Apelação Cível nº 0004174-13.2013.8.26.0482. Rel. Des. Ramon Mateo Júnior. J. 17.11.2014. Revista Brasileira de Arbitragem nº 46. Abr-Jun. 2015. p. 109-110.

[96] Superior Tribunal de Justiça. 2ª Seção. Conflito de Competência nº 150.830/PA. J. 10/10/2018.

dano causado pela execução. Basta solicitar a instauração da arbitragem para que se enquadre à hipótese.

Como era de se esperar, o posicionamento desperta críticas[97], que sustentam que a solução mais adequada ao art. 784, §1º do CPC[98] seria a suspensão da execução apenas quando preenchidos os requisitos dos embargos à execução (art. 919, §1º do CPC), uma vez que solução diversa prejudicaria o exequente que teria que aguardar a prolação da sentença arbitral, sem garantia quanto ao pagamento do débito exequendo.

De fato, adotar a prejudicialidade externa como fundamento para a suspensão da execução, sem qualquer garantia, significaria impor ao exequente resistência injustificada à satisfação de título líquido, certo e exigível, cuja desconstituição – ainda não operada – é ônus do Executado. Não se quer dizer que deverão ser analisados, necessariamente, os requisitos dos embargos à execução. Contudo, admitir que a mera solicitação de instauração de arbitragem suspenda a execução criaria em benefício do Executado um privilégio cuja única causa seria a eleição da arbitragem para resolução de disputas.

A doutrina e a jurisprudência apontam como marco para adoção desse entendimento o julgamento da Medida Cautelar nº 13.274/SP pela Min. Nancy Andrighi em 20/9/2007. Naquele julgado, ao fundamentar a decisão, a Min. Nancy Andrighi suscitou que "[a] hipótese é de todo equivalente àquelas em que há uma ação declaratória em trâmite, e a posterior propositura de ação de execução para cobrança do débito discutido".

De fato, inexistem razões que justifiquem decisões em sentidos opostos sobre o efeito das às ações judiciais autônomas e as arbitragens sobre as respectivas Execuções. Ambos terão como objeto a discussão sobre o direito executado, distinguindo-se, apenas, em relação ao procedimento adotado até a decisão.

Ocorre que conforme atual entendimento do STJ – seguido pelos outros tribunais – nas ações autônomas em que se discute o direito do

97 Barbosa, Flávio Spaccaquerche. Coelho, Leonardo de Castro. *Op. Cit.*, p. 189-191.

98 "Art. 784 (...) §1º. A propositura de qualquer ação relativa a débito constante de título executivo não inibe o credor de promover-lhe a execução."

título executado o processo não deveria ser suspenso, porque caso contrário:

> bastaria o ajuizamento de ação autônoma de impugnação de título em que se funda a execução para criar, inclusive artificialmente, o suposto risco ao resultado útil do processo e, assim, paralisar o andamento da ação executiva, o que, além de contrariar expressa disposição de lei - art. 784, §1º, do CPC/15 –, também representaria inegável retrocesso em termos de efetividade da execução e consequente violação à norma fundamental prevista no art. 4º do CPC/15", concluindo que "cabe[~~ndo~~] ao executado requerer e comprovar, na ação de conhecimento por ele ajuizada, que estão presentes os requisitos processuais próprios para a concessão de uma tutela provisória que suste a produção de efeitos do título em que se funda a execução[99].

Não se tem notícias de casos em que essa distinção no tratamento entre as ações de conhecimento e as arbitragens tenha sido abordada e, a princípio, não vislumbramos razões de ordem técnica que justifiquem a atual posição dos tribunais. Hipoteticamente, pode-se atribuir tais decisões à falsa ideia de dificuldade de comunicação entre os juízos ou, até mesmo, na crença de que se estaria tomando uma decisão "pró-arbitragem", o que não necessariamente será verdade[100].

Ainda, conforme se extraí do relatório da Medida Cautelar nº 13.274/SP, antes que o Poder Judiciário decidisse, havia decisão do Tribunal Arbitral no sentido de que:

> [s]ob o ponto de vista da coordenação das instâncias, indubitavelmente caberá aos DD. Magistrados das Varas onde tramitam as Execuções", "recomendando" a suspensão das Execuções pela prejudicialidade externa, considerando que "[é] evidente que o próprio prosseguimento da execução dependerá do deslinde sobre a controvérsia submetida pela Requerente [àquele] Tribunal.

[99] Superior Tribunal de Justiça. 3ª Turma. Recurso Especial nº 1.759.015/RS. J. 17/09/2019.

[100] Ao firmar entendimento de que as ações de execução fundadas em contratos que possuem cláusula compromissória devem ser suspensas até que seja decidida a arbitragem em que se discuta o direito executado, o Poder Judiciário desestimula a adoção da arbitragem como formar de resolução de conflitos, na medida em que a exequibilidade imediata do título restará comprometida.

Pelo relato da decisão arbitral na decisão monocrática da Min. Nancy Andrighi, entende-se que não houve pedido para que o Tribunal Arbitral determinasse a suspensão da execução. Contudo, não há dúvidas de que a "recomendação" dos árbitros expõe sua posição em relação à sua competência e ao mérito do julgamento do pedido de suspensão.

Por mais que em nosso entendimento esse caminho não se mostre, tecnicamente, o mais acertado, não se pode perder de vista a legislação e jurisprudência à época da decisão, devendo ser considerados os inegáveis avanços no estudo da arbitragem ao longo desses 13 anos. O Poder Judiciário pouco havia evoluído em relação ao instituto e, à época, cogitar que árbitros, sujeitos indicados pelas próprias partes, pudessem determinar a suspensão de uma execução, seria um entendimento que dificilmente não encontraria resistência nos Tribunais estatais.

O que não se revela adequado é que os Tribunais estatais adotem a conclusão daquele julgado à toda e qualquer hipótese, pouco importando se houve ou não pronunciamento anterior pelos árbitros.

Luciano Timm[101], citando Elias Marques Neto e Maria Rita de Carvalho Drummond, entende que aquele julgamento seria equivocado, porque fundamentou-se em julgados anteriores à Lei 11.382/2006, que revogou o §1º do art. 739 do CPC/73[102] e criou o art. 739-A, correspondente ao art. 919 no Código atual. Com a devida vênia, não concordamos que a decisão seria equivocada. Isso porque, conforme se depreende do relato, a execução suspensa pela decisão foi proposta antes da entrada em vigor da Lei 11.382/2006, aplicando-se, para o entendimento a ser adotado na Medida Cautelar, a norma vigente à época em que os Embargos do Devedor seriam apresentados.

A bem da verdade, a alteração legislativa e a adoção de um sistema que é diametralmente oposto ao anterior, apenas endossa a inadequação da utilização do entendimento proferido no julgamento da Medida Cautelar nº 13.274/SP para casos que são regidos pela atual sistemática processual.

101 Timm, Luciano Benetti, Lima, Felipe Esbroglio de Barros. *Dos efeitos da convenção de arbitragem no processo de execução.* Revista de Arbitragem e Mediação, São Paulo, v. 31, p. 17-33, 2011. p. 30-31.

102 "Art. 739. (...) § 1º Os embargos serão sempre recebidos com efeito suspensivo."

Outro ponto que não pode ser ignorado no julgamento da Medida Cautelar é que, em que pese não ser requisito para a suspensão em razão da prejudicialidade externa, naquele julgado a medida foi deferida para que "após promovida a penhora, seja suspensa a ação de execução". Apesar da garantia da execução não ter sido um tópico sobre o qual a decisão se debruçou, não é possível negar seus potenciais reflexos na decisão.

Tem-se, ainda, que as hipóteses de suspensão da execução com base nas disposições do processo de conhecimento somente se aplicam "no que couber" (art. 921, inciso I do CPC), e que a suspensão por prejudicialidade externa somente estará configurada quando a "sentença de mérito depender do julgamento de outra causa ou da declaração de existência ou inexistência de relação jurídica que constitua o objeto principal de outro processo pendente" (art. 313, inciso V, item 'a'). Por mais que a execução seja extinta por sentença (art. 925 do CPC), nessa sentença não haverá julgamento do "mérito" (art. 487 do CPC), mas apenas a certificação da ocorrência das hipóteses de sua extinção (art. 924 do CPC).

Outro fator contrário à suspensão pela prejudicialidade externa é que o CPC é expresso ao dispor que a suspensão "nunca" poderá exceder um ano (art. 313, §4º do CPC). Assim, daquele período, a execução deverá retomar o seu curso, ainda que a arbitragem não tenha sido julgada e os motivos que levaram à suspensão perdurem. Fato é que apesar desse lapso temporal, em grande parte dos casos, demonstrar-se insuficiente para prolação da sentença arbitral, poderá ser essencial à satisfação ou à frustração da execução.

Por fim, ainda que se entendesse aplicável à hipótese, não pode ser ignorado que a suspensão do processo em razão da prejudicialidade externa é medida excepcional e não cogente, cabendo ao juiz da execução avaliar as circunstâncias do caso concreto para fundamentar sua decisão[103].

[103] Nesse sentido, "[n]ão se trata de regra cogente, pois, ainda que admissível, pode não ser conveniente a suspensão, especialmente se o processo em que se discute a questão prejudicial esteja ainda em fase inicial e o outro pronto para julgamento. Cabe ao juiz avaliar as circunstâncias e escolher pela solução mais adequada ao caso concreto, fundamentando-a. Às vezes é preferível optar pela celeridade, mesmo havendo risco de contradição entre

b) Decisão proferida no âmbito da arbitragem: se a análise tratasse de causas processadas perante o Poder Judiciário, em que a defesa à execução é feita por meio dos embargos à execução[104], a decisão sobre a suspensão da execução caberia ao juiz dos Embargos, conforme expressa previsão legal (art. 919, §1º do CPC). A essa previsão, em via judicial, não se atribui tanta relevância, considerando que os Embargos são distribuídos por dependência à execução (art. 914, §1º do CPC) e serão decididos pelo mesmo juízo.

A distinção faz sentido, afinal, apenas o Juízo da defesa poderá decidir sobre a probabilidade do seu direito e o perigo de dano que nela será sustentado. Até por esse motivo, conforme demonstrado no tópico anterior, o fundamento da suspensão da execução por seu próprio juízo limita-se à análise se o resultado da arbitragem poderá influir na execução, sem julgamento, ainda que em cognição sumária, do mérito da defesa.

Assim, se isoladamente analisada a sistemática processual, tem-se que a decisão que suspenderá a execução com base no mérito da defesa (e não em razão da sua mera apresentação) caberá ao árbitro, seja em razão da aplicação subsidiária das disposições sobre os embargos à execução[105], seja diante da completa ausência de jurisdição do juízo da execução.

Ainda que rejeitada a aplicação a subsidiária do regime processual, a conclusão seria a mesma. Afinal, a decisão que determina a suspen-

julgados." (Bedaque, José Roberto dos Santos. *Comentários ao Novo Código de Processo Civil.* in Cabral, Antonio do Passo, Cramer, Ronaldo. ed. Forense: Rio de Janeiro, 2015. p. 496)

104 Apesar de ser recorrente a situação em que a matéria de defesa à execução é levada a juízo por meio de ação de conhecimento, os embargos à execução são o meio próprio para oposição à execução (art. 941 do CPC).

105 Conforme expõe Eduardo Parente, "se [a arbitragem] é um sistema, precisa estabelecer relações de troca com outros, no caso, com o do sistema processual estatal. Em termos práticos, isso faz com que o árbitro busque respaldo no sistema do processo estatal, quando não contraditório com o conteúdo inerente ao sistema arbitral. Fundamentalmente, quando não se chocar com os princípios do processo arbitral, sinteticamente resumidos na autonomia da vontade e na característica nata de não ser regulado por nenhum outro sistema que não pelas próprias fontes. E, mesmo quando essa migração de elementos do processo estatal para o arbitral não ocorra de forma voluntária, ainda assim, naturalmente, os sistemas se cruzam em determinados momentos." (Parente, Eduardo de Albuquerque. *Processo Arbitral e Sistema.* ed. Atlas: São Paulo, 2012. p. 68)

são do processo executivo tem natureza provisória[106] – o que diverge do pedido de suspensão por prejudicialidade externa, tendo em vista que não se busca acautelar direitos, mas preservar a segurança jurídica, evitando a prolação de decisões conflitantes[107] – e desde a reforma da lei de arbitragem não há mais espaço para discussões sobre a competência dos árbitros para concedê-las.

Assim, ressalvadas as hipóteses em que há previsão do árbitro de emergência, antes de instituída a arbitragem, a medida cautelar poderá ser requerida perante o Poder Judiciário (art. 22-A da LArb) e, após sua instituição, caberá aos árbitros mantê-la, revogá-la ou modificá-la (art. 22-B da LArb). Esse tende a ser o cenário mais comum, considerando que o tempo usualmente empreendido até que a arbitragem seja instituída – pela nomeação dos árbitros e sua respectiva aceitação (art. 19 da LArb) – e a medida possa ser requerida perante aquele juízo (art. 22, parágrafo único, da LArb), dificilmente atenderá aos interesses da parte que requer a suspensão da execução.

Nesse caso, a Medida Cautelar Pré-Arbitral seria conexa à execução (art. 55, §2º, inciso I do CPC), de modo que o juízo que analisaria o pedido de suspensão da execução seria o mesmo a quem competiria julgar os embargos à execução.

É preciso dizer ainda que, considerando que será o Poder Judiciário que apreciará a medida provisória e que ele, provavelmente entenderá estar subordinado ao CPC, é de difícil sustentação que não será necessário garantir a execução conforme determina o art. 919, §1º do CPC. De todo modo, a necessidade ou não de caução poderá ser posteriormente discutida perante o juízo arbitral nos termos do art. 22-B da LArb.

A partir dessa sistemática, é possível sustentar que, o requerimento de instauração de arbitragem, nos termos do art. 22-A, parágrafo único, da LArb, poderá ser apresentado não mais no prazo dos embargos à execução (15 dias), mas sim do deferimento da tutela pelo Poder Judiciário (30 dias corridos). De todo modo, com vistas a se evitar discussões, já que são várias as interpretações possíveis, sugere-se que a instauração da arbitragem seja requerida no prazo dos embargos e, concomitante-

[106] TIMM, Luciano Benetti, LIMA, Felipe Esbroglio de Barros. *Op. Cit.*, p. 22-23 e 31.

[107] Superior Tribunal de Justiça. 3ª Turma. Recurso Especial nº 1.759.015/RS. J. 17/09/2019.

mente, seja requerida, perante o Poder Judiciário a concessão de tutela provisória com vistas à posterior confirmação pelos árbitros.

Cabe ainda discorrer um pouco sobre a interação entre o juízo da execução e a arbitragem. Com efeito, a decisão de suspender a arbitragem poderá ocorrer somente no curso da arbitragem, por meio da decisão dos árbitros. Nesse caso, uma mera comunicação da decisão dos árbitros é suficiente, não sendo necessária a distribuição de carta arbitral já que a decisão arbitral não visa a prática ou a determinação de cumprimento de qualquer ato pelo Poder Judiciário (art. 22-C da LArb).

No atual estágio de estudo sobre a arbitragem não é de esperar que o juízo da execução questione a decisão dos árbitros de suspender os atos executivo. Contudo, caso ocorra, entendemos que, além do agravo de instrumento cabível, é possível ainda suscitar conflito de competência perante o STJ[108], já que ambos as jurisdições se declarariam competentes para tratar da suspensão da execução.

2.3.2. Defesas paralelas em via arbitral e judicial

Conforme já dito, nos termos do art. 917 do CPC, é possível que os embargos à execução tratem tanto de matérias processuais (art. 917, incisos I, primeira parte, II, III, IV e V) referentes à execução em si, quanto de fundo, referentes ao título e às obrigações (art. 917, incisos I, segunda parte, IV e VI).

Destarte, é plenamente possível de que, ao mesmo tempo, tramitem arbitragem, que versará sobre as questões referentes ao título e às obrigações e embargos à execução que versará sobre as matérias processuais. Por exemplo, a parte executada entra com embargos questionando o cálculo apresentado pelo exequente (excesso de execução) e com uma arbitragem questionando a exigibilidade da obrigação.

Por se tratar de matérias completamente distintas, não há, em tese, possibilidade de decisões conflitantes na arbitragem e no título. Contudo, a decisão da arbitragem, por referir-se às questões de fundo, influenciará na decisão dos embargos. No exemplo acima, a decisão da arbitragem poderá ser que o executado deva somente metade do valor

[108] Superior Tribunal de Justiça. 2ª Seção. Conflito de Competência nº 146.939/PA. J. 23/11/2016.

pleiteado pelo exequente. Nessa hipótese, por óbvio, a questão sobre eventual excesso de execução fica atrelada ao que decidiu os árbitros.

Noutro giro, as decisões proferidas pelo Poder Judiciário, em sede de embargos à execução, não vincularão os árbitros, já que se trata de matérias quase que acessórias, não alterando a natureza da obrigação.

4. Recomendações e soluções

Tal como na maioria dos problemas que envolvem discussões sobre a forma de processamento da arbitragem, recomendação *clichê* é para que as partes se atentem à possibilidade quando da celebração do negócio jurídico, prevendo o desdobramento de eventual arbitragem instaurada como forma de defesa à ação de execução.

É válida a cláusula arbitral que retire ou limite os poderes dos árbitros e as matérias de conhecimento desses em hipótese que já iniciado o processo executivo. Também é válida a estipulação do modelo de arbitragem a ser seguido nessa hipótese, podendo as partes disciplinar prazos para a apresentação de manifestações, hipóteses de suspensão da execução – que deverão ser seguidas pelos árbitros e pelo Poder Judiciário nas medidas cautelares pré-arbitrais –, como, por exemplo, a necessidade expressa de caução do valor da execução, e outros mecanismos que julguem pertinentes. Deve haver zelo, contudo, para que a redação de cláusulas compromissórias complexas em demasia não inviabilize a própria arbitragem, criando procedimentos impossíveis de serem cumpridos e que acarretarão nulidade do procedimento.

A previsão ou não do árbitro de emergência também é medida que sugere que seja ponderada pelas partes. Nesse caso, e principalmente se adotados critérios de suspensão que distinguem dos requisitos processuais, pode ser interessante retirar do Poder Judiciário a competência para concessão de medidas cautelares. Lado outro, seguindo esse caminho, é inegável que se perderá a conveniência de concentrar no juízo da própria execução o pedido urgente de sua suspensão.

Aliada à preocupação sobre redação da cláusula compromissória, e diante da pretensão em delimitar um procedimento de execução-defesa, é prudente que as partes celebrem negócios jurídicos processuais (art. 190 do CPC), para que seja regulada também a atividade jurisdicional perante o Poder Judiciário, considerando que o processamento da execução perante aquele juízo é inevitável.

A recomendação mais essencial é prever na convenção de arbitragem que a existência da solução de conflitos por arbitragem não impede que qualquer das partes recorram diretamente ao Poder Judiciário a execução das obrigações líquidas e certas, bem como as obrigações de fazer.

6.
A LEI DO AGRONEGÓCIO. MUDANÇA DE PARADIGMA PARA A SOLUÇÃO DE CONTROVÉRSIAS: ARBITRAGEM

Eliana Baraldi

1. Contexto econômico e entrada da lei do agronegócio em vigor

Mesmo diante do quadro de retração econômica global em decorrência da pandemia do COVID-19, o agronegócio permaneceu como um dos grandes pilares de sustentação da economia nacional durante o ano de 2020.

Segundo dados divulgados em janeiro de 2020 pelo Ministério da Agricultura, Pecuária e Abastecimento, o agronegócio respondeu por 21% do PIB em 2019[109], sendo que, em janeiro de 2020, o Brasil foi o principal produtor e exportador mundial de açúcar, café, suco de laranja e grão de soja, e constou entre os cinco maiores em carne, milho, farelo de soja, óleo de soja e algodão[110].

A balança comercial brasileira registrou superávit no mês de julho de 2020, tendo atingido um saldo positivo de US$ 8,1 bilhões, considerando exportações no valor de US$ 19,6 bilhões e importações de US$ 11,5 bilhões, num volume total negociado de US$ 31,1 bilhões. Trata-se de um recorde histórico desde 1989. Esse saldo positivo representa uma

[109] Dados de 2020 ainda não disponíveis

[110] https://www.gov.br/agricultura/pt-br/assuntos/politica-agricola/todas-publicacoes-de-politica-agricola/agropecuaria-brasileira-em-numeros/agropecuaria-brasileira-em-numeros-janeiro-de-2020/view. Acesso em 04.01.2021.

alta de 237,1% em relação ao superávit de julho de 2019, que havia sido de US$ 2,4 bilhões[111].

O ano de 2020 foi o de maior produção agropecuária da história, tendo atingido US$ 871,3 bilhões (VBP), com um crescimento de 17% em relação a 2019[112].

É nesse contexto que adveio a Lei nº 13.986 ("Lei do Agronegócio"), sancionada em 07 de abril de 2020[113], mediante conversão da Medida Provisória nº 897/2019 ("MP do Agronegócio"), que traz diversas inovações que decerto contribuirão para a consolidação da inserção do Brasil no mercado do agronegócio mundial, sobretudo sob a ótica do fluxo de capitais estrangeiros em razão da facilitação da captação de financiamento via capital estrangeiro para o setor.

O financiamento privado ao setor agropecuário é de extrema importância – como tal já decidido até mesmo pelo Superior Tribunal de Justiça[114].

Para que se tenha uma ideia da importância da captação de recursos para o setor, para a safra de 2020/2021, segundo dados divulgados em 14 de janeiro de 2021 pelo Ministério da Agricultura, Pecuária e Abastecimento, foram contratados mais de R$ 125 bilhões em crédito rural e custeio em seis meses, mormente por pequenos e médios produtores[115], valores esses que não incluem as contratações de crédito ao abrigo de programas de investimento administrados por aquele Ministério com recursos do BNDES, a exemplo do Programa de Modernização da Frota de Tratores Agrícolas e Implementos Associados e Colheitadei-

[111] https://www.gov.br/economia/pt-br/assuntos/noticias/2020/agosto/balanca-comercial-tem-recorde-historico-em-julho-com-uss-8-1-bilhoes-de-superavit. Acesso em 15.01.2021.

[112] https://www.gov.br/casacivil/pt-br/assuntos/noticias/2021/janeiro/valor-da-producao-agropecuaria-de-2020-e-o-maior-da-historia

[113] http://www.planalto.gov.br/ccivil_03/_ato2019-2022/2020/lei/L13986.htm. Acesso em 04.01.2021.

[114] "A exploração da atividade econômica depende em grande medida do acesso regular ao crédito, viabilizado por mecanismos que assegurem o financiamento das atividades empresariais e pelo desenvolvimento de instrumentos negociais próprios para atendimento às peculiaridades de cada setor da economia". REsp nº 1.327.643-RS, Rel. Min. Luis Felipe Salomão, Quarta Turma, julgado em 21/05/2019, DJe 06/08/2019.

[115] Fonte: Balanço de Financiamento Agropecuário da Safra 2020/2021. https://www.gov.br/casacivil/pt-br/assuntos/noticias/2021/janeiro/mais-de-r-125-bilhoes-em-credito-rural-foram-contratados-para-a-safra-2020-2021-em-seis-meses

ras (Moderfrota); Programa de Construção e Ampliação de Armazéns (PCA) e o Programa de Modernização da Agricultura e Conservação dos Recursos Naturais (Moderagro).

Por mais acessíveis que se possam considerar o crédito rural e os programas de investimento locais, o fluxo de recursos para financiamento do setor tem sido escasso. Há, ainda, que se ter em mente que a captação de recursos no território nacional se dá sob taxas de juros consideravelmente mais altas do que a captação de recursos externos, e sob um mercado sujeito a circunstâncias muito menos estáveis do que diversas das economias estrangeiras.

A Lei do Agronegócio mitiga as restrições ao capital estrangeiro e positiva estruturas de garantias que, por um lado, tornarão o setor muito mais atrativo ao investidor estrangeiro e, por outro, tornarão as linhas de crédito e as operações estruturadas muito menos custosas. Num futuro não muito remoto, a se consolidarem as premissas hoje delineadas pela Nova Lei do Agronegócio, não é difícil vislumbrar que a escassez de recursos internos pode restar sobremaneira mitigada pelo favorecimento da entrada do capital estrangeiro, o que potencializará a produção já tão promissora, tudo a benefício da economia nacional.

Uma vez contextualizado o cenário em que a Lei do Agronegócio entra em vigor, sem a pretensão de discorrermos especificamente a respeito de cada uma das alterações propostas, a seguir ponderaremos sobre as tendências ao alavancamento do setor por meio da captação de recursos estrangeiros, isto é, por investimentos estrangeiros diretos, e, por fim, sobre a arbitragem como resultado de evidente mudança de paradigma de resolução de disputas.

2. Tendência à diversificação e à sofisticação das relações após a Lei do Agronegócio

A Lei do Agronegócio visou trazer um maior equilíbrio entre agente financiador e produtor para as operações comerciais e para as relações de crédito comumente utilizadas no âmbito do agronegócio, dado que veio a quebrar determinadas travas para o capital estrangeiro e conferir criatividade aos instrumentos de garantia, o que, por via de consequência, simplifica e amplia o acesso do produtor rural aos financiamentos, ao mesmo tempo em que imprime uma maior segurança jurídica a ambos, investidor e produtor.

Com o intuito de potencializar a contratação das já tradicionais operações estruturadas reguladas pelo Banco Central do Brasil ao abrigo de diversas leis, incluindo, mas não se limitando, à Lei nº 4.131/62, e de fomentar um sistema de garantias tão eficaz quanto possível ao agente financiador e que onerasse o produtor rural de maneira mínima, a Lei do Agronegócio[116] dinamiza e moderniza as bases dos instrumentos de crédito para setor do agronegócio tanto no âmbito interno brasileiro, quanto no âmbito internacional. Tudo isso por meio da ampliação do mercado de crédito privado, criação de novos títulos de crédito e garantias, de modo a tornar o crédito mais acessível e atrair ingresso de capital estrangeiro por meio de investimentos estrangeiros diretos.

Não obstante a necessidade de se ter cautela com os impactos de toda e qualquer grande mudança legislativa, bem como de se respeitar um certo período de observação do mercado e acomodação da nova sistemática, com a verificação de todos os pontos a serem adaptados, a Lei do Agronegócio foi comemorada e vem sendo recebida de forma satisfatória para o setor do Agronegócio no que se refere à captação de recursos em moeda estrangeira.

Alguns pontos da Lei do Agronegócio merecem destaque, pois é a partir deles que se denotará um maior apetite do investidor estrangeiro pelo mercado brasileiro.

Tradicionalmente, o financiamento estrangeiro das atividades do setor agropecuário no Brasil se dá por meio de operações de emissão de títulos de financiamento privado[117]. Nesse âmbito, vale dizer que a Lei do Agronegócio alterou as regras para emissão de Cédulas de Produtos Rurais ("CPRs") e Cédulas de Produtos Rurais Financeiras ("CPR-Fs"), autorizando emissão corrigida pela variação cambial, o que, sem dúvida, constitui valioso atrativo ao investidor estrangeiro, mas nos chama atenção para a necessidade de correta eleição do meio de solução de controvérsia, como será explorado mais à frente.

Ainda, autorizou o registro e a distribuição de Certificados de Recebíveis do Agronegócio ("CRAs"), diretamente no exterior. Foram, ainda, instituídas as chamadas Cédulas Imobiliárias Rurais ("CIRs"),

[116] http://www.planalto.gov.br/ccivil_03/_ato2019-2022/2020/lei/L13986.htm

[117] Entre os quais os mais comuns são as cédulas de crédito rural, certificados de recebíveis agropecuários, certificados de depósito agropecuário, *warrants*

que constituem títulos executivos extrajudiciais representativos de (i.) promessa de pagamento em dinheiro decorrente de operação de crédito e (ii.) obrigação de entrega ao credor de bem imóvel rural (ou fração dele), vinculado ao patrimônio rural em afetação nas hipóteses em que não houver o pagamento da operação até a data do vencimento, podendo o referido título ser emitido tanto em forma escritural quanto cartular.

A Lei do Agronegócio também dispôs sobre o patrimônio de afetação de propriedades rurais. Para garantir a segurança do credor e o cumprimento das obrigações assumidas em CPRs ou Cédulas Imobiliárias Rurais ("CIRs"), o proprietário passou a estar autorizado a submeter a propriedade rural ao regime de afetação, inclusive de forma parcial.

Duas são as benesses que decorrem imediatamente dessa inovação legal em relação ao produtor rural, as quais conferem maior segurança jurídica tanto ao produtor quanto ao agente concedente do financiamento.

A primeira, a de que o proprietário não mais está obrigado a oferecer a integralidade de seu imóvel rural como garantia a essas operações de crédito, podendo fracioná-lo, isto é, vincular apenas fração da propriedade, proporcional à dívida que vier a contrair. Em caso de inadimplemento, restará comprometida apenas aquela fração objeto da afetação e, caso excutida a dívida, o proprietário será privado somente em relação à fração e não da integralidade do imóvel.

Em segundo lugar, ao agente concedente do financiamento, a contrapartida é a de que a garantia outorgada por meio do regime de afetação não se sujeitará ao regime de falência e recuperação judicial[118].

A Lei do Agronegócio inova positivamente ao autorizar a alienação fiduciária de propriedade rural para credor estrangeiro ou para sociedade brasileira cujo capital social seja majoritariamente detido por estrangeiros. Especificamente sobre esse último ponto, essa questão encontrava resistência em relação à interpretação do com posiciona-

[118] Isto é, de que o credor não se sujeitará ao processo de recuperação judicial ou falimentar nos termos do art. 10, §4º, inciso I, da Lei 13.986/2020

mentos contraditórios[119], em debate que ficou superado com a redação da Lei do Agronegócio.

Uma das maiores inovações que a lei traz é o Fundo Garantidor Solidário, por meio do qual as operações de crédito realizadas por produtores rurais e financiamentos para implantação e operação de infraestruturas de conectividade rural poderão ser garantidas. Trata-se de uma estrutura bastante comum e de sucesso em diversos outros setores da economia que, quando disseminada no setor do agronegócio, tende a trazer inúmeros benefícios para a segurança e a acessibilidade do produtor a uma gama muito maior de linhas de crédito, sob taxas muito mais razoáveis.

Todas essas inovações produzem resultados extremamente positivos em termos de dinamismo e efetividade às operações já comuns ao setor agropecuário, mas que, certamente, demandarão a necessária adaptação e o oportuno reexame das praxes financeiras.

Há que se contar com a colaboração dos bancos financiadores e das *tradings*, que, por sua vez, exercem papel extremamente importante na intermediação e na própria estruturação dos financiamentos, na medida em que muitas vezes atuam na linha de frente da operacionalização das exportações e do desenho do fluxo de capital propriamente dito.

Por exemplo, o financiamento às exportações, quer por meio das operações de pré-pagamento a exportações, quer por quaisquer outras estruturas, tais como operações societárias (pela formação de contratos de parcerias, *joint ventures,* acordos de acionistas ou até mesmo por meio da estruturação de cadeia de empresas em que se dê a aquisição de participação societária direta pelo investidor) merecerão uma revisão detalhada para verificar em que medida as inovações da lei podem contribuir para simplificá-las, para torná-las mais seguras de parte a parte – isto é, para o produtor e para o agente financiador.

Como consequência lógica, quer nos parecer que a Lei do Agronegócio venha a incentivar a utilização de estruturas contratuais mais sofisticadas no setor agropecuário, na medida em que passa a contemplar a possibilidade de se estabelecer variação cambial nas relações com inves-

[119] Posicionamentos contrários da Advocacia Geral da União nos termos dos Parecer AGU/GQ-22/1994 e Parecer CGU/AGU 01/2010

tidores estrangeiros e, com isso, de uma série de garantias não utilizadas comumente deve passar a ser considerada em estruturas de negócios.

No caso, por exemplo, de contratos indexados na variação cambial, deve-se necessariamente prever mecanismos de equilíbrio das perdas, para que se trave o prejuízo do produtor rural em caso de oscilação brusca do preço da mercadoria objeto da operação – com similitude aos casos de *commodities* agrícolas comercializados por meio da B3 e nas exportações.

A esse respeito, cabe relembrar o que se passou com as empresas brasileiras que contrataram derivativos para *hedgear* suas exportações na época da crise do *Subprime* em 2008. Fala-se aqui dos casos de derivativos contratados, por exemplo, por Sadia, Aracruz, Frangosul, Votorantim. O que aconteceu foi que estas empresas brasileiras contrataram exportações atreladas à variação cambial, ou se alavancaram conforme a variação e, com a súbita variação da moeda estrangeira, esses derivativos foram liquidados em bases altamente desfavoráveis a essas empresas, que experimentaram prejuízos milionários que foram objeto de inúmeras arbitragens e de disputas judiciais – algumas delas em curso até hoje perante os tribunais brasileiros[120].

As questões atualmente discutidas no âmbito do agronegócio já vinham ganhando complexidade à medida em que as relações se tornavam sensíveis, porque estratégicas, tanto para o produtor quanto para o agente financiador e até mesmo para os destinatários da cadeia de produção.

Some-se a isso o fato de que, em 15 dezembro de 2020, o Senado Federal aprovou o PL 2963/2019[121], que flexibiliza os critérios para a aquisição de terras rurais por estrangeiros, até o limite de, até 25% dos territórios dos municípios[122], e desde que a propriedade cumpra a sua função social.

[120] Ver também: BARALDI, Eliana. VAZ, Paula Akemi Taba. Derivativos: Solução de controvérsias por Arbitragem à luz da Nova Lei do Agronegócio in: Gestão de Conflitos do Agronegócio. Coord. Galli, Francisco; FAVACHO, Frederico, REIS, Marcos Hokumura. Londrina: Toth, 2021

[121] https://www25.senado.leg.br/web/atividade/materias/-/materia/136853 Acesso em 02.02.2021

[122] Excepcionados os territórios de fronteiras e o bioma amazônico.

Muito embora ainda dependa da aprovação da Câmara, caso aprovado, o PL 2963/2019 revogará a Lei nº 5709/1971, que impõe atualmente uma série de restrições, à aquisição de propriedade rural por estrangeiros e que, na nossa maneira de ver, restringe sobremaneira o desenvolvimento do setor[123].

Com a promulgação da Lei do Agronegócio, que expande possibilidades de captação de financiamentos e diversifica as modalidades de negócios e estrutura operacional, e com a adesão dos agentes que atuam nesse mercado aos institutos que ela cria, as relações tendem a se tornar mais sofisticadas e, como qualquer relação sofisticada, demanda um meio de solução de controvérsias compatível com as questões com as quais tiver que tratar.

É desse modo que se antevê uma maior tendência à adoção da arbitragem como forma de solução das controvérsias no agronegócio. É sobre isso que se passa a ponderar a seguir.

3. Agronegócio e Arbitragem

O art. 1º da Lei 9.307 de 1996 ("Lei de Arbitragem")[124] autoriza a utilização da via arbitral para resolver todos e quaisquer conflitos relacionados a direitos patrimoniais disponíveis, sendo perfeitamente viável – e até recomendável – a adoção da arbitragem como meio de solução de controvérsias no âmbito do agronegócio.

Sobre esse ponto, cabe ponderar sobre a definição do que seria agronegócio.

Por ocasião da discussão do projeto de reforma do Código Comercial, PL nº 487/2013, traz o seguinte conceito para o Agronegócio: "a rede de negócios que integra as atividades econômicas organizadas de fabricação e fornecimento de insumos, produção, processamento, beneficiamento e transformação, comercialização, armazenamento, logística

[123] Ver: HAGE, Fábio Augusto Santana, PEIXOTO, Marcus e VIEIRA FILHO, José Eustáquio Ribeiro. *Aquisição de terras por estrangeiros no Brasil: Uma avaliação jurídica e econômica.* Disponível em: https://www12.senado.leg.br/publicacoes/estudos-legislativos/tipos-de-estudos/textos-para-discussao/td-114-aquisicao-de-terras-por-estrangeiros-no-brasil-uma-avaliacao-juridica-e-economica Acesso em 23.12.2020.

[124] Lei de Arbitragem Art. 1º As pessoas capazes de contratar poderão valer-se da arbitragem para dirimir litígios relativos a direitos patrimoniais disponíveis.

e distribuição de bens agrícolas, pecuários, de reflorestamento e pesca, bem como seus subprodutos e resíduos de valor econômico" [125].

Já a doutrina autorizada entende que o agronegócio "engloba muito mais do que apenas as relações entre produtos e produtores e/ou empresas rurais"; "é um sistema complexo de interpelações multidisciplinares, que compreende atividades agrícolas e comerciais desde a preparação do plantio, manutenção e acompanhamento da lavoura, realização da colheita, bem como produção, industrialização, armazenamento, distribuição, logística, e, por fim, inclui também todas as relações de financiamento e comercialização (nacional ou internacional)"[126]. Ainda, o Agronegócio "envolve todas as etapas compreendidas entre fornecimentos dos insumos para produção até a distribuição para consumo final de produtos, subprodutos e resíduos de valor econômico relativos a alimentos, fibras naturais e bioenergia, também compreendidas as bolsas de mercadorias e futuros e as formas próprias de financiamento"[127].

Diante de tantos elementos que compõem o setor e da permeabilidade por tantas relações e searas, é inevitável perquirir "o que não é agronegócio?" e atingir uma definição por exclusão, muito mais facilmente do que por delimitação.

Basicamente, hoje pode-se considerar que há uma gama de modalidades de questões afetas ao agronegócio, sendo mais frequentes as disputas no âmbito de construção, infraestrutura, energia, transporte, relações societárias decorrentes de estatutos, contratos sociais e acordos de acionistas ou *joint ventures*, parcerias, arrendamento, financiamentos rurais, contratos de financiamento a exportações (*commodities* agrícolas, entre outros), derivativos (com discussões de questões muito sensíveis, como vencimento antecipado, *cross default*, compensação, entre outras), contratos *take or pay*, títulos do agronegócio em geral, relações intermediadas por *tradings*, *dispute boards*, entre outros.

[125] PL nº 487/2013, de autoria do Senador Renan Calheiros (MDB/AL), publicado em 22.11.2013, art. 681. A redação vem sendo alterada sutilmente conforme o processo legislativo se desenvolve, mas os termos são igualmente abrangentes.

[126] Reis, Marcos Hokumura. Títulos de Financiamento do Agronegócio e Cláusula Arbitral: coexistência pacífica e benéfica, in: Arbitragem no Agronegócio, Coordenador: Marcos Hokumura Reis, São Paulo: Editora Verbatim, 2018, p. 151.

[127] Buranello, Renato. Manual do Direito do Agronegócio. São Paulo: Saraiva, 2013, p. 35.

Também a forma de estrutura de garantias, independentemente do tipo de operação a que esteja vinculada, é frequentemente objeto de disputas. Não é difícil concluir que a maior parte dessas questões pode adquirir complexidade e nível de sofisticação incompatíveis com o modelo de solução de disputas oferecido pelo Estado, atrelado a procedimento codificado e com previsão de pluralidade de recursos e travado em ambiente de publicidade.

Não se trata, aqui, de foro adequado para que se trave qualquer crítica generalizada; muito pelo contrário: o Poder Judiciário tem se mostrado sensível e flexível em relação a questões cruciais, mas, por outro lado, o excesso de demandas imprime uma demora compatível com as expectativas dos jurisdicionados e pode resultar num julgamento que deixe de proceder com a sensibilidade necessária para a detecção das particularidades intrínsecas a cada caso.

É nesse momento que se passa a vislumbrar a importância de um julgador que possua o conhecimento da prática do mercado, a disponibilidade de tempo necessária para se debruçar sobre o caso concreto, que possa subsumir os fatos à norma num cenário negocial e não apenas técnico-acadêmico e proferir o melhor e mais amplo juízo de valor possível.

Solucionar uma disputa é muito mais do que simplesmente resolver um conflito. A solução de uma disputa é um instrumento de pacificação, e quanto mais esse instrumento for eficaz e efetivo, maiores serão a estabilidade do mercado e a confiabilidade das relações comerciais, que tenderão a aumentar em quantidade e volume de recursos, dado que torna as pessoas muito mais tendentes a fazerem negócio em um determinado setor em razão da segurança de que eventuais conflitos serão resolvidos de maneira rápida, célere e justa.

É nesse contexto que despontam as vantagens de se prever a arbitragem como forma de solução de muitas das disputas havidas no âmbito do agronegócio.

Esse é um resultado natural, decorrente rejeição da cultura arraigada de litígios pela sociedade brasileira, que vem clamando por meios de solução de controvérsias diferentes do modelo tradicional autoritativo-imperativo do Poder Judiciário.

Julgar é uma tarefa muito mais simples se executada por um julgador especializado, indicado pelas partes, que conheça profundamente a operação e que conheça igualmente o dia a dia do financiador e do produtor rural. Não basta ser apenas um grande erudito da letra da lei; há que se ter também a experiência que lhe propicie a necessária sensibilidade para identificar as particularidades da melhor forma de compô-las de solucioná-las.

Um exemplo bastante característico é o dos casos de envolvendo a valorização do preço da soja verde no Brasil, em que produtores rurais ajuizaram inúmeras ações visando a revisão dos contratos de compra e venda antecipada, visando reverter os efeitos financeiros desfavoráveis sob a alegação de imprevisibilidade da variação cambial e onerosidade excessiva. quenas palavras de Thiago Marinho Nunes, o Judiciário:

> "não soube tratar de forma adequada (por falta de tempo, tecnicidade e estrutura) determinada demanda cujo resultado interferiria na cadeia produtiva da soja, uma vez que "o benefício daqueles que ingressaram com ações na Justiça foi prejudicialmente contrabalançado pelo prejuízo do resto da coletividade que atuava naquele mercado de plantio de soja" [128].

É possível travar sob confidencialidade os procedimentos arbitrais[129], o que não acontece no Poder Judiciário, em que são taxativas as hipóteses de segredo de justiça. Os litígios que se travam fora de ambiente de confidencialidade podem gerar situação de insegurança jurídica muito grande, dado que o produtor rural ou a empresa litigarão por anos a fio e a existência do litígio, das provas produzidas, e principalmente dos valores envolvidos, bem como os detalhes da controvérsia serão conhecidos e estarão disponíveis para consulta a quem quer que seja.

Empresas precisam prestar contas por ocasião de auditorias, provisionar valores e precisam apresentar esclarecimentos todas as vezes que fazem negócios de vulto no curso normal de seus negócios, mas comumente os litígios terminam relatados na imprensa, o que ocasiona uma exposição delicada e não raro aumenta o custo interno da administração de um litígio se comparado àquele que tramita sob confidencialidade.

[128] Marinho Nunes, Thiago, 'Arbitragem como método adequado de resolução de conflitos nos contratos', in João Bosco Lee and Flavia Mange (eds), Revista Brasileira de Arbitragem, p. 71.

[129] A confidencialidade é facultativa, exceção feita às arbitragens que envolvem a Administração Pública, conforme art. 2º, § 3º da Lei de Arbitragem: A arbitragem que envolva a administração pública será sempre de direito e respeitará o princípio da publicidade.

Já em cidades de menor porte, a situação é ainda mais delicada. Produtores rurais cujos débitos estão em discussão em juízo acabam por ficar expostos e podem ter sua reputação colocada em xeque. Já os bancos financiadores que demandam em juízo contra os produtores rurais ou empresas buscando recuperar seu crédito podem enfrentar uma situação de retração na procura por crédito, pois os potenciais interessados tornam-se reticentes para tomar crédito de uma instituição financeira que possui diversos processos judiciais para cobrança de dívidas.

Outro ponto em que a arbitragem pode fazer diferença crucial é a celeridade com que se conduz o procedimento e se faz atingir a sentença terminativa de mérito – o retorno, portanto, à situação de estabilidade e segurança jurídica anterior ao início do litígio.

A existência do litígio, por si só, já ocasiona uma insegurança jurídica. Se o litígio se protrai indefinidamente no tempo, mais nefastos tendem a ser os seus efeitos, porque se protraem, igualmente, a insegurança e as situações de exposição para todos os envolvidos.

Se comparados os períodos de duração de um procedimento arbitral como os de um processo judicial, cujo trâmite potencialmente pode levar quinze anos entre as instâncias ordinárias e extraordinárias, a duração média dois ou três anos, que decorre da definitividade da sentença arbitral e cooperação das partes, a arbitragem salta como atributo de absoluta vantagem em relação à disputa judicial. Essa desnecessidade de aguardar anos para a decisão judicial e a viabilidade em se ver encerrado um litígio com celeridade aumenta a segurança jurídica.

Diferentemente do processo judicial em que vigora o princípio do juiz natural, na arbitragem as partes podem escolher o julgador, que estará sujeito aos mesmos impedimentos a que estaria o Juiz de direito[130].

Levando-se em consideração a já comentada potencialidade de investidores estrangeiros passarem a se interessar mais pelo mercado brasileiro, perspectiva internacional a arbitragem é caminho certo para a

[130] Lei de Arbitragem Art. 14. Estão impedidos de funcionar como árbitros as pessoas que tenham, com as partes ou com o litígio que lhes for submetido, algumas das relações que caracterizam os casos de impedimento ou suspeição de juízes, aplicando-se lhes, no que couber, os mesmos deveres e responsabilidades, conforme previsto no Código de Processo Civil.

inserção do Brasil no cenário internacional, dado que o julgador, idealmente, deve ser escolhido entre aqueles altamente especializados, e além disso, neutro, o que mitigaria o risco do investimento e inclusive seria fator determinante para que as taxas de captação fossem reduzidas.

Como se disse, as questões particulares a cada operação que toca o setor do agronegócio são as mais sensíveis, cuja compreensão é essencial para a prolação de uma sentença justa e que cumpra a sua função precípua, que é a de ser o instrumento pelo qual se materializa a pacificação social.

Para isso, é de suma importância que haja meios exaurientes para disponibilização e produção de provas, o que é ocorre de maneira muito mais efetiva no procedimento arbitral, se comparado com o procedimento positivado.

As partes e o tribunal arbitral podem dispor de forma livre sobre os meios, momento, ordem de produção e modalidades de provas (podendo, por exemplo: promover o depoimento conjunto de testemunhas, prorrogar ou encurtar prazos, ampliar o espectro de realização de provas, inclusive, utilizar peritos agrônomos os quais podem ter maior compreensão da qualidade da safra, peritos contábeis para auxiliar na determinação da liquidação do derivativo).

Essa flexibilidade deriva dos arts. 2º §1º e 21 da Lei de Arbitragem[131] e não se revela presente nos procedimentos judiciais, os quais, não obstante a possibilidade de as partes contratarem o negócio jurídico processual, estarão umbilicalmente ligados ao Código de Processo Civil.

Conclusões

Com a consolidação, o entendimento e a utilização dos mecanismos postos à disposição pela Lei do Agronegócio, quer parecer que se deve atingir uma época em que as operações se tornarão muito mais frequentes,

[131] Lei de Arbitragem Art. 2º A arbitragem poderá ser de direito ou de equidade, a critério das partes.
§ 1º Poderão as partes escolher, livremente, as regras de direito que serão aplicadas na arbitragem, desde que não haja violação aos bons costumes e à ordem pública.
Art. 21. A arbitragem obedecerá ao procedimento estabelecido pelas partes na convenção de arbitragem, que poderá reportar-se às regras de um órgão arbitral institucional ou entidade especializada, facultando-se, ainda, às partes delegar ao próprio árbitro, ou ao tribunal arbitral, regular o procedimento.

mais sofisticadas e com taxas para captação de recursos menores, assegurando uma cadeia de produtividade mais estável, com estímulo financeiro e crescimento ainda mais significativo do setor.

Para contribuir ainda mais com os avanços e mecanismos de estímulo ao desenvolvimento do agronegócio no Brasil, e como consequência natural da evolução das relações comerciais no âmbito do agronegócio, vislumbramos que a arbitragem tende a ser um novo paradigma que virá a contribuir sobremaneira para a segurança jurídica e para a efetividade da solução das controvérsias havidas nesse meio.

Referências

BURANELLO, Renato. *Manual do Direito do Agronegócio*. São Paulo: Saraiva, 2013.

BARALDI, Eliana. VAZ, Paula Akemi Taba. *Derivativos*: Solução de controvérsias por Arbitragem à luz da Nova Lei do Agronegócio in: Gestão de Conflitos do Agronegócio. Coord. Galli, Francisco; FAVACHO, Frederico, REIS, Marcos Hokumura. Londrina: Toth, 2021.

HAGE, Fábio Augusto Santana, PEIXOTO, Marcus e VIEIRA FILHO, José Eustáquio Ribeiro. *Aquisição de terras por estrangeiros no Brasil*: Uma avaliação jurídica e econômica. Disponível em: <https://www12.senado.leg.br/publicacoes/estudos-legislativos/tipos-de-estudos/textos-para-discussao/td-114-aquisicao-de-terras-por-estrangeiros-no-brasil-uma-avaliacao-juridica-e-economica>. Acesso em 23 dez. 2020.

MARINHO NUNES, Thiago, 'Arbitragem como método adequado de resolução de conflitos nos contratos', in João Bosco Lee and Flavia Mange (eds), *Revista Brasileira de Arbitragem*, Volume XVI Issue 62.

REIS, Marcos Hokumura. Títulos de Financiamento do Agronegócio e Cláusula Arbitral: coexistência pacífica e benéfica, in: Arbitragem no Agronegócio, Coordenador: Marcos Hokumura Reis, São Paulo: Editora Verbatim, 2018.

7.

IURA NOVIT CURIA E ARBITRAGEM NO AGRONEGÓCIO: UM EXAME SOB A ÓTICA DO CONTRADITÓRIO

Fabiane Verçosa

Introdução

A Lei nº 13.986, promulgada em 07 de abril de 2020 como resultado da conversão em lei da Medida Provisória nº 897/ 2019, introduziu importantes inovações em nosso ordenamento jurídico, com vistas a fomentar o agronegócio brasileiro, setor de inegável destaque na economia de nosso País.

À medida em que as operações do *agribusiness* vão se tornando juridicamente mais complexas, seja por conta da incidência da Lei nº 13.986/2020 ou não, faz-se necessário averiguar qual o método mais apropriado para se resolverem as disputas porventura oriundas dos negócios jurídicos celebrados no âmbito da cadeia produtiva agrícola e/ ou pecuária.

Além da tradicional via judicial, há outros métodos de solução de conflitos à disposição dos *players* do setor: a arbitragem[132], a mediação, a conciliação, *inter alia*. Cada uma destas alternativas tem vantagens e desvantagens, as quais devem ser analisadas e sopesadas pelos usuários.

Dependendo das características do negócio jurídico celebrado entre as partes, a arbitragem pode revelar-se uma excelente via para resolver

[132] Cabível apenas em litígios entre pessoas capazes e que versem sobre direitos patrimoniais disponíveis, a teor do artigo 1º da Lei nº 9.307, de 23 de setembro de 1996:

Art. 1º. As pessoas capazes de contratar poderão valer-se da arbitragem para dirimir litígios relativos a direitos patrimoniais disponíveis.

os potenciais conflitos envolvendo o agronegócio. Especialização do(s) árbitro(s), celeridade e sigilo são apenas alguns dos diversos atrativos que o juízo arbitral pode oferecer aos litigantes de uma controvérsia neste ramo.

Ao se optar pela arbitragem, é fundamental ter em mente os aspectos em que ela se assemelha ao processo judicial e aqueles em que se pode constatar uma diferença entre os dois métodos, até para que se proceda à melhor escolha em cada situação. O presente artigo visa justamente a discutir se, em relação a uma questão processual específica, a consequência é a mesma tanto na via judicial, quanto na via arbitral.

Estamos nos referindo ao chamado "dever de consulta", imposto ao juiz pelo artigo 10 do Código de Processo Civil Brasileiro de 2015, cuja violação conduz à nulidade da decisão judicial. Indaga-se: tal dever também é oponível aos árbitros?

Assim, a questão que se busca responder nestas notas é: a circunstância de o árbitro não ter consultado as partes acerca de um fundamento jurídico "novo", numa rudimentar expressão do brocardo latino *iura novit curia*[133], consiste em hipótese que conduz à nulidade da sentença arbitral?

Tal tema permanece extremamente polêmico, mesmo decorridos 05 (cinco) anos da entrada em vigor do CPC/ 2015. É o que se passará a ver.

1. O brocardo *iura novit curia*

No presente trabalho, analisaremos a aplicação do brocardo latino *iura novit curia* sob as óticas do Direito Internacional Privado e do Processo Civil pátrios, para em seguida examinar a questão no âmbito da arbitragem à luz do Direito Brasileiro.

1.1. No direito internacional privado brasileiro

No campo do nosso Direito Internacional Privado, propugna-se maciçamente que o brocardo *iura novit curia* tem ampla aplicação em nosso País.

[133] Interessante notar que, diversamente da tradução normalmente atribuída a tal expressão latina ("o juiz conhece o direito"), o correto é "o juiz conhece *os direitos*". Afinal, como observa Luiz Antônio Severo da Costa, o termo empregado no brocardo latino é "iura", no plural e não, "ius", no singular. Costa, Luiz Antônio Severo da. *Da Aplicação do Direito Estrangeiro pelo Juiz Nacional*. Rio de Janeiro: Freitas Bastos, 1968, p. 12.

É justamente em face do pleno reconhecimento de tal adágio que se entende unanimemente que, no Brasil, o direito estrangeiro é aplicado como direito[134] e não, como mero fato[135]. Para se chegar a tal conclusão, invocam-se os artigos 14 da Lei de Introdução ao Código Civil[136] (atualmente denominada "Lei de Introdução às Normas do Direito Brasileiro" por força da Lei nº 12.376/2010) e 376 do CPC atualmente vigente[137], que tem redação praticamente idêntica ao artigo 337 do CPC/ 1973[138].

O fato de um Estado "A" aplicar o direito de um Estado "B" como direito acarreta inúmeras consequências de ordem prática, por exemplo: (i) o juiz tem o dever de aplicar o direito estrangeiro designado pelas normas de Direito Internacional Privado, devendo aplicar tal direito estrangeiro ainda que as partes não o invoquem, i.e., *ex officio*; (ii) neste caso, se o juiz não aplicar, desde o primeiro momento, o direito alienígena, as partes podem invocá-lo a qualquer tempo no processo, inclusive já em grau recursal (*v.g.*, na apelação); e (iii) o caso julgado com

[134] Entre extensa doutrina sobre o assunto, citem-se DOLINGER, Jacob. *Direito Internacional Privado.* 10.ed. Rio de Janeiro: Forense, 2012. DOLINGER, Jacob. Aplicação do Direito Estrangeiro – Ônus da Prova – Sentença – Escolha da Lei Aplicável pelas Partes – Papel do Magistrado – Apreciação pelo Tribunal. *Revista Forense*, v. 344, p. 269-279. Rio de Janeiro: Forense, out.-dez. 1998. BAPTISTA, Luiz Olavo. Aplicação do direito estrangeiro pelo juiz nacional. *Revista de Informação Legislativa*, nº 142, p. 267-277. Brasília: abr.-jun. 1999. BAPTISTA, Luiz Olavo. O direito estrangeiro nos tribunais brasileiros. *Revista Forense*, v. 355, p. 89-99. Rio de Janeiro: Forense, mai.-jun. 2001. BARBOSA MOREIRA, José Carlos. Competência internacional. Prova de direito estrangeiro. Ônus de quem o alega. *Revista de Processo*, v. 23, n. 91, p. 221-240. São Paulo: RT, jul.-set. 1998. BARBOSA MOREIRA, José Carlos. Garantia constitucional do direito a jurisdição. Competência internacional da justiça brasileira. Prova do direito estrangeiro. *Revista Forense*, v. 94, n. 343, p. 75-291. Rio de Janeiro: Forense, jul.-set. 1998. Vide também o Recurso Extraordinário nº 93.131-7-MG, julgado pela 2ª Turma do STF em 17.12.1981, Relator Min. Moreira Alves.

[135] Na maioria dos Países do sistema do *common law*, como nos Estados Unidos da América, por exemplo, o direito estrangeiro é aplicado como mero fato. Na França, após intensa oscilação jurisprudencial, hoje, ao que tudo indica o direito estrangeiro vem sendo também aplicado como fato.

[136] Artigo 14. Não conhecendo a lei estrangeira, poderá o juiz exigir de quem a invoca prova do texto e da vigência.

[137] Artigo 376 do CPC/2015. A parte, que alegar direito municipal, estadual, estrangeiro ou consuetudinário, provar-lhe-á o teor e a vigência, se assim o juiz determinar.

[138] Artigo 337 do CPC/1973. A parte, que alegar direito municipal, estadual, estrangeiro ou consuetudinário, provar-lhe-á o teor e a vigência, se assim o determinar o juiz.

fulcro em uma lei estrangeira pode ser objeto de todos os recursos cabíveis segundo a *lex fori*, como se lei nacional fosse. Por oportuno, cumpre mencionar que, no Brasil, um caso julgado de acordo com uma lei estrangeira enseja a interposição de Recurso Especial (artigo 105, inciso III da Constituição Federal[139]) e a propositura de ação rescisória (artigo 966, inciso V do Código de Processo Civil[140]).

Vale notar que o CPC de 1939 regulava a matéria de forma diametralmente diversa em seu artigo 212[141]. Conforme se pode notar da redação do artigo 212 do diploma processual de 1939, ocorreu uma verdadeira inversão de critérios, a qual foi integralmente mantida no CPC/2015. Em 1939, a regra era a incidência do ônus para a parte que invocasse o direito estrangeiro, consistindo a sua dispensa pelo magistrado em verdadeira exceção. Em 1942, com a promulgação da atualmente denominada Lei de Introdução às Normas do Direito Brasileiro, a regra passou a ser a da inexistência do ônus da parte de provar o teor e a vigência do direito estrangeiro. Ora, se *iura novit curia,* i.e., se o juiz conhece *os direitos*, a rigor, não é necessário à parte que invoca o direito estrangeiro fazer prova deste. A parte só necessitará produzir tal prova se o juiz o determinar. No dizer de José Carlos Barbosa Moreira, "esse diploma [a Lei de Introdução, de 1942] efetuou um giro de 180º em confronto com o estatuto processual civil de 1939."[142].

[139] Art. 105. Compete ao Superior Tribunal de Justiça: (...)
III – julgar, em recurso especial, as causas decididas, em única ou última instância, pelos Tribunais Regionais Federais ou pelos tribunais dos Estados, do Distrito Federal e Territórios, quando a decisão recorrida:
a) contrariar tratado ou lei federal, ou negar-lhes vigência;
b) julgar válido ato de governo local contestado em face de lei federal;
c) der a lei federal interpretação divergente da que lhe haja atribuído outro tribunal.

[140] Art. 966 do CPC/2015. A decisão de mérito, transitada em julgado, pode ser rescindida quando:
(...)
V – Violar manifestamente norma jurídica;

[141] Artigo 212 do CPC/1939. Aquele que alegar direito estadual, municipal, costumeiro, singular ou estrangeiro, deverá provar-lhe o teôr e a vigência, salvo si o juiz dispensar a prova.

[142] Barbosa Moreira, José Carlos. Pessoa jurídica domiciliada em país estrangeiro goza, no Brasil, da garantia constitucional do direito à jurisdição. A prova de Direito estrangeiro, pressuposta a respectiva aplicabilidade à solução do litígio, não pode ser imposta como

1.2. No processo civil brasileiro

Durante os trabalhos de elaboração do Novo Código de Processo Civil Brasileiro, iniciou-se um acalorado debate entre os processualistas acerca da aplicação do adágio *iura novit curia* (sobretudo de sua variante *da mihi factum, dabo tibi ius* – "dá-me os fatos, que lhe darei o Direito"), especialmente em relação ao contraditório[143].

"Processo participativo", "processo justo", "contraditório eficaz", "contraditório participativo", "estrutura cooperativa do processo civil", "*fair play* processual", etc. Diversas são as expressões empregadas pela doutrina processualista para se referir a uma nova concepção de processo e de contraditório, em que se deve garantir a efetiva participação das partes no processo judicial, pela qual os litigantes podem e devem concretamente influenciar o juiz em sua decisão. Tudo com o intuito de garantir a igualdade das partes e a paridade de armas entre elas. Muitas destas ideias acabaram sendo incorporadas pelo Diploma Processual Civil promulgado em 2015.

Alguns autores[144], antes mesmo da promulgação do CPC/2015, já vinham invocando este novo paradigma do Direito Processual Civil

ônus, pelo juiz, senão à parte que o haja alegado. *Revista de Direito Processual Civil*, v. 9. Curitiba: jul.-set. 1998, p. 594.

[143] Para alguns trabalhos sobre o tema, vide Correa, Rafael. Poderes instrutórios do juiz e as novas diretrizes da norma processual. *Revista de Processo*, v. 194, p. 323-349. São Paulo: RT, abr. 2011. Mitidiero, Daniel. Colaboração no processo civil como prêt-à-porter? Um convite ao diálogo para Lenio Streck. *Revista de Processo*, v. 194, p. 55-68. São Paulo: RT, abr. 2011. Reichelt, Luis Alberto. O conteúdo do direito à igualdade das partes no direito processual civil em perspectiva argumentativa. *Revista de Processo*, v. 210, p. 13-40. São Paulo: RT, ago. 2012 e mais os trabalhos citados na nota nº 144 *infra*.

[144] Entre todos, citem-se Oliveira, Carlos Alberto Alvaro. O Juiz e o Princípio do Contraditório. *Revista do Advogado*, n. 40, p. 35-38. São Paulo: AASP, jul. 1993. Gelli, Mario Felippe de Lemos. *A vinculação do juiz à causa de pedir no processo justo: limites de aplicação do* iura novit curia *no processo civil*. Dissertação de Mestrado em Direito Processual da UERJ. Rio de Janeiro, UERJ, 2009. Santos, Igor Raatz dos. Processo, Igualdade e Colaboração. Os deveres de esclarecimento, prevenção, consulta e auxílio como meio de redução das desigualdades no processo civil. *Revista de Processo*, v. 192, p. 47-80. São Paulo: RT, fev. 2011. Pinheiro, Guilherme César. A ponderação de valores como supressora do contraditório. *Revista de Processo*, v. 193, p. 403-420. São Paulo: RT, mar. 2011. Cantoario, Diego Martinez Fervenza. Poderes do Juiz e Princípio do Contraditório. *Revista de Processo*, v. 195, p. 279-308. São Paulo: RT, mai. 2011. Cabral, Antonio do Passo. Contraditório. *In:* Torres, Ricardo Lobo; Kataoka, Eduardo Takemi; Galdino, Flavio (org.). *Dicionário de Princípios*

para afirmarem que o juiz não pode decidir com base num fundamento "novo" (i.e., jamais discutido ou suscitado pelas partes ao longo do processo) sem antes consultar as partes acerca de tal fundamento.

É neste sentido a opinião de Bruno Vinícius da Rós Bodart[145]:

> (...) [O] contraditório participativo dialoga com a controlabilidade das decisões judiciais, sendo um o pressuposto do outro. Isso significa que o juiz deve interagir com as partes, esclarecendo e sendo esclarecido, antes, durante e depois de decidir. (grifamos)

Assim, passou-se a vislumbrar a imposição, ao juiz, do chamado "dever de consulta", pelo qual seria defeso ao magistrado decidir com base em fundamentos não debatidos anteriormente, ainda que se trate de matéria de que o juiz pode conhecer *ex officio* ou até mesmo que se trate de questão de ordem pública.

Por conseguinte, o princípio do contraditório converteu-se em um portentoso limite à atuação do juiz. Evitar as chamadas "sentenças-surpresa" ou "sentenças de terceira via" seria um dos propósitos deste novo raciocínio.

Como esteio para tal entendimento, sobretudo antes da promulgação do Novo CPC, era comum a invocação ao artigo 5º, inciso LV da Constituição Federal[146], que dispõe sobre o contraditório de forma geral e ampla. Tal concepção de contraditório é uma expressão do que vem sendo chamado de "modelo constitucional do processo civil"[147].

Jurídicos. São Paulo: Elsevier, p. 193-210, 2011. BODART, Bruno Vinícius da Rós. O processo civil participativo – a efetividade constitucional e o Projeto do Novo Código de Processo Civil. *Revista de Processo*, v. 205, p. 333-345. São Paulo: RT, mar. 2012.

[145] BODART, Bruno Vinícius da Rós. *Ob. cit.*, p. 336.

[146] Art. 5º Todos são iguais perante a lei, sem distinção de qualquer natureza, garantindo-se aos brasileiros e aos estrangeiros residentes no País a inviolabilidade do direito à vida, à liberdade, à igualdade, à segurança e à propriedade, nos termos seguintes:
(...)
LV – aos litigantes, em processo judicial ou administrativo, e aos acusados em geral são assegurados o contraditório e ampla defesa, com os meios e recursos a ela inerentes;

[147] Sobre o modelo constitucional do direito processual civil, cite-se, entre todos, SCARPINELLA BUENO, Cassio. O "Modelo Constitucional do Direito Processual Civil": Um Paradigma Necessário de Estudo do Direito Processual Civil e Algumas de Suas Aplicações. *Revista de Processo*, v. 161, p. 261-270, jul. 2008.

Entretanto, antes da promulgação do Novo CPC, mesmo os autores que vislumbravam na Carta Magna esta visão mais ampla de contraditório geralmente reconheciam que os magistrados brasileiros ainda não extraíam do texto constitucional tal interpretação. Portanto, tais estudiosos admitiam que, para a efetiva consagração de tais novos paradigmas processuais, seria necessária uma alteração legislativa.

Sobre o tema, confira-se a observação de Bruno Vinícius da Rós Bodart[148]: "Todavia, a praxe forense demonstra que há resistências à aplicação direta da Constituição, sendo desejável uma regra legal clara quanto à proibição da prática." (grifamos)

Na mesma esteira, Antonio do Passo Cabral[149] situa bem a questão, ao constatar que os novos paradigmas processuais já vinham sendo bem aceitos pela doutrina, mas ainda precisavam ser amparados pela legislação processual civil, *in verbis*:

> A doutrina brasileira começou, nos últimos tempos, a manifestar-se pela exigência de contraditório prévio mesmo para questões cognoscíveis de ofício pelo juiz, e a matéria vem regrada no anteprojeto de novo Código de Processo Civil, apresentado ao Senado Federal (arts. 5º, 7º, 8º, 9º e 10º), o que demonstra a acolhida que as ideias aqui defendidas têm obtido na doutrina nacional, bem como sua relevância na praxe forense do direito processual positivo *por vir*. (grifos nossos)

Bruno Vinícius da Rós Bodart[150] reporta-nos que foi exatamente isto que aconteceu na Itália. A mudança efetiva, que já vinha sendo defendida pela doutrina italiana e que se refletira até mesmo em uma decisão da Corte de Cassação daquele País, somente se implementou depois que a Lei nº 69, de 18.06.2009, alterou o *Codice di Procedura Civile*, introduzindo o artigo 101 no diploma processual civil italiano[151]. Também na

[148] Bodart, Bruno Vinícius da Rós. *Ob. cit.*, *p. cit.*

[149] Cabral, Antonio do Passo. *Ob. cit.*, p. 204.

[150] Bodart, Bruno Vinícius da Rós. *Ob. cit.*, p. 337.

[151] Art. 101. (Principio del contraddittorio)

(...)

Se ritiene di porre a fondamento della decisione una questione rilevata d'ufficio, il giudice riserva la decisione, assegnando alle parti, a pena di nullità, un termine, non inferiore a venti giorni e non superiore a quaranta giorni dalla comunicazione, per il deposito in cancelleria di memorie contenenti osservazioni sulla medesima questione.

França[152], Alemanha[153] e Portugal[154] há expressa disposição legislativa impondo o dever de consulta aos magistrados daqueles Países.

Assim, o texto final do Código de Processo Civil de 2015 foi aprovado, sancionado e publicado contendo dispositivo que demonstra o acolhimento, pelo referido diploma, dos referidos novos paradigmas processuais, entre os quais se insere o dever do juiz de consultar as partes sobre fundamento jamais debatido no processo, consubstanciado em seu artigo 10:

> Art. 10. O juiz não pode decidir, em grau algum de jurisdição, com base em fundamento a respeito do qual não se tenha dado às partes oportunidade de se manifestar, ainda que se trate de matéria sobre a qual deva decidir de ofício.

O artigo 9º, por sua vez, corrobora a noção de que o denominado "princípio da não surpresa processual" também foi consagrado pelo Novo CPC:

> Artigo 9º. Não se proferirá decisão contra uma das partes sem que esta seja previamente ouvida.

[152] Code de Procédure Civile. Article 16. Le juge doit, en toutes circonstances, faire observer et observer lui-même le principe de la contradiction.
Il ne peut retenir, dans sa décision, les moyens, les explications et les documents invoqués ou produits par les parties que si celles-ci ont été à même d'en débattre contradictoirement.
Il ne peut fonder sa décision sur les moyens de droit qu'il a relevés d'office sans avoir au préalable invité les parties à présenter leurs observations.

[153] Zivilprozessordnung (ZPO) § 139 Materielle Prozessleitung
(...)
(2) Auf einen Gesichtspunkt, den eine Partei erkennbar übersehen oder für unerheblich gehalten hat, darf das Gericht, soweit nicht nur eine Nebenforderung betroffen ist, seine Entscheidung nur stützen, wenn es darauf hingewiesen und Gelegenheit zur Äußerung dazu gegeben hat. Dasselbe gilt für einen Gesichtspunkt, den das Gericht anders beurteilt als beide Parteien. (...)

[154] Código de Processo Civil. Artigo 3º. Necessidade do pedido e da contradição
(...)
3 – O juiz deve observar e fazer cumprir, ao longo de todo o processo, o princípio do contraditório, não lhe sendo lícito, salvo caso de manifesta desnecessidade, decidir questões de direito ou de facto, mesmo que de conhecimento oficioso, sem que as partes tenham tido a possibilidade de sobre elas se pronunciarem.

Parágrafo único. O disposto no caput não se aplica:

I – à tutela provisória de urgência;

II – às hipóteses de tutela da evidência previstas no art. 311, incisos II e III;

III – à decisão prevista no art. 701.

1.3. Na arbitragem, à luz do direito pátrio

Tal qual aconteceu no Processo Civil, em que as ideias de "processo colaborativo" e outros novéis paradigmas processuais primeiramente reverberaram no exterior para depois influenciar os estudiosos brasileiros, na seara arbitral o movimento afigura-se idêntico. Alhures há farta doutrina[155] e diversas decisões judiciais[156] sobre o tema, sendo que mui-

[155] Para alguns trabalhos estrangeiros sobre o tema, vide LEW, Julian D. M.. *Iura Novit Curia and due process. Legal Studies Research Paper*, n. 72, Queen Mary University of London, 2010. HORVATH, Gunther J.. The duty of the Tribunal to render an enforceable award. *Journal of International Arbitration*, v. 18, i. 2, p 135-158, 2001. GIOVANNINI, Teresa. International Arbitration and Jura Novit Curia – Towards Harmonization. *Liber Amicorum Bernardo Cremades, Fernandez-Ballesteros and Arias.* Madri: La Ley, p. 495-509, 2010. CHAINAIS, Cécile. L'arbitre, le droit et la contradiction: l'office du juge arbitral à la recherche de son point d'équilibre. *Revue de* l'arbitrage, i. 1, p. 3-44, 2010. DEMOLITSA, Antonias. The Equivocal Power of the Arbitrators to Introduce Ex Officio New Issues of Law. *ASA Bulletin*, v. 27, i. 3, p. 426-440, 2009. KESSEDJIAN, Catherine. Principe de la contradition et arbitrage. *Revue de l'Arbitrage*, i. 3, p. 381-410, 1995. KURKELA, Matti S.. 'Jura novit curia' and the burden of education in International Arbitration – A Nordic perspective. *ASA Bulletin*, v. 21, i. 3, p. 486-500, 2003. KAUFMANN-KOHLER, Gabrielle. The arbitrator and the Law: Does He/She Know It? Apply It? How? And a Few More Questions. *Arbitration International*, v. 21, i. 4, p. 631-638, 2005. ALBERTI, Christian P. Part I: International Commercial Arbitration, Chapter 1: Iura Novit Curia In International Commercial Arbitration: How much justice do you want? In: KROLL, Stefan Michael; MISTELIS, Loukas A., *et. al.* (ed.) *International Arbitration and International Commercial Law*: Synergy, Convergence and Evolution. Haia: Kluwer Law International, p. 3-32, 2011. WOBESER, Claus von. The effective use of legal sources: how much is too much and what is the role for iura novit curia? In: BERG, Albert Jan Van den (org.). *Arbitration advocacy in changing times.* Haia: Kluwer Law International, p. 207-228, 2011. INTERNATIONAL LAW ASSOCIATION. INTERNATIONAL COMMERCIAL ARBITRATION COMMITTEE. *Ascertaining the Contents of the Applicable Law in International Commercial Arbitration.* Rio de Janeiro Conference, 2008.

[156] Vide, por exemplo, as decisões prolatadas pela Corte de Apelação da Suécia nos pedidos de anulação de sentença arbitral Perstorp Aktiebolag v. Silver Lining France S.A. (em liquidação) e Systembolaget v. Vin & Sprit e comentário de Leonardo Furtado a ambos os casos em *Revista Brasileira de Arbitragem*, v. 33, p. 194-214, jan.-mar. 2012. Veja-se também o estudo

tos dos julgados proferidos até agora sobre o assunto provêm de Países em que a aplicação do direito estrangeiro se dá como *fato* e não, como direito (diversamente do que ocorre no Brasil, portanto). Ademais, esta discussão parece muito mais fértil nos Países de *common law* que nos Países de *civil law*, em função do próprio conteúdo do que se entende por *due process* num e noutro sistema[157].

Há alguns anos, a questão aportou do lado de cá do Atlântico[158].

realizado pelo mesmo autor acerca da aplicação do aforismo *iura novit curia* à arbitragem em numerosos julgados prolatados por diversas cortes europeias, publicado no volume 36 da *Revista Brasileira de Arbitragem*. FURTADO, Leonardo Mäder. *Iura Novit Curia* em Arbitragem e as Cortes Europeias. *Revista Brasileira de Arbitragem*, v. 36, p. 27-55, out.-dez. 2012.

157 Juan Eduardo Figueroa Valdés bem observa: "A noção de *due process* é diferente para os juristas de formação de *common law* e os juristas de *civil law*. Para os primeiros inclui não somente o dever de outorgar a cada parte uma oportunidade para apresentar o seu caso, e sim também o dever de deixar-lhe provar e comentar o caso apresentado pela parte contrária, enquanto que se tratando dos juristas de *civil law* o direito a provar o seu caso é *menor àquele dado pelos juristas anglo-saxões*. O direito de apresentar o caso ou princípio de contradição é consequência do direito de defesa e *se traduz em que as partes de um procedimento devem ter a oportunidade de apresentar a sua posição antes de que seja ditada uma decisão*. Isto implica para os juristas de *common law* o direito de uma parte a invocar as provas e o direito de interrogar as suas testemunhas e as testemunhas da parte contrária." (grifamos) VALDÉS, Juan Eduardo Figueroa. As Expectativas das Partes em Relação ao Árbitro e ao Processo Arbitral Internacional. In: LEMES, Selma Ferreira; BALBINO, Inez (coord.). *Arbitragem. Temas Contemporâneos*. São Paulo: Quartier Latin, 2012, p. 367. Na lição do jurista norte-americano Benjamin Cardozo, por sua vez: "The common law *does not work from pre-established truths of universal and inflexible validity* to conclusions derived from them deductively. Its method is inductive, and it draws its generalization from particulars." (grifos nossos) CARDOZO, Benjamin. *The nature of the judicial process*. New York: Dover, 2005, p. 18-19.

158 Ao que parece, o primeiro evento em solo brasileiro em que se discutiu publicamente a incidência do aforismo *iura novit curia* na arbitragem foi realizado em 08 de maio de 2012 no Rio de Janeiro, sob a coordenação de Pedro Batista Martins e José Emilio Nunes Pinto (VIII Conferência de Arbitragem Internacional do Rio de Janeiro). O assunto foi tema de um dos quatro painéis da conferência, o qual recebeu a denominação de "A Aplicação do *Iura Novit Curia* na Arbitragem Internacional e o *Manifest Disregard of the Law*". O painel foi presidido por Carlos Alberto Carmona e contou também com a participação de Nigel Blackby, Christian Leathley e Antonio Pinto Leite. Naquela ocasião, Carlos Alberto Carmona manifestou-se favoravelmente à aplicação do *iura novit curia* à arbitragem. Posteriormente, em palestra proferida em 01 de julho de 2015 no ICC Brazilian Arbitration Day, evento realizado na sede da ICC Brasil, a Prof. Judith Martins-Costa também se posicionou francamente favorável à aplicação do brocardo *iura novit curia* à arbitragem.

A discussão envolvendo a aplicação do brocardo *iura novit curia* à arbitragem pode ser resumida nos seguintes termos: uma vez apresentado o caso pelas partes, tendo elas tido a oportunidade de se manifestarem e exporem seus argumentos de defesa, o árbitro pode basear sua decisão num fundamento jurídico jamais suscitado ou invocado por qualquer das partes? Ou o árbitro está adstrito a limitar-se ao que as partes creem ser a solução do caso concreto, inclusive no que tange aos fundamentos jurídicos por elas invocados para arguirem tal solução?

Muitas vozes levantam-se para asseverar que, a despeito de poder julgar o litígio com base num fundamento "novo", o árbitro deve previamente determinar que as partes se manifestem sobre tal fundamento, já que elas não poderiam ser surpreendidas com tal fundamentação, sob pena de violação ao princípio do contraditório.

Alguns autores estrangeiros embasam seu entendimento no artigo V, nº 1 (b) e (c) da Convenção de Nova Iorque[159-160], que trata do reconhecimento e execução de sentenças arbitrais estrangeiras, da qual o Brasil é Estado-membro desde 2002.

Com a devida vênia e todo o respeito a tais autores, parece-nos que os dispositivos convencionais acima referidos são muito genéricos e

[159] Artigo V. 1. O reconhecimento e a execução de uma sentença poderão ser indeferidos, a pedido da parte contra a qual ela é invocada, unicamente se esta parte fornecer, à autoridade competente onde se tenciona o reconhecimento e a execução, prova de que:
(...)
b) a parte contra a qual a sentença é invocada não recebeu notificação apropriada acerca da designação do árbitro ou do processo de arbitragem, ou lhe foi impossível, por outras razões, apresentar seus argumentos; ou
c) a sentença se refere a uma divergência que não está prevista ou que não se enquadra nos termos da cláusula de submissão à arbitragem, ou contém decisões acerca de matérias que transcendem o alcance da cláusula de submissão, contanto que, se as decisões sobre as matérias suscetíveis de arbitragem puderem ser separadas daquelas não suscetíveis, a parte da sentença que contém decisões sobre matérias suscetíveis de arbitragem possa ser reconhecida e executada; ou (...).

[160] Cite-se, entre todos, Julian D. M. Lew, que afirma, fazendo menção aos dispositivos acima transcritos da Convenção de Nova Iorque: "Not only must parties have an opportunity to put their case and answer the issues raised by the other party and the tribunal, but also the tribunal must not exceed its authority in the terms of the arbitration agreement and decide on an issue not raised or discussed with the parties." Lew, Julian D. M.. *Ob. cit.*, p. 12.

seu texto não conduz exatamente a tal conclusão[161]. A nosso ver, a Convenção de Nova Iorque refere-se a hipóteses mais gerais, de forma que a situação *sub examine*, a princípio, não estaria ali inserida[162]. Filiamo-nos ao entendimento de Nicola Christine Port, Scott Ethan Bowers e Bethany Davis Noll[163], que, analisando o artigo V, nº 1 (c) da Convenção de Nova Iorque, observam:

> Arbitral tribunals are not limited to rendering an award based on the legal theories brought forward by the parties. *An award rendered on the basis of a legal theory other than the theories argued by the parties will not, on that basis alone, run afoul of V(1)(c).* (grifos nossos)

[161] Em nossa opinião, trata-se de hipótese bem similar à dos autores brasileiros mencionados no item 1.2 acima que enxergam no texto do artigo 5º, LV, da Constituição Federal Brasileira a ilação de que o contraditório constitucionalmente assegurado abrangeria também o "dever de consulta" e o "princípio da não surpresa processual."

[162] Eduardo Grebler, citando Di Pietro e Platte, enumera uma série de hipóteses que caracterizariam efetiva violação ao contraditório sob a égide da Convenção de Nova Iorque, elencada no artigo V, nº 1(b): "prazo insuficiente para nomeação de árbitro; impedimento à efetiva participação na fase probatória do procedimento; ordens processuais conflitantes ou contraditórias; exiguidade excessiva de prazos procedimentais; dispensa de audiência para inquirição de testemunhas; quebra de isonomia entre as partes; recusa ao adiamento de audiência; fraude; *estoppel* (conduta incompatível ou falta de objeção tempestiva da outra parte quando afetada pela alegada violação). A essas situações se poderiam acrescentar outras, também encontradiças em procedimentos arbitrais internacionais realizados no Brasil, tais como a admissão ou inadmissão de declaração escrita (*affidavit*) em lugar de depoimento pessoal de testemunhas localizadas no exterior, e a substituição de prova pericial por pareceres técnicos (*expert witness*), expedientes de uso corrente na prática arbitral internacional, mas ainda de pouca familiaridade entre nós. Cada uma dessas situações pode, em tese, implicar cerceamento do direito de defesa, a depender do contexto da arbitragem e das justificativas do tribunal arbitral para decidir; contudo, a prática da arbitragem internacional revela que, na maioria dos casos contemplados na jurisprudência das cortes nacionais, sua invocação não tem sido apta a impedir o reconhecimento de sentenças arbitrais estrangeiras." GREBLER, Eduardo. Artigo V (inciso 1 "A" e "B"). In: WALD, Arnoldo; LEMES, Selma Ferreira (coord.). *Arbitragem Comercial Internacional. A Convenção de Nova Iorque e o Direito Brasileiro.* São Paulo: Saraiva, 2011, p. 211.

[163] PORT, Nicola Christine; BOWERS, Scott Ethan; NOLL, Bethany Davis. *Article V(1)(c).* In: KRONKE, Herbert; NACIMIENTO, Patricia; OTTO, Dirk; PORT, Nicola Christine (ed.). *Recognition and Enforcement of Foreign Arbitral Awards. A Global Commentary on the New York Convention.* Alphen aan den Rijn: Kluwer, 2010, p. 272.

Especificamente quanto à Lei de Arbitragem Brasileira (que continuou absolutamente silente sobre o tema, mesmo após entrada em vigor da Lei nº 13.129/2015), tal diploma tampouco conduz a esta conclusão. O respeito ao princípio do contraditório, imposto à sentença arbitral pelo artigo 32, inciso VIII[164] c/c 21, § 2º[165], é referido de forma ampla e genérica pela Lei nº 9.307/96, tal qual ocorre com os dispositivos adrede examinados da Constituição Federal (artigo 5º, inciso LV) e da Convenção de Nova Iorque (artigo V, nº 1 (b) e (c)).

Cumpre ressaltar que, obviamente, o árbitro deve observar atentamente os pedidos das partes, bem como os fatos que individualizam a pretensão e constituem a causa de pedir. Quanto a isso, não há discussão.

Nem se diga que, ao empregar argumento distinto daqueles que foram discutidos pelas partes ao longo do procedimento arbitral, o tribunal arbitral teria desrespeitado os limites da convenção de arbitragem e, consequentemente, teria acarretado a nulidade da sentença por força do artigo 32, inciso IV da referida lei, *in verbis*:

> Art. 32. É nula a sentença arbitral se:
> (...)
> IV – for proferida fora dos limites da convenção de arbitragem;

Ora, bem se nota que o artigo 32, inciso IV não conduz a uma exigência de o árbitro consultar as partes antes de basear sua decisão num argumento que nunca foi suscitado ao longo do procedimento arbitral.

Conforme observam Nicola Christine Port, Scott Ethan Bowers e Bethany Davis Noll[166]: "*[a] tribunal may apply law not referenced in the pleadings;* as long as in so doing, *the tribunal does not exceed the scope of the arbitration agreement.*" (grifamos)

[164] Artigo 32. É nula a sentença arbitral se:
(...)
VIII – forem desrespeitados os princípios de que trata o art. 21, § 2º desta lei.

[165] Artigo 21. § 2º Serão, sempre, respeitados no procedimento arbitral os princípios do contraditório, da igualdade das partes, da imparcialidade do árbitro e de seu livre convencimento.

[166] PORT, Nicola Christine; BOWERS, Scott Ethan; NOLL, Bethany Davis. *Ob. cit., p. cit.*

O que mais inquieta no entendimento dos autores que impõem ao árbitro a observância de um "dever de consulta" e de um "princípio da não surpresa processual" é a consequência que tal inobservância acarretaria à sentença arbitral: a *nulidade*. É bem verdade que, na hipótese do artigo 10 do CPC/2015, a consequência que adviria à decisão do juiz que não consultou as partes acerca de um fundamento por elas não suscitado e que acabou embasando a decisão por ele tomada também seria a nulidade daquela decisão[167]. Quanto à arbitragem, porém, se o Poder Judiciário defere o pedido de anulação formulado com base em pretensa violação ao princípio do contraditório operada na sentença arbitral (artigo 32, inciso VIII da Lei de Arbitragem) o que se anula é, via de regra, a arbitragem inteira, i.e., todos os atos que antecederam a sentença arbitral – e não apenas a sentença arbitral especificamente[168]. Consequência

[167] "Ressalte-se, por fim, que a consequência da inobservância da norma encampada neste dispositivo [artigo 10 do Novo CPC] é a *nulidade da decisão surpresa*, também denominada "decisão de terceira via", mesmo que não cominada expressamente. E a penalidade justifica-se pelo simples fato de que ela contraria norma fundamental do Novo Código de Processo Civil e da própria Constituição Federal." (grifamos) CARNEIRO, Paulo Cezar Pinheiro. Das Normas Fundamentais do Processo Civil. Comentários ao artigo 10. In: WAMBIER, Teresa Arruda Alvim; DIDIER JR., Fredie; TALAMINI, Eduardo; DANTAS, Bruno (coord.). *Breves Comentários ao Novo Código de Processo Civil.* São Paulo: Revista dos Tribunais, 2015, p. 81.

[168] É esta a opinião da maioria da doutrina arbitralista que se debruçou sobre o artigo 33, §2º da Lei nº 9.307/96. Vide CARMONA, Carlos Alberto. *Arbitragem e Processo.* São Paulo: Atlas, 2009, p. 424: "[s]e a nulidade afeta a convenção de arbitragem ou a estrutura do juízo arbitral (substancialmente, a confiabilidade dos árbitros, que se mostraram parciais ou negligentes), *destrói-se a própria arbitragem*, cabendo a interessado, livremente, procurar a tutela judicial de seus direitos." (grifamos). Vide também MARTINS, Pedro A. Batista. *Apontamentos sobre a Lei de Arbitragem.* Rio de Janeiro: Forense, 2008, p. 332: "Existem vícios que atingem, por completo, a sentença arbitral e *tudo aquilo que lhe precedeu. Prejudicam todo o processo arbitral* a ponto de, uma vez detectados e confirmados, *não restar ao juiz outra opção que não decretar a nulidade da* ***arbitragem***." (grifamos) Veja-se ainda FERNANDES, Marcus Vinicius Tenorio da Costa. *Anulação da Sentença Arbitral.* São Paulo: Atlas, 2007, p. 87: "Nas situações enumeradas nos incisos I (compromisso nulo), II (sentença proferida por quem não pode ser árbitro), VI (sentença proferida por prevaricação, concussão ou corrupção passiva), VII (sentença proferida fora do prazo legal ou do prazo pactuado pelas partes) e *VIII (sentença que não observe os princípios protegidos pelo art. 21, § 2 º da Lei de Arbitragem)* do art. 32 da Lei nº 9.307/96, *resultará ineficaz a sentença arbitral e poderão as partes instituir novo juízo arbitral ou submeter a solução da lide à apreciação do Poder Judiciário.* Já nas hipóteses previstas nos incisos III (ausência dos elementos constantes do art. 26 da Lei de Arbitragem), IV (sentença pro-

indubitavelmente muito mais radical que aquela que advém à decisão judicial à luz do artigo 10 do Novo CPC: a anulação tão somente daquela decisão específica.

É justamente por acarretar, na maioria dos casos, uma penalidade tão extrema – a nulidade de todo o procedimento arbitral (via de regra) e não, da sentença arbitral somente – que, na imensa maioria dos Países, as hipóteses de anulação da sentença arbitral consistem em circunstâncias gravíssimas, elencadas em um rol diminuto previsto na legislação, tal qual ocorre no Brasil.

Ora, aqueles que defendem que se imponha ao árbitro um dever de consulta sobre um fundamento jurídico que jamais foi ventilado pelas partes ao longo do procedimento arbitral, parecem ter se olvidado de um detalhe muito importante: em todo o mundo, a sentença arbitral faz

ferida fora dos limites da convenção de arbitragem) e V (quando não for decidido todo o litígio submetido à arbitragem) do art. 32 da Lei nº 9.307/96 serão restituídos os poderes do tribunal arbitral para que profira nova sentença." Em trecho da página 83 da mesma obra, este autor aduz: "Na hipótese de ser anulada a sentença, não poderá o juiz togado proferir nova decisão de mérito, restringindo-se a atividade do juiz estatal à verificação da existência ou não de invalidade e, lógico, desde que existente tal invalidade, proceder à competente anulação da sentença arbitral, devolvendo ao conhecimento do árbitro (art. 33, § 2º ou, na hipótese de não ser mais viável a arbitragem, *simplesmente anular o laudo e aguardar que as partes tragam o conflito para o Poder Judiciário* – art. 33, § 2º, *inciso I*)." (grifamos)

Transcreva-se a redação original do artigo 33, § 2º da Lei nº 9.307/96:

Art. 33. A parte interessada poderá pleitear ao órgão do Poder Judiciário competente a decretação da nulidade da sentença arbitral, nos casos previstos nesta Lei.

(...)

§ 2º A sentença que julgar procedente o pedido:

I – Decretará a *nulidade da sentença arbitral*, nos casos do art. 32, incisos I, II, VI, VII e *VIII*;

II – Determinará que o árbitro ou o tribunal arbitral profira novo laudo, nas demais hipóteses. (grifamos)

Vale notar que a Lei nº 13.129/2015 deu nova redação ao § 2º do art. 33 da Lei nº 9.3709/96:

"Art. 33. § 2º A sentença que julgar procedente o pedido declarará a nulidade da sentença arbitral, nos casos do art. 32, e determinará, se for o caso, que o árbitro ou o tribunal profira nova sentença arbitral."

A diferença entre a redação original e a nova consiste em que não mais se especifica claramente em quais casos será decretada a nulidade da sentença arbitral e em quais casos o árbitro/ tribunal arbitral prolatará nova sentença. Parece-nos que, pela nova redação, a regra é a nulidade da sentença arbitral (e, a rigor, de toda a arbitragem, conforme visto acima), ficando a critério do juiz determinar, no caso concreto, se o árbitro ou tribunal arbitral deve proferir novo laudo.

jus a certa deferência. Cumpre transcrever trechos de alguns julgados que nos lembram bem desta característica basilar da arbitragem:

> *An arbitration panel must be afforded considerable deference*[169].
>
> *Once an arbitration award is entered, the finality of arbitration weighs heavily in its favor and cannot be upset except under exceptional circumstances*[170].
>
> *Judicial review of an arbitration award is highly deferential and strictly limited*[171].

Assim, sem querer minorar a importância de se conferir às partes a oportunidade de se pronunciarem sobre um fundamento que está povoando a mente do árbitro e que jamais foi discutido ao longo do procedimento arbitral, temos dificuldade em vislumbrar, na ausência de tal oportunidade, isoladamente, uma circunstância tão afrontosa e aviltante que pudesse macular a validade da sentença arbitral – e, via de regra, a validade daquela arbitragem como um todo. É claro que, nesta análise, estamos partindo do pressuposto de que o contraditório em sua concepção mais ampla tenha sido assegurado às partes pelo árbitro (i.e., não tenha ocorrido, por exemplo, nenhuma das circunstâncias listadas na nota de rodapé nº 162 *supra*).

Data maxima venia, reputar nula a sentença arbitral exclusivamente porque o árbitro não consultou as partes acerca de um fundamento "novo" em que ele baseará sua decisão afigura-nos um excesso. Corresponde a, em nome de um preciosismo formal, subtrair da sentença arbitral toda a deferência que lhe é devida. Isto sem falar no grave risco de desvirtuar e/ou vulgarizar o instituto da arbitragem e, assim, suprimir-lhe a força.

Obviamente, não se pode negar que é pertinente, preferível e até mesmo aconselhável que o árbitro consulte as partes antes de prolatar a sentença, caso esteja tendendo a julgar a controvérsia com esteio em um fundamento que não foi por elas ventilado, suscitado ou discutido

[169] ESTADOS UNIDOS DA AMÉRICA. *Osram Sylvania, Inc. v. Teamsters Local Union*, 87 F. 3d 1261, 1263 (11th Circ. 1996).

[170] ESTADOS UNIDOS DA AMÉRICA, *Hollern v. Wachovia Securities, Inc.*, 458 F.3d 1169, 1172 (10th Circ. 2006).

[171] ESTADOS UNIDOS DA AMÉRICA, *Bowen v. Amoco Pipeline Co.* 254 F. 3d 932 (10th Circ. 2001).

durante o procedimento arbitral. Isto é irrefutável. Mas, daí a se *exigir* que o árbitro consulte as partes sobre o fundamento em que ele está pretendendo embasar sua decisão é deixar o árbitro de mãos e pés atados. É condenar o árbitro a restringir-se, em sua atividade judicante, àquilo que as *partes* creem ser a solução de seu caso concreto. Como indaga Matti S. Kurkela[172]: *"are the hands of the arbitrators tied by the statements of the parties as to the rights, which in their view derive from the facts under the applicable law?"* (grifamos)

Caso se entenda que o brocardo *iura novit curia* não se aplica à arbitragem e, via de consequência, se conclua que o árbitro deve consultar as partes toda vez que, ao longo do procedimento, ele esteja planejando basear sua futura decisão num fundamento ainda não discutido pelos litigantes ou sequer suscitado por um deles, estar-se-á desprovendo o árbitro de qualquer discricionariedade, labor intelectual ou margem de atuação no momento da decisão. O árbitro restará invariavelmente atado àquilo que as partes resolutamente determinarem, sobretudo no que toca ao fundamento jurídico para o deslinde da disputa.

Ou bem tem o árbitro liberdade de apreciar os *fatos* (estes sim, imperiosamente devem ser trazidos aos autos pelas partes) sob a perspectiva jurídica que melhor aprouver a ele ("dá-me os fatos, que lhe darei o direito"), ou o árbitro vai se transformar num autômato das partes. E que somente pode atuar no estrito limite do que as partes produziram ao longo da arbitragem e ao qual não se permita um só milímetro de atuação ou labor jurídico intelectual para elaborar a solução de um caso.

Ademais, caso se entenda que os tais "dever de consulta" e o "princípio da não surpresa processual" incidem à arbitragem, outras mazelas dignas de nota seriam: (i) o risco de parecer que o árbitro está adiantando o seu julgamento e (ii) a ampliação da duração da arbitragem para um tempo além do razoável, o que afetaria a tão propugnada celeridade da arbitragem. No que tange ao item (ii) acima, basta imaginar a hipótese de o árbitro perceber, depois da realização da audiência de instrução e quiçá até mesmo depois de ter recebido das partes as respectivas Alegações Finais, que o fundamento jurídico a basear a sua decisão não

[172] KURKELA, Matti S.. *Ob. cit.*, p. 489.

foi invocado ou debatido pelas partes durante todo o procedimento arbitral.

Ainda quanto ao aspecto descrito no item (ii) *supra*, cumpre trazer a lume, por oportuno, decisão proferida pelo Comitê *Ad Hoc* de Anulação do International Center for Settlement of Investment Disputes (ICSID)[173], que apreciou o pedido de anulação formulado pela República do Peru nos autos do caso ICSID nº ARB/07/6. Em decisão datada de 12 de fevereiro de 2015[174], o referido Comitê *Ad Hoc*, composto pelo francês Dominique Hascher, pelo canadense Donald M. McRae e pelo sueco Kaj Hobér, julgou improcedente o pedido de anulação, calcado na alegada extrapolação de poderes pelo tribunal arbitral, que teria baseado "su interpretación de la cláusula arbitral no en los argumentos desarrollados por las partes, sino *en sus propias teorias no desarolladas que las partes no tuvieron oportunidad de abordar*" (grifamos).

Invocando ainda outros argumentos, a República do Peru fundamentou também seu pedido de anulação em pretensa falta de fundamentação do laudo, na medida em que o tribunal arbitral "decidió *sua sponte* concentrarse en la cláusula de elección de foro irrevocable *cuando ninguna de las partes había argumentado que la disposición era de relevancia para la interpretación de la cláusula arbitral.*" (grifamos). O Comitê *Ad Hoc* negou o pedido de anulação da sentença, enfatizando que, se o tribunal arbitral sempre tiver que adiantar às partes os argumentos que pretende utilizar para fundamentar o laudo, a sentença arbitral acabará nunca sendo proferida. Transcrevam-se as exatas palavras empregadas pelo Comitê *Ad Hoc*:

> Si el Comité adhiriera a la crítica de la República del Perú, crearía uma obligación en cabeza de los árbitros de someter sua razonamiento jurídico a

[173] O ICSID é uma organização do Banco Mundial sediada em Washington, voltada à administração de arbitragens de disputas internacionais relativas a investimento. Seu Regulamento de Arbitragem prevê a possibilidade de as partes pleitearem a anulação do laudo arbitral nas restritas hipóteses listadas no artigo 50, nº 1 (iii). O pedido de anulação é julgado por um comitê *ad hoc* de anulação, formado para cada caso específico por 03 (três) árbitros que compõem, o painel de árbitros da instituição (artigo 52, nº 1 do Regulamento de Arbitragem). Vide também o artigo 52 da Convenção do ICSID, que versa sobre o pedido de anulação.

[174] Inteiro teor da decisão extraído do site http://www.italaw.com/sites/default/files/case-documents/italaw4205.pdf, consultado em 07.08.2015.

discusión por las partes, *lo que tendría como consecuencia que ningún laudo podría jamás ser adoptado antes de que las partes tuvieran la oportunidad de presentar argumentos acerca de la pertinência del razonamiento jurídico del Tribunal.*

(...)

El argumento de la República del Perú nos aporta um ejemplo de la reducción *ad infinitum* ilustrada por la paradoja de Zenón referente al movimiento: suponiendo que el tiempo se encuentra compuesto por una serie de momentos, la flecha que no recorre ninguna distancia durante ese momento, no se está moviendo y nunca llegará al blanco. *De manera similar, un árbitro nunca podrá dictar un laudo, debido a la obligación de someter continuamente la motivación del laudo a las partes para sus observaciones.*

El Comité considera que las Partes tuvieron una oportunidad plena de presentar sus argumentos relativos a la interpretación de (...) ante el Tribunal de Arbitraje. (grifamos)

Por fim, um derradeiro aspecto desta discussão merece ser apreciado.

Conforme já mencionado, foi com a promulgação do Novo Código de Processo Civil – em especial, em face de seu artigo 10, que a celeuma acerca da incidência do *iura novit curia* à arbitragem acentuou-se de forma mais significativa.

Ora, se é vedado ao juiz decidir com base em fundamento acerca do qual as partes não tenham tido oportunidade de se manifestar ao longo do processo, por que tal imposição não recairia sobre o árbitro?

A resposta é simples. Conforme vastamente proclamado pela doutrina arbitralista, o Código de Processo Civil não se aplica ao procedimento arbitral, a rigor. O regramento existente no Diploma Processual Civil referente à arbitragem limita-se a poucas questões[175], sempre rela-

[175] O Novo CPC faz menção à arbitragem nos seguintes dispositivos: art. 3º, § 1º (possibilita o uso da arbitragem para resolução de conflitos); art. 42 (determina que as causas cíveis possam ser decidas pelo juízo arbitral); art. 69, §1º (dispõe que a carta arbitral seguirá o regime previsto no Código de Processo Civil); art. 189, inciso IV (segredo de justiça para os processos que versem sobre arbitragem, inclusive o cumprimento de carta arbitral, desde que comprovada a estipulação de confidencialidade pelas partes); art. 237, inciso IV (expedição de carta arbitral com vistas ao cumprimento, pelo Poder Judiciário, de pedido de cooperação judiciária formulado pelo juízo arbitral); art. 260, § 3º (requisitos da carta arbitral); art. 267 (causas de recusa do cumprimento, pelo Poder Judiciário, de carta arbitral); art. 337, inciso X e §§ 5º e 6º (convenção de arbitragem como matéria preliminar na contes-

tivas a medidas a serem porventura tomadas perante o Poder Judiciário em relação ou no curso da arbitragem (*v.g.*: carta arbitral) ou no que tange à sentença arbitral (como o cumprimento desta perante o Poder Judiciário, por exemplo). Sobre o assunto, cite-se, entre todos, o entendimento de Carlos Alberto Carmona[176]:

> [É] comum a invocação no procedimento arbitral de preceitos típicos do procedimento comum, reportando-se por vezes alguma das partes a determinadas regras da lei processual. A Lei de Arbitragem não contém norma que determine o emprego subsidiário da lei processual para suprir omissões no procedimento utilizado pelas partes. Assim, não há razão para impor ao árbitro, no eventual preenchimento de lacunas procedimentais, regras do Código. (grifamos)

Logo, poder-se-ia exigir do árbitro observância ao procedimento previsto no artigo 10 do Novo CPC somente se o diploma especial que rege a arbitragem também estipulasse o mesmo procedimento, o que não ocorre. Ou, ainda, se fizesse expressa referência ao artigo 10 do novo Diploma Processual Civil, o que tampouco acontece. Ora, a Lei nº 9.307/96, mesmo com a redação que lhe foi dada pela Lei nº 13.129/2015, continua tratando do contraditório de forma ampla e genérica no artigo 21, § 2º e no artigo 32, inciso VIII (além do artigo 38, inciso III, relativo à homologação de sentenças arbitrais estrangeiras). Referido diploma legal não impõe ao árbitro, em nenhum de seus dispositivos, o dever de consultar as partes acerca de fundamento por elas não suscitado ou discutido ao longo do procedimento arbitral, caso ele pretenda basear sua decisão em tal fundamento. É de se ressaltar que uma

tação); art. 359 (realização de audiência de conciliação, independentemente do emprego anterior de arbitragem); art. 485, inciso VII (alegação de existência de convenção de arbitragem ou reconhecimento de competência pelo árbitro como causa para extinção do processo sem resolução de mérito); art. 515, inciso VII (sentença arbitral como título executivo judicial); art. 516, inciso III; (cumprimento da sentença arbitral perante o juízo cível competente); art. 960, § 3º (submissão a tratado e lei no que tange à homologação de sentença arbitral estrangeira, aplicando-se o CPC apenas subsidiariamente); e art. 1.012, §1º, inciso IV (efeito apenas devolutivo para a apelação eventualmente interposta contra decisão que julga procedente o pedido de instituição de arbitragem).

176 CARMONA, Carlos Alberto. *Arbitragem e Processo. Um Comentário à Lei nº 9.307/96*. 3. ed. São Paulo: Atlas, 2009, p. 292-293..

imposição de tal envergadura deveria necessariamente vir expressa no texto da referida lei.

Repise-se: mesmo após a promulgação da Lei nº 13.129/2015, que modificou diversos dispositivos da Lei nº 9.307/96 (mas não alterou o artigo 32, inciso VIII nem o artigo 21, § 2º, e tampouco fez expressa remissão ao artigo 10 do CPC/2015), não houve qualquer modificação na disciplina referente ao contraditório aplicável à arbitragem.

Assim, em nossa opinião, mesmo após a entrada em vigor do Novo Código de Processo Civil, o brocardo latino *iura novit curia* continua se aplicando à arbitragem.

1.3.1. A jurisprudência pátria sobre o assunto

Até onde é de nosso conhecimento, foi proferido um único acórdão no Brasil acerca do tema *sub examine*. Datado de 16 de outubro de 2012, o julgado é da lavra da Segunda Câmara Reservada de Direito Empresarial do Tribunal de Justiça de São Paulo, Relator o Desembargador Roberto Mac Cracken, e foi prolatado nos autos da Apelação Cível nº 0214068-16.2010.8.26.0100.

A decisão de primeiro grau objeto do referido recurso havia sido prolatada em 01 de julho de 2011.

Tanto a sentença quanto a apelação julgaram improcedente o pedido de anulação da sentença arbitral, pedido este fundado em pretensa ofensa ao contraditório e ao devido processo legal. No caso, o fundamento em que se basearam os árbitros para prolatarem sua decisão não foi suscitado pelas partes na arbitragem e os árbitros tampouco consultaram os litigantes sobre tal fundamento durante todo o procedimento arbitral, deixando de abrir prazo para que eles se manifestassem sobre ele.

Escapa ao propósito do presente trabalho esmiuçar a sentença e o acórdão acima mencionados[177]. Revela-se oportuno, por ora, salientar

[177] Para uma análise mais detalhada do acórdão prolatado pelo TSJP acima referido, vide o nosso comentário ao referido julgado publicado no volume 36 da Revista Brasileira de Arbitragem. VERÇOSA, Fabiane. Alegação de Cerceamento de Defesa. Vínculo Societário que legitima a Participação na Arbitragem. *Venire Contra Factum Proprium*. Comentário à ApCív 02140681620108260100 do TJSP. *Revista Brasileira de Arbitragem*, v. 36, p. 120-156, out.-dez. 2012.

alguns aspectos das duas decisões que são pertinentes ao objeto do presente estudo.

Da sentença de primeiro grau, prolatada pelo Juiz de Direito Dr. Helmer Augusto Toqueton Amaral, da 8ª Vara Cível do Foro Central de São Paulo (processo nº 583.00.2010.214068-4), cumpre destacar o seguinte excerto:

> Pelo que se depreende da análise da documentação houve qualificação jurídica diversa atribuída à conduta das requerentes. Ou seja, não se alterou nem se inovou aspecto fático da discussão, mas apenas e tão somente se estabeleceu a correta (no entender o julgador) definição jurídica dos fatos, aplicando-se a consequência normativa a eles pertinentes, nada mais natural inclusive face ao antigo brocardo latino da *mihi factum, dabo tibi ius*, ou seja, os fatos é que devem ser descritos, aplicando o julgador o direito pertinente à matéria. Lembre-se, inclusive, que conforme a cláusula 14.6. o contrato seria interpretado e regido pelas leis do Brasil, devendo o tribunal arbitral aplicá-las no caso de conflito (fls. 262). (grifamos)

Assim, rejeitando o argumento da suposta violação ao contraditório por falta de consulta às partes acerca do argumento empregado pelo tribunal arbitral para resolver a disputa, o MM. Juízo *a quo* julgou improcedente a ação anulatória e condenou as Autoras ao pagamento das custas e despesas processuais, bem como ao pagamento de honorários advocatícios de 3% (três por cento) sobre o valor corrigido da causa.

Já em sede de Apelação, em relação ao pleito das Apelantes de que a sentença arbitral merecia ser anulada em função de não ter sido aberto prazo para as partes se manifestarem sobre o fundamento usado pelo tribunal arbitral para decidir a demanda, os Desembargadores expressamente invocaram o brocardo *iura novit curia* e reportaram-se à sentença recorrida. Reputaram correta a decisão do julgador de primeira instância e negaram provimento ao pedido de anulação. Ampararam-se no artigo 18 da Lei Brasileira de Arbitragem, para asseverar que o árbitro é juiz de fato e de direito. E aduziram também:

> Assim, pela interpretação sistemática e teleológica da lei de arbitragem, excepcionando o princípio do livre acesso à justiça ou inafastabilidade de jurisdição, o árbitro, julgador privado eleito pelas partes, tem liberdade para

a apreciação dos fatos, argumentos e teses que envolvem a contenda acerca de direitos disponíveis, razão pela qual sua adstrição são os fatos narrados, consubstanciados nos direitos disponíveis, e que determinaram a instauração do juízo arbitral e não o direito que a parte pretende ver aplicado ao caso concreto, razão pela qual imperioso reconhecer que a arbitragem também se amolda à teoria da substanciação e não da individuação, motivo pelo qual, com acerto e preciso a r. sentença especificou a aplicação da máxima "*mihi factum, dabo tibi ius*". (grifamos)

E prosseguiu a Segunda Câmara Reservada de Direito Empresarial do TJSP:

> Assim sendo, tendo em vista que o dever da parte é narrar os fatos que norteiam o conflito de interesses, não se justifica a alegação de que houve violação ao devido processo legal e ao contraditório, sob o argumento de que a sentença arbitral motivou-se em fundamento jurídico diverso daquele que foi arguido ou questionado pela parte, pois, como dito, o que se faz necessário à adstrição, ou seja, efetiva vinculação do juízo arbitral às circunstâncias fáticas narradas, situação essa que, sem se adentrar ao mérito da atuação do juízo arbitral, não foi violada e tampouco as apelantes tiveram o condão de demonstrar no curso da lide. Ademais, a vasta prova documental produzida demonstra que os demandantes tiveram, com observância ao princípio da isonomia, efetiva oportunidade para a demonstração de suas alegações (...) (grifos nossos)

Após analisar os demais argumentos trazidos aos autos pelas Apelantes, o derradeiro ponto tratado pelos desembargadores foi também o único da Apelação que mereceu reparo: os honorários advocatícios foram reduzidos de 3% (três por cento) sobre o valor atualizado da causa para 1% (um por cento) sobre o mesmo montante. Apenas por esta razão, a apelação foi provida em parte.

O acórdão foi publicado no Diário Oficial em 05 de novembro de 2012. Contra o referido julgado, foram interpostos embargos de declaração que foram admitidos, porém negou-se-lhes provimento em julgamento realizado em 18 de dezembro de 2012. Em 20 de fevereiro de 2013, foi interposto Recurso Especial, que não chegou a ser admitido pelo Superior Tribunal de Justiça[178]. Da mesma forma, o Recurso Especial interposto perante o Supremo Tribunal Federal não chegou a ser conhecido[179].

Conclusões

Em suma, depois de uma análise do atual contexto pátrio do adágio *iura novit curia* (e, mais especificamente, de sua variação *da mihi factum, dabo tibi ius*), permitimo-nos constatar o seguinte:

(i) o brocardo *iura novit curia* é plenamente consagrado em nosso Direito, inclusive no âmbito do Direito Internacional Privado, por força dos artigos 14 da Lei de Introdução às Normas do Direito Brasileiro e do artigo 376 do CPC/2015. Ora, se o juiz conhece os *direitos* (aí se incluindo até mesmo os direitos estrangeiros), quanto mais o direito nacional! E, aos fatos trazidos aos autos pelas partes, deve o juiz aplicar tal direito.

(ii) ainda que se entendesse que os chamados "dever de consulta" e "princípio da não surpresa processual", positivados no CPC/2015, viessem a incidir na arbitragem, há de se refletir, caso o árbitro se furte a observá-los (i.e., proferindo decisão com base em fundamento não ventilado pelas partes ao longo da arbitragem e sem ter concedido prazo para que as partes sobre ele se manifestassem), se a sentença arbitral deverá ser inquinada de nulidade. Deve-se sempre ter em mente, em qualquer debate sobre a nulidade da sentença arbitral, que à sentença arbitral deve ser conferida certa deferência e que eventuais excessos no manejo da ação anulatória podem levar ao resultado desagradável de se enfraquecer e vulgarizar o instituto da arbitragem; e

(iii) de nossa parte, parece-nos que não incide sobre o árbitro o dever de consultar as partes acerca de um fundamento jamais ventilado por estas ao longo do procedimento arbitral. Isto porque, entre outras razões apontadas acima, não nos parece possível extrair do artigo 5º, LV da Constituição Federal, o dever de consulta ou a proibição da "decisão-surpresa". Ade-

[178] Vide, entre outros, o AgInt no Recurso Especial nº 1.656.613 – SP e o AgInt nos Embargos de Divergência em REsp nº 1.656.613 – SP.

[179] Veja-se o Recurso Extraordinário com Agravo nº 1.249.037.

mais, o Código de Processo Civil, a rigor, não se aplica à arbitragem, salvo os aspectos muito pontuais previstos no próprio CPC/2015. Assim, o padrão de contraditório a ser observado pelo árbitro não é o do CPC, mas aquele enunciado no diploma especial que rege o juízo arbitral. Logo, a nosso ver, à luz da Lei Brasileira de Arbitragem, a circunstância de o árbitro basear sua decisão em fundamento não suscitado pelas partes durante a arbitragem não inquinaria de nulidade a sentença arbitral. Reside aí, portanto, uma notável diferença entre a via judicial e o juízo arbitral, a ser levada em consideração por *players* do agronegócio, ao escolherem qual o método mais adequado para solucionar suas controvérsias.

8.
CONTRATOS AGRÁRIOS E AS CÉDULAS DE PRODUTO RURAL: ANÁLISE A PARTIR DA "LEI DO AGRO"

Francisco de Godoy Bueno

Introdução

A Lei nº 13.986, de 7 de abril de 2020, foi amplamente festejada como a "Lei do Agro" sob a perspectiva de dar novo fôlego e modernização ao crédito agropecuário, por meio de novos e velhos instrumentos, repaginados pelo novo instrumento legal, tais como: o Fundo Garantidor Solidário ("FGS"), o Patrimônio Rural de Afetação ("PRA"), a Cédula Imobiliária Rural ("CIR"), dentre outros mecanismos que viriam facilitar a capitalização do produtor rural por meio do endividamento.

Dentre essas novidades, não há só novos institutos, mas também novos nomes para velhos e conhecidos institutos, que ganharam uma nova dinâmica a partir da visão financeira do agronegócio. No presente artigo, evitaremos a polêmica em relação a essas novidades mais alvissareiras, cujo frisson tem motivado grande interesse pelos "novos" sistemas de crédito agrícola. Trataremos das alterações previstas para a Cédula de Produto Rural – CPR e seus impactos para os contratos agrários que se utilizam desse título como colateral.

Nosso objetivo não é trazer respostas a dúvidas insolúveis, que só a experiência dos conflitos e das soluções advindas da jurisprudência vão poder resolver, mas apontar questões controvertidas que demandarão melhor atenção por parte dos operadores de direito, especialmente aqueles mais envolvidos com a atividade agrária do que com o mundo das finanças que passou a predominar nas discussões do "Direito do

Agronegócio"[180]. Nesse intento, o presente artigo se desenvolverá em 3 (três) partes, mais uma parte final, à guisa de conclusão.

Na primeira parte, apresentaremos as Cédulas de Produto Rural ("CPR"), este tradicional título de crédito do agronegócio, que desde 1994 vem servindo de suporte para inúmeras operações essenciais às transações agrárias. Diferentemente do lugar comum das discussões com ênfase financista, nosso enfoque será em relação às CPRs para entrega física de produtos.

Na segunda parte, apresentaremos a importância desses títulos para os contratos agrários, especialmente os contratos de parceria agrícola, cuja regulamentação pelo Estatuto da Terra foi severamente impactada pela reforma do Estatuto da Terra promovida em 2007, pela Lei nº 11.443, de 2007.

Na terceira parte, apresentaremos as principais mudança na regulamentação das CPRs trazidas pela "Lei do Agro", Lei nº 13.986/20 e que certamente terão reflexo na utilização desses títulos em situações contratuais que não sejam simplesmente de financiamento.

Por fim, traçaremos nossas considerações finais, apontando possíveis caminhos de acomodação, quando possível, ou de revisões de ordem normativa e legal que serão futuramente necessárias, para que a "Lei do Agro" não transforme, no afã de atender setores financeiros interessados nessa atividade, um estorvo para a parte do agronegócio efetivamente responsável pela produção agrícola e pecuária: as empresas agrárias, que se dedicam, efetivamente, à criação de animais e ao cultivo de vegetais.

[180] O Direito do Agronegócio passou a ser entendido como uma parte especial do direito comercial, identificada por BURANELLO como um ramo autônomo do direito com vistas a demarcar de forma direta e objetiva a matéria correspondente à disciplina das relações jurídicas respectivas à produção, armazenamento, comercialização e financiamento da agricultura, que não corresponderia ao direito agrário por não possuir denominadores comuns de valores. Segundo esse autor, os diversos instrumentos específicos relacionados às atividades econômicas vinculadas às atividades agropecuárias demandariam a identificação de um regime jurídico coerente com a materialidade econômica do agronegócio diferente do direito civil, comercial e agrário tradicionalmente identificado pela doutrina nacional e estrangeira. BURANELLO, Renato. A autonomia do direito do agronegócio. *Revista de Direito Mercantil, Industrial, Econômico e Financeiro,* São Paulo, v. 46, n. 145, p. 185-93, jan./mar. 2007.

1. Cédula de Produto Rural: o título de crédito para a entrega de produtos rurais

Com a sua peculiar perspicácia, ASCARELLI esclarece que o mérito dos títulos de crédito é satisfazer, de modo singularmente eficaz, a certeza e segurança jurídica de uma obrigação e de um direito correspondente, que permite a circulação desse direito. Essa característica tem a ver com a origem do instituto, de um documento confessório, que evoluiu de um documento probatório para um documento constitutivo da obrigação e, por isso, correspondente a obrigações literais[181].

A literalidade, sem dúvida, é um dos preceitos mais importantes da disciplina dos títulos de crédito e se mostra essencial, nos termos do hoje disposto no Art. 887 do Código Civil, que reconhece este como *"documento necessário ao exercício do direito literal e autônomo nele contido"*, cujos efeitos dependem do preenchimento dos requisitos legais aplicáveis.

De fato, o mais importante dos títulos de crédito são os efeitos literais da obrigação cartular, que permitem a certeza e a circulação, impossibilitando a oponibilidade de exceções pessoais. Na ausência desses requisitos, não são as obrigações prejudicadas, vez que essas se mantêm intactas pela relação fundamental, decorrente do negócio que lhe deu origem, mas os efeitos de certeza, literalidade e autonomia do respectivo título portador da obrigação cartular.

Embora hoje o mundo digital tenha abstraído a importância das cártulas, enquanto meios físicos para a transmissão de obrigações, a noção de obrigação cartular continua essencial à boa compreensão dos títulos de crédito e, assim, das Cédulas de Produto Rural ("CPRs"). Essas, com efeito, são um título representativo da promessa de entrega de produtos rurais.

Ainda que a Lei permita a liquidação financeira da CPR, mediante o pagamento em dinheiro equivalente ao preço dos produtos prometidos à entrega, a CPR sempre será um título representativo de uma promessa de entrega, não de pagamento, que é o objeto da Nota Promissória, essa

[181] Tullio Ascarelli. *Teoria Geral dos Títulos de Crédito*. São Paulo: Saraiva, 1943, p. 48. O autor define os títulos de crédito como um documento constitutivo de uma declaração cartular autônoma, distinta, por isso, das convenções extra cartulares e, mesmo da declaração da qual decorre a relação fundamental; esta declaração cartular é disciplinada exclusivamente pelo teor do título, p. 61.

sim uma promessa de pagamento[182]. Ou seja, a obrigação é de *dar*, não de *pagar*, sendo a liquidação financeira uma forma alternativa de cumprimento da obrigação (uma dação em pagamento às avessas) e deve ser tida como excepcional do ponto de vista jurídico material.

É fundamental reconhecer que, enquanto título de crédito, a CPR serve de instrumento para uma contratação subjacente, no bojo da qual há uma obrigação de entrega de produtos agrícolas, obrigação essa que assume, por meio da emissão da cédula a literalidade e a segurança própria das obrigações cartulares. Essa relativa autonomia da obrigação cartular permite à CPR garantir uma segurança adicional ao vínculo obrigacional que somente o contrato não permitiria. Essa segurança pode estar vinculada à certeza e autonomia da obrigação cartular; às garantias acessórias à obrigação cartular, quando assim o título estabelecer; ou à possibilidade de endosso, com circulação da dívida sem necessidade de cessão do contrato original, ou seja, garantindo a inoponibilidade das exceções pessoais.

Diferentemente que o senso comum muitas vezes percebe[183], as CPRs não se limitam a um instrumento de dívida, relacionado ao financiamento da produção agropecuária. Conforme reconhece Barros, as Cédulas de Produto Rural podem servir como suporte cartular da obrigação de entrega de produtos rurais em diversos contratos, dentre os quais, certamente pode estar os contratos de mútuo ou de venda antecipada da produção, como parece predominar, mas também de muitos outros contratos, ou melhor, de qualquer negócio jurídico que envolva a obrigação de dar coisa incerta (produto rural) ou pagar o valor equivalente[184].

182 Decreto nº 2.044, de 31 de dezembro de 1908. Art. 54. A nota promissória é uma promessa de pagamento e deve conter estes requisitos essenciais, lançados, por extenso no contexto (...).

183 De maneira equivocada, por exemplo, alguns autores caracterizam as CPRs como uma venda antecipada com recebimento no ato e entrega diferida, tal qual fosse um contrato a termo, com a finalidade de permitir ao produtor alavancar recursos no volume e no momento que melhor lhe convier. Nesse sentido, veja-se, Bernardo C. Gonzalez e Pedro V. Marques, *A Cédula de Produto Rural-CPR e seus Ambientes Contratual e Operacional. In: Estudos Econômicos (São Paulo) n. 29*, p. 65-94, janeiro-março 1999.

184 Wellingon Pacheco Barros. *Estudos Avançados sobre a Cédula de Produto Rural – CPR*. Campo Grande: Contemplar, 2013, p. 65. O autor cita, inclusive, jurisprudência no sentido

É nesse sentido que chamamos a atenção que, ao par das operações tradicionais de crédito, em que as CPRs são emitidas em operações estruturadas que, vinculam endividamento do produtor rural, inclusive coligada como a aquisição de insumos e 0a venda antecipada dos produtos, esses títulos também podem ser importantes colaterais de contratos outros contratos da empresa agrária, sem necessariamente envolver financiamento ou endividamento.

De fato, a peculiaridade desses títulos, a obrigação de entrega de produtos rurais, permite que a segurança do título de crédito torne mais segura e operacional um sem número de operações, em que as partes contratam a entrega de produtos rurais, seja em contratos de fornecimento, seja em contratos agroindustriais, seja, inclusive, em contratos agrários de parceria agrícola.

2. Os contratos agrários de parceria agrícola após a reforma de 2007 do Estatuto da Terra e as CPRs

Tradicionalmente, os contratos agrários de parceria agrícola são tidos como negócios parciários, que não são nem contratos de locação, nem contratos de sociedade, mas possuem similaridades com ambos os tipos. Conforme Pontes de Miranda, trata-se de negócios cujo objeto da contraprestação é parte dos lucros que obtenha a outra parte, sem que as partes, no entanto, estejam propriamente vinculadas à atividade, que não faz surgir um patrimônio separado e a exploração fica sob a gerência do parceiro outorgado, que se compromete com a divisão qualitativa dos frutos, sendo este o seu elemento essencial[185].

Essa realidade dos contratos de parceria foi, ao arrepio da doutrina e jurisprudência dominante seriamente alterada pela Lei nº 11.443, de 2007, que alterou de modo substancial o elemento essencial dos contratos de parceria, para estabelecer que o elemento essencial dos contratos de parceria não é a partilha dos frutos, conforme é próprio dos contratos parciários, mas a partilha de riscos inerentes à atividade agrária, os quais podem ser alocados pelas partes de forma conjunta ou isolada, mediante

de deixar claro que não é essencial sequer que haja antecipação do pagamento ao emitente da cédula, o que, corretamente, distancia a cártula de uma necessária operação de crédito.

[185] Pontes de Miranda, *Tratado de Direito Privado*. Rio de Janeiro: Borsoi, 1970, t. XLV, p. 201.

a partilha: a) dos riscos decorrentes do caso fortuito e de força maior do empreendimento rural; b) dos frutos, produtos ou lucros havidos na exploração do empreendimento rural; e ou c) das variações de preço dos frutos obtidos na exploração do empreendimento rural[186].

Embora tenha sido motivo de poucos comentários na doutrina[187], que ainda não reverberam de modo sensível na jurisprudência, a alteração promovida pelo diploma legislativo é de grande importância para a compreensão dos contratos agrários, especialmente, para a qualificação dos contratos de cessão do uso da terra, que, segundo a disciplina legal, devem submeter-se necessariamente aos regimes legais tipificados, quer dos contratos de arrendamento rural, quer dos contratos de parceria rural.

Antes da reforma, os contratos eram diferenciados pela contraprestação líquida e certa em dinheiro, no caso dos contratos de arrendamento, nos quais vedado a contratação do pagamento em dinheiro; e contraprestação ilíquida e incerta nos contratos de parceria, nos quais o proprietário teria direito a uma parte da produção efetivamente colhida pelo parceiro outorgado, limitada a um percentual máximo em função das condições do imóvel cedido em parceria e a atividade exercida.

Agora, esse critério passou a ser insuficiente para diferenciar as duas modalidades contratuais de cessão do uso da terra. Com efeito, a legislação deixou claro que a partilha dos frutos colhidos com a exploração do imóvel, ou seja, o resultado da atividade agrícola é apenas uma das vertentes de risco que podem ser partilhadas nos contratos de parceria rural, não sendo essencial essa partilha aos contratos de parceria rural.

[186] Nesse sentido, Art. 96, § 1º, *in verbis*: § 1º Parceria rural é o contrato agrário pelo qual uma pessoa se obriga a ceder à outra, por tempo determinado ou não, o uso específico de imóvel rural, de parte ou partes dele, incluindo, ou não, benfeitorias, outros bens e/ou facilidades, com o objetivo de nele ser exercida atividade de exploração agrícola, pecuária, agroindustrial, extrativa vegetal ou mista; e/ou lhe entrega animais para cria, recria, invernagem, engorda ou extração de matérias-primas de origem animal, mediante partilha, isolada ou cumulativamente, dos seguintes riscos: I – caso fortuito e de força maior do empreendimento rural; II – dos frutos, produtos ou lucros havidos nas proporções que estipularem, observados os limites percentuais estabelecidos no inciso VI do caput deste artigo; III – variações de preço dos frutos obtidos na exploração do empreendimento rural.

[187] Vide, nesse sentido, a importante dissertação de mestrado de Thiago Soares Gerbasi. Fernando Campos Scaff (orient). *Contratos de parceria rural: qualificação, regime jurídico e questões polêmicas*. São Paulo, 2016.

Ainda que as partes possam contratar a partilha dos frutos, podem não partilhar esse risco essencial da atividade agrária e simplesmente partilhar os riscos decorrentes da força maior e/ou da variação dos preços dos produtos agropecuários relativos aos contratos.

É preciso compreender essa situação de uma forma mais ampla, coerente com a disciplina das empresas agrárias.

O que caracteriza a noção jurídica da empresa é que ela não se limita ao estabelecido no direito positivo, mas reveste a realidade econômica de produção ou circulação de bens e serviços em mercados e para mercados, mediante atividade economicamente organizada e profissionalmente conduzida. A par da atividade específica de cada especialidade da empresa, é a organização e a profissionalidade que permitem a identificação do fenômeno de empresa[188]. Esses requisitos podem ser verificados tanto da regra geral do direito italiano (Art. 2082), que inspira a construção doutrinária a esse respeito, como do ponto de vista do Código Civil Brasileiro (Art. 966).

Foi com base também no *Codice* italiano que a doutrina desenvolveu a noção de empresa agrária, ali tipificada no Art. 2135. A noção de empresa agrária parte da de empresa, enquanto atividade economicamente organizada profissionalmente para produção ou escambo de bens e serviços. Acrescentam-se, em complemento, elementos adicionais ao suporte fático de empresa, identificados com a agrariedade, que propicia uma disciplina própria diferenciada das demais formas de empresas, em função das peculiaridades da atividade agrária, de criação de animais ou cultivo de vegetais, ou seja, da sua associação ao ciclo agrobiológico[189].

A dependência da atividade agrária ao ciclo agrobiológico, fato técnico que diferencia a atividade agrária das demais, enseja uma disciplina especial[190], que está diretamente associada à noção de risco[191]. De fato,

[188] Stajn, Rachel. *Teoria Jurídica da Empresa.* São Paulo: Atlas, 2004, p. 143.

[189] Scaff, Fernando Campos. A empresa e o direito agrário. Revista de Direito Civil, Imobiliário, Agrário e Empresarial, São Paulo, v. 15, n. 57, p. 58-63, jul./set. 1991.

[190] Mattia, Fabio Maria de. Empresa agraria e estabelecimento agrário. *Revista de Direito Civil, Imobiliario, Agrário e Empresarial,* São Paulo, v. 19, n. 72, p. 50, abr./jun. 1995.

[191] Cf. Mariagrazia Alabrese (*Riflessioni sul tema del rischio nel diritto agrario.* Pisa: ETS, 2009, p. 51), devido a natureza desenvolvida, o agricultor assume riscos adicionais ao do empresário, que fazem do agricultor um verdadeiro jogador, que aposta nos preços de sementes, materiais e trabalho e os lança em um campo de terra, confiando nas transformações da

toda empresa está sujeita ao risco normal de qualquer empreendimento, relacionado a uma expectativa de mais valia entre os custos de produção e os preços dos produtos produzidos. No caso da atividade agrária, no entanto, os riscos aos quais o empresário se submete são estes, normais da atividade empresária, mais os riscos inerentes ao ciclo agrobiológico, especiais da atividade agrária. Trata-se do que a doutrina determina como sendo o risco duplo da atividade[192].

Ao reformar o Estatuto da Terra, o legislador parece ter se atentado a essa peculiaridade dos contratos de parceria rural, cujo objetivo é, sem dúvida, garantir o cumprimento da função social da terra[193]. Assim, concedeu maior espaço à autonomia privada, possibilitando a destinação produtiva do imóvel rural não só mediante contratos parciários propriamente ditos ou contratos de aluguel, com arrendamento fixo do imóvel, mas mediante múltiplas possibilidades de contratação e diferentes modalidades de partilha e alocação dos riscos envolvidos na atividade rural.

Dentre as muitas possibilidades que passaram a ser legalmente admitidas, tornou-se absolutamente possível a modalidade de contratação da cessão do imóvel rural em que a contraprestação ao proprietário se dá em quantidade fixa e pré-determinada de produtos, mediante contratos de parceria em que não haja partilha de frutos e que os riscos partilhados sejam tão somente aqueles relativos aos preços dos produtos agrícolas, conjuntamente ou não com os riscos decorrentes do caso fortuito e força maior. Essa modalidade de contratação, que era vedada sob a

natureza para a obtenção de um valor compatível com a dos mercados agrícolas, quanto aos quais estes também não possuem controle.

192 Nos termos mencionados por ALABRESE (*Op. Cit.*, p. 54), o processo biológico que caracteriza a atividade agrícola e a distingue das demais atividades produtivas é, em realidade, associado a um risco próprio do processo biológico, o que permite distinguir um duplo risco a que essas empresas estão submetidas, o risco econômico, próprio das atividades empresarias, e o risco técnico, próprio das atividades agrárias.

193 Nesse sentido, vide o que escrevemos em *Propriedade e emoresa rural: separação das funções a partir dos contratos agrários de arrendamento e de parceria. Revista Forense*. Rio de Janeiro: Malheiros, v. 105, n. 404, p. 169-187, jul/ago. 2009.

forma de arrendamento[194], passou a ser possível sob a forma de parceria rural.

A variação dos preços dos produtos agrícolas, vale dizer, é um risco da atividade agrária tão importante quanto a quantidade de produtos colhidos. Nesse sentido, é de se destacar que, atualmente, os pacotes tecnológicos disponíveis ao produtor, incluindo fertilizantes, defensivos, irrigação, monitoramento, meteorologia, etc., possibilitam um controle mais adequado dos riscos da lavoura pelo empresário rural, que, sendo titular único e integral da produção agropecuária, terá um incentivo maior para investir no aumento de produtividade[195]. De nada adiantará um controle adequado da produtividade, no entanto, caso os bens agrícolas produzidos não possam ser vendidos a um preço remunerador.

Assim, como o produtor rural é, na maior parte dos mercados agropecuários, tomador de preços, o risco associado ao preço dos produtos produzidos é tão relevante quanto a quantidade produzida, sendo oportuna a reforma legislativa, no sentido de permitir ao parceiro outorgado partilhar com o proprietário esse risco, mantendo para si, entretanto a integralidade do *plus* que conseguir obter com ganhos de produtividade.

Além de adequar os contratos agrários à necessidade de empresas agrárias, permitindo a partilha de riscos de preços, sem a partilha dos ganhos adicionais de produtividade decorrentes dos esforços e investimentos do parceiro outorgado, ao admitir contratos de parceria com pagamento ao proprietário rural de quantidades certas de produto rural, a Lei nº 11.443, de 2007 deu ensejo a novas possibilidades de operações estruturadas entre proprietários e parceiros outorgados, mediante a utilização de Cédulas de Produto Rural (CPRs). Nessa nova modalidade de contratos, com efeito, a contraprestação do parceiro outorgado poderá ser objeto de emissão de título de crédito, possibilitando ao credor a

[194] Veja-se nesse sentido, a problemática apresentada por Flavia Trentini. *Contratos agrários: Controvérsias sobre o preço e pagamento no Brasil.* Goiânia, 2016. Disponível em https://revistas.ufg.br/revfd/article/view/38480/20480. Acesso em 02 out. 2018.

[195] De fato, a propriedade dos ganhos marginais da atividade agrícola é um incentivo essencial para o que o produtor possa aplicar os melhores recursos na atividade agrária. Vide, nesse sentido, a análise entre os direitos de propriedade da atividade agrícola e os contratos de arrendamento feita por Douglas W. Allen; Dean Lueck. The Nature of the farm. Londres: MIT Press, 2003.

segurança, a autonomia e as garantias próprias desses títulos, representativos da obrigação de entregar produto rural.

3. As inovações da Lei do Agro e as CPRs

Sob a perspectiva de aprimorar as ferramentas de crédito rural, a Lei nº 13.986, de 7 de abril de 2020 ("Lei do Agro"), promoveu importantes mudanças na Lei nº 8.929, de 22 de agosto de 1994, que disciplina as Cédulas de Produto Rural (CPRs). Dentre essas modificações, destacamos a maior clareza quanto à possibilidade de liquidação financeira da CPR, desde que destacadas essa condição na cédula; a possibilidade de a cédula ser escritural, registrada em instituição financeira, ficando claro que a CPR passou a ser considerada ativo financeiro, para os fins de registro e depósito por entidades autorizadas pelo Banco Central, o qual passou a ter competência para fiscalizar os mencionados títulos.

Essas inovações tiveram por objeto garantir mais celeridade e segurança na circulação das CPRs, que passaram a ser ativo mobiliário passível de registro eletrônico de escrituração, propícios para o dinamismo próprio dos mercados financeiros e compatíveis com a celebração de operações estruturadas de financiamento do agronegócio, mediante endividamento vinculado aos produtos rurais e securitização.

Não obstante continuar conceitualmente como um título de crédito representativo da obrigação de entrega de produto rural, sendo a liquidação financeira uma exceção, a Lei estabeleceu que essa possibilidade depende unicamente que sejam explicitados, em seu corpo, os referenciais necessários à clara identificação do preço ou do índice de preços, da taxa de juros, fixa ou flutuante, da atualização monetária ou da variação cambial a serem utilizados no resgate do título, bem como a instituição responsável por sua apuração ou divulgação, a praça ou o mercado de formação do preço e o nome do índice; que os indicadores de preço de sejam apurados por instituições idôneas e de credibilidade junto às partes contratantes, tenham divulgação periódica, preferencialmente diária, e ampla divulgação ou facilidade de acesso, de forma a estarem facilmente disponíveis para as partes contratantes; e que seja caracterizada por seu nome, seguido da expressão "financeira".

Não há, na Lei, portanto, um requisito substancial para a emissão de CPR financeira. Ou seja, na prática, toda e qualquer operação representada por CPRs passou a ser possível com liquidação em dinheiro, como se representativo de uma dívida de pagamento, apenas vinculado ao preço dos produtos agrícolas referenciados no título. Da forma prevista, a CPR aproximou-se da nota promissória, como título líquido e certo e exigível na data de seu vencimento, representativo de obrigação de pagamento em dinheiro no valor correspondente à multiplicação do preço praticado para o produto, aplicados eventuais índices de preços ou de conversão de moedas apurados segundo os critérios previstos neste artigo, pela quantidade do produto especificado. A partir da Lei do Agro, ainda, passou a ser admissível inclusive a aplicação de cláusula de correção pela variação cambial, observada a regulamentação pelo Conselho Monetário Nacional.

De tudo quanto a Lei do Agro estabeleceu, não restam dúvidas que a orientação foi no sentido de facilitar a utilização das CPRs como instrumento de endividamento do produtor rural. Esqueceu-se o legislador, no entanto, dos demais usos para os quais o título de crédito apresentava função importante, especialmente como colaterais de contratos agrários, de parceria ou mesmo de outra natureza, em o título de crédito se fazia representativo da obrigação propriamente dita de entrega de produtos agrícolas, impedida a liquidação financeira.

Nesses casos, de aplicação própria desses títulos (já que a liquidação financeira deveria ser excepcional), as novidades da Lei do Agro podem causar importantes conflitos, dúvidas e questionamentos, especialmente por que a partir de 1º de janeiro de 2021, as CPRs que forem emitidas, bem como seus aditamentos, para ter validade e eficácia, deverão ser registradas ou depositadas, em até 10 (dez) dias úteis da data de emissão ou aditamento, em entidade autorizada pelo Banco Central do Brasil.

Ou seja, mesmo nos casos em que as CPRs não sejam escriturais nem tenham sido emitidas como instrumento de dívida, para a circulação e securitização de obrigações em dinheiro compromissadas pelos produtores rurais e lastreadas em sua produção, a Lei do Agro impôs a bancarização desses títulos como forma de controle, validade e eficácia jurídica. Esse registro, conforme está na Lei não é facultativo, mas obrigatório, diferentemente de outros registros, em cartório, que passam a ser dispensados, exceto para dar efetividade a garantias que estejam contratadas nas CPRs.

Como resultado, a utilização própria desses títulos se tornou mais cara, burocrática e menos atrativa, sob o argumento de tornar mais fácil, célere e segura a utilização anômala desses títulos, que em tese corresponderiam a uma obrigação de dar coisa incerta e que, por força da Lei do Agro, passaram a ser tratados pela legislação tal como se ativos financeiros, representativos de dívida líquida e certa em dinheiro, fossem.

Conclusões

Embora sejam inegáveis as boas intenções e os resultados da Lei do Agro no sentido de estimular mecanismos céleres, seguros e adequados para o financiamento do agronegócio e, inclusive, do produtor rural, por meio da emissão de CPRs financeiras, dentre outros instrumentos de dívida e garantia de operações de crédito, a nova legislação promoveu séria distorção da disciplina das CPRs.

Com efeito, ao tornar mais segura a emissão de CPRs na modalidade financeira, sem se atentar da importância da emissão de títulos para a organização de contratos das empresas do agronegócio, nem limitar as exigências necessárias ao dinamismo dos ativos financeiros às CPRs escriturais, passando a regulamentação desses títulos, sem qualquer ressalva ao Banco Central, a legislação tornou cara, duvidosa e insegura a emissão de CPRs de liquidação física.

Esses títulos, modernamente, passaram a ser muito importantes para a contratação de contratos agrários de parceria rural. Além disso, no entanto, foram muito disseminados para garantir segurança a compromissos de suprimento de matéria-prima a agroindústrias, como colaterais de contratos de fornecimento de longo prazo, além de outras modalidades contratuais que não necessariamente implicam o adiantamento de recursos, a contratação de uma dívida e o interesse de conversão da obrigação de "dar" coisa certa, numa obrigação de "pagar".

Evidentemente, será utópico pensar que os produtores, os proprietários e as agroindústrias transponham para o sistema financeiro as suas redes de contratos de fornecimento, utilizando-se dos registros eletrônicos previstos pela Lei do Agro. Da mesma forma, parece improvável que o Banco Central do Brasil se atenha a essa peculiaridade das CPRs para disciplinar a emissão de títulos que não correspondam a obrigações com liquidação financeira e que, portanto, não se vinculam às suas atividades-fim.

Desse imbróglio, colocou-se a emissão de CPRs físicas como colaterais de contratos agrários num limbo jurídico que só a experiência poderá resolver. Caso não haja revisão legislativa para excluir da esfera de atuação do Banco Central essas cédulas, certamente passarão a ser objeto mais de conflitos do que de certezas, ferindo a essência do que dos títulos de crédito se espera.

Referências

ALABRESE, Mariagrazia. *Riflessioni sul tema del rischio nel diritto agrario.* Pisa: ETS, 2009.

ALLEN, Douglas W.; Dean Lueck. *The Nature of the farm.* Londres: MIT Press, 2003.

ASCARELLI, Tullio. *Teoria Geral dos Títulos de Crédito.* São Paulo: Saraiva, 1943.

BARROS, Wellingon Pacheco. *Estudos Avançados sobre a Cédula de Produto Rural – CPR.* Campo Grande: Contemplar, 2013.

BUENO, Francisco de Godoy. *Propriedade e empresa rural: separação das funções a partir dos contratos agrários de arrendamento e de parceria. In: Revista Forense, v. 105, n. 404, p. 169-187.* Rio de Janeiro: Malheiros, Jul/Ago.2009.

BURANELLO, Renato. A autonomia do direito do agronegócio. Revista de Direito Mercantil, Industrial, Econômico e Financeiro, São Paulo, v. 46, n. 145, p. 185-93, jan./mar. 2007.

GERBASI, Thiago Soares. *Contratos de parceria rural: qualificação, regime jurídico e questões polêmicas.* Fernando Campos Scaff (orient.). São Paulo, 2016.

GONZALEZ, Bernardo C.; MARQUES, Pedro V. *A Cédula de Produto Rural-CPR e seus Ambientes Contratual e Operacional. In: Estudos Econômicos (São Paulo) n. 29.* P. 65-94 janeiro-março 1999.

MATTIA, Fabio Maria de. Empresa agraria e estabelecimento agrário. Revista de Direito Civil, Imobiliario, Agrario e Empresarial, São Paulo, v. 19, n. 72, p. 50, abr./jun. 1995.

PONTES DE MIRANDA, Francisco C. *Tratado de Direito Privado.* Rio de Janeiro: Borsoi, 1970. T. XLV.

SCAFF, Fernando Campos. A empresa e o direito agrário. Revista de Direito Civil, Imobiliário, Agrário e Empresarial, São Paulo, v. 15, n. 57, p. 58-63, jul./set. 1991.

STAJN, Rachel. Teoria Jurídica da Empresa. São Paulo: Atlas, 2004, p. 143.

TRENTINI, Flavia. *Contratos agrários: Controvérsias sobre o preço e pagamento no Brasil.* Goiânia, 2016. Disponível em https://revistas.ufg.br/revfd/article/view/38480/20480. Acesso em 02 out. 2018.

9.

A CLÁUSULA ARBITRAL NA CÉDULA IMOBILIÁRIA RURAL (CIR) E NA CÉDULA DE PRODUTO RURAL (CPR)

Frederico Buss

1. Agronegócio: conceito e relevância na economia brasileira

O agronegócio pode ser definido como o conjunto organizado de atividades econômicas que envolve a fabricação e fornecimento de insumos, a produção, o processamento e armazenamento até a distribuição para consumo interno e internacional de produtos de origem agrícola ou pecuária, ainda compreendidas as bolsas de mercadorias e futuros e as formas próprias de financiamento, sistematizadas por meio de políticas públicas específicas[196].

O complexo do agronegócio é um setor fundamental e estratégico na nossa economia. Nas últimas décadas, foi o segmento que mais cresceu e se modernizou, alavancando o país entre os principais produtores de alimentos do mundo.

Além de abastecer o mercado interno, o agro brasileiro ocupa a primeira posição mundial na produção de café e suco de laranja; a segunda na produção de açúcar, soja em grãos, carnes bovina e de frango; e a terceira na produção de milho. No comércio internacional, é o maior exportador de açúcar, café, suco de laranja, soja em grãos, carne bovina e de frango[197].

[196] Buranello, Renato. *Sistema Privado de Financiamento do Agronegócio.* São Paulo, Quartier Latin, 2009, p. 30.

[197] https://www.cnabrasil.org.br/cna/panorama-do-agro (publicado em junho/2020).

Esta pujança do agronegócio advém de fatores econômicos, estruturais, tecnológicos, dentre outros, porém, inequivocamente, tem origem no trabalho eficiente e competente dos produtores rurais, responsáveis por recorrentes incrementos de produtividade a cada safra.

2. Política agrícola no Brasil

A política agrícola refere-se ao conjunto de políticas governamentais gerais e específicas para a agricultura e que, muitas vezes, contemplam medidas que impactam os setores industriais e de serviços situados antes e depois do processo produtivo da agricultura, ou seja, os fornecedores e compradores da produção agropecuária e os consumidores. Entre as políticas específicas estão o crédito, o apoio a preços e o seguro rural. No plano geral, pode-se citar medidas relacionadas à segurança alimentar, meio ambiente e sustentabilidade, assistência técnica e estrutura fundiária[198].

Nos termos do artigo 187 da Constituição Federal, "A política agrícola será planejada e executada na forma da lei, com a participação efetiva do setor de produção, envolvendo produtores e trabalhadores rurais, bem como dos setores de comercialização, de armazenamento e de transportes, levando em conta, especialmente: I – os instrumentos creditícios e fiscais; II – os preços compatíveis com os custos de produção e a garantia de comercialização; II – o incentivo à pesquisa e à tecnologia; IV – a assistência técnica e extensão rural; V – o seguro agrícola; VI – o cooperativismo; VII – a eletrificação rural e irrigação; VIII – a habitação para o trabalhador rural.

A Lei nº 8.171/91 fixa os fundamentos, define os objetivos e as competências institucionais, prevê os recursos e estabelece as ações e instrumentos da política agrícola, relativamente às atividades agropecuárias, agroindustriais e de planejamento das atividades pesqueira e florestal.

Dentre os principais pressupostos da política agrícola, destacamos a subordinação da atividade agrícola às normas e princípios de interesse público, de forma que seja cumprida a função social e econômica da propriedade.

[198] WEDEKIN, Ivan. *Política Agrícola no Brasil – O agronegócio na perspectiva global.* São Paulo. WDK Agronegócio, 2019, p. 21.

Portanto, cabe ao Estado a função de planejamento, visando assegurar o incremento da produção e da produtividade agrícolas, a regularidade do abastecimento do mercado interno e externo, e a segurança jurídica aos segmentos participantes da cadeia da atividade agrária.

Atente-se, entretanto, para que o Estado não torne o produtor, um dependente estatal, mas tão somente lhe proporcione condições favoráveis para a garantia da segurança alimentar à toda população, lembrando ainda que o setor agropecuário não se baseia apenas em questões de posse e propriedade, necessitando, por isso, de modernização e ferramentas estruturais com apoio estatal[199].

3. Sistema Nacional de Crédito Rural

O crédito rural, institucionalizado na Lei nº 4.829/65, tem como conceito o suprimento de recursos financeiros por entidades públicas e estabelecimentos de crédito particulares a produtores rurais para aplicação exclusiva nas suas atividades.

Do conceito legal, evidencia-se que crédito rural é a destinação de recursos financeiros, quer sejam eles da União, por intermédio de seus vários órgãos, quer das instituições bancárias particulares concessionárias desse serviço público, com a finalidade específica de desenvolvimento da produção rural. É, em outras palavras, dinheiro oficial, ou particular especialmente vinculado, que o governo destina de forma subsidiada ao produtor rural ou às suas cooperativas. Como o crédito rural é uma forma de intervenção do Estado numa atividade historicamente privada, o comércio de dinheiro, suas regras evidentemente que são estratificadas em leis, que são os comandos estatais[200].

Dentre os objetivos do crédito rural se encontram o estímulo do incremento dos investimentos rurais, inclusive para armazenamento, beneficiamento e industrialização dos produtos agropecuários, o custeio oportuno e adequado da produção e a comercialização de produtos agropecuários, o aumento da produtividade, melhoria do padrão de vida

[199] Mendes, Pedro Puttini. *O Direito Agrário nos 30 Anos da Constituição de 1988*. Londrina. Thoth Editora, 2018, p. 48.

[200] Barros, Wellington Pacheco. *O Contrato e os Títulos de Crédito Rural*. Porto Alegre. Livraria do Advogado, 2000, p. 67.

das populações rurais e adequada conservação do solo e preservação do meio ambiente.

O crédito rural tem característica de direito especial e substrato constitucional (art. 187, I). Não se trata de contrato comum de empréstimo entre a instituição financeira e o financiado. A constitucionalização e especialização do crédito rural, fundadas em princípios de ordem pública, não podem ser desconsideradas ou afastadas pelas instituições financeiras, sejam elas públicas ou privadas.

A legislação que regula o crédito rural tem a finalidade de incentivar e proteger a atividade agropecuária. Diante deste dirigismo estabelecido na legislação, não há uma livre estipulação de vontades entre os contratantes, isto é, as disposições legais não devem ser relativizadas pela instituição ou pelo financiado.

O artigo 4º da Lei nº 4.829/65 dispõe que compete ao Conselho Monetário Nacional disciplinar o crédito rural, estabelecendo normas operativas relacionadas à avaliação, origem e dotação dos recursos, diretrizes e instruções relacionadas com a aplicação e o controle do crédito rural, critérios seletivos e de prioridade para a distribuição do crédito rural, fixação e ampliação dos programas de crédito rural, abrangendo todas as formas de suplementação de recursos, inclusive refinanciamento.

Desse modo, o crédito rural é regulado no Manual de Crédito Rural - MCR, instituído pela Circular Bacen 1.536, de 04/10/1989, que consolida os diversos normativos emanados do Conselho Monetário Nacional.

O MCR, atualizado periodicamente, abrange as regras para a concessão do crédito, finalidades e condições a serem observadas pelos financiadores e financiados, dentre as quais destacamos os itens nº 1 e 2 da Seção nº 6, do Capítulo 2:

> "1 – Deve-se estabelecer o prazo e o cronograma de reembolso em função da capacidade de pagamento do beneficiário, de maneira que os vencimentos coincidam com as épocas normais de obtenção dos rendimentos da atividade assistida. (Res. CMN 4.883 art. 1º)
>
> 2 – Entende-se por carência o período em que o beneficiário fica desobrigado de amortizações, por falta de rendimentos ou pela recomendação técnica de aplica-los no empreendimento. (Res. CMN 4.883 art. 1º)"

O Capítulo 2, Seção 6, Item 4, do Manual de Crédito Rural, dispõe que "Fica a instituição financeira autorizada a prorrogar a dívida, aos mesmos encargos financeiros pactuados no instrumento de crédito, desde que o mutuário comprove a dificuldade temporária para reembolso do crédito em razão de uma ou mais entre as situações abaixo, e que a instituição financeira ateste a necessidade de prorrogação e demonstre a capacidade de pagamento do mutuário: (Res. CMN 4.883 art. 1º; Res. CMN 4.905 art. 1º):

a) dificuldade de comercialização dos produtos; (Res. CMN 4.883 art. 1º)
b) frustração de safras, por fatores adversos; (Res. CMN 4.883 art. 1º)
c) eventuais ocorrências prejudiciais ao desenvolvimento das explorações. (Res. CMN 4.883 art. 1º)".

Portanto, nos termos do Manual de Crédito Rural, o produtor rural que firmou uma Cédula Rural Pignoratícia ou Hipotecária de custeio agrícola, por exemplo, e foi atingido por intempérie climática prejudicial à produtividade da lavoura, tem o direito de ter a sua dívida prorrogada pelo menos até a próxima safra, na qual novamente terá a perspectiva de renda para o adimplemento. A prorrogação, nestas situações, deverá observar o ciclo da lavoura e a capacidade de pagamento do produtor rural.

Para exercer o seu direito nestas situações, o produtor deve comprovar as perdas ocorridas na lavoura, por força da intempérie climática, através de laudo técnico elaborado pelo engenheiro agrônomo responsável, decreto de situação de emergência do município, dentre outros documentos, e protocolar requerimento de prorrogação junto à instituição financeira instruído com os mencionados documentos.

As normas do Manual de Crédito Rural são de observância obrigatória por parte dos bancos públicos ou privados que operam com o crédito rural.

O Superior Tribunal de Justiça (STJ), na Súmula 298, consolidou o entendimento de que "O alongamento de dívida originada de crédito rural não constitui faculdade da instituição financeira, mas, direito do devedor nos termos da lei".

4. A Nova Lei do Agro

A Lei nº 13.986/2020 – "Nova Lei do Agro" –, tem dentre as suas perspectivas: (i) fomentar a concessão de crédito rural por instituições bancárias privadas e fundos de investimentos; (ii) ampliar o rol de opções de financiamentos rurais; (iii) disponibilizar mais recursos e facilitar o acesso por parte dos tomadores do crédito; (iv) fomentar a competição entre os concedentes do crédito para o agronegócio; (v) modernizar o sistema do financiamento privado do agronegócio e as garantias prestadas para estas operações.

Amparada nestas concepções, a Lei trouxe alguns instrumentos que, se utilizados com informação apropriada, podem se constituir em importantes mecanismos aos produtores rurais para fins de financiamento da atividade.

Dentre estas inovações, por assim dizer, podemos citar o Patrimônio Rural em Afetação, o qual permite que o proprietário possa dividir o imóvel em frações menores para utilizar determinada fração como garantia de Cédula de Produto Rural (CPR) ou em operações financeiras contratadas por meio de Cédula Imobiliária Rural (CIR).

Importante destacar que o gravame deverá recair apenas sobre o terreno, as acessões e as benfeitorias, excluídas as lavouras (plantações), os semoventes (animais) e demais bens móveis.

A Lei, porém, veda a constituição de patrimônio rural em afetação sobre: (i) o imóvel já gravado por hipoteca, alienação fiduciária de coisa imóvel ou outro ônus real; (ii) a pequena propriedade rural; (iii) a área de tamanho inferior ao módulo rural ou à fração mínima de parcelamento; (iv) o bem de família.

O imóvel afetado não poderá ser utilizado para garantir ou pagar qualquer outra obrigação assumida pelo proprietário além daquela a qual esteja vinculado; é em regra impenhorável (não será atingido pelos efeitos da falência, insolvência civil ou recuperação judicial, excetuadas as dívidas trabalhistas, fiscais e previdenciárias); e, ainda que de modo parcial, não poderá ser objeto de compra e venda, doação ou parcelamento.

O patrimônio rural em afetação é constituído por solicitação do proprietário por meio de registro no cartório de registro de imóveis, contendo documentos cadastrais, tais como inscrição do imóvel no Cadastro Nacional de Imóveis Rurais (CNIR); inscrição do imóvel no Cadastro

Ambiental Rural (CAR); certidões de regularidade fiscal, trabalhista e previdenciária; e certificação junto ao Sistema de Gestão Fundiária (Sigef) do INCRA, do georreferenciamento do imóvel "afetado"; planta e memorial descritivo.

Sem dúvida, o patrimônio rural em afetação apresenta aspectos positivos para o produtor rural, dentre os quais a possibilidade da instituição de garantia sobre apenas uma fração do imóvel a ser definida pelo proprietário.

Importante alertar, contudo, para a ampla segurança conferida ao credor (concedente de crédito), o qual passa a ter, no caso de inadimplência, autorização imediata e irretratável, sem necessidade de autorização judicial, para se apropriar do imóvel dado em garantia para posterior alienação. Portanto, após instituir o patrimônio em afetação para garantia de uma Cédula Imobiliária Rural (CIR) ou Cédula de Produto Rural (CPR), o produtor, diferentemente do exposto no tópico anterior, nos casos de fatores adversos ou força maior – intempéries climáticas, por exemplo –, não estará automaticamente amparado pelo Manual de Crédito Rural para o fim de requerer a prorrogação ou renegociação do pagamento do financiamento.

Neste passo, a Lei nº 13.986/2020 instituiu a Cédula Imobiliária Rural (CIR), título de crédito que pode ser emitido pelo proprietário rural que houver constituído patrimônio rural em afetação.

A CIR é uma promessa de pagamento em dinheiro, decorrente de operação de crédito, e de entrega, em favor do credor – que pode ser uma instituição financeira ou um fundo de investimentos –, do bem imóvel vinculado ao patrimônio rural em afetação garantidor da operação. A CIR também poderá ser garantida por terceiros, inclusive por instituição financeira ou por seguradora.

No caso de vencimento da CIR e não liquidação do débito pelo produtor, o credor poderá exercer de imediato o direito à transferência, para sua titularidade, do registro da propriedade da área rural que constitui o patrimônio rural em afetação, ou de sua fração, no cartório de registro de imóveis correspondente.

Quando a área rural constitutiva do patrimônio rural em afetação vinculado à CIR estiver contida em imóvel rural de maior área, ou quando apenas parte do patrimônio rural em afetação estiver vinculada à CIR, o oficial de registro de imóveis, de ofício e à custa do beneficiário final, efetuará o desmembramento e estabelecerá a matrícula própria correspondente.

Por sua vez, a Cédula de Produto Rural (CPR), título de crédito representativo de promessa de entrega de produtos rurais instituído pela Lei nº 8.929/94, sofreu modificações na Lei nº 13.986/2020.

A Lei do Agro definiu que os produtos rurais passíveis de emissão da cédula são aqueles obtidos nas atividades: I – agrícola, pecuária, de floresta plantada e de pesca e aquicultura, seus derivados, subprodutos e resíduos de valor econômico, inclusive quando submetidos a beneficiamento ou a primeira industrialização; II – relacionadas à conservação de florestas nativas e dos respectivos biomas e ao manejo de florestas nativas no âmbito do programa de concessão de florestas públicas, ou obtidos em outras atividades florestais que vierem a ser definidas pelo Poder Executivo como ambientalmente sustentáveis. O Poder Executivo poderá regulamentar e relacionar os produtos passíveis de emissão de CPR.

A lei igualmente ampliou o rol de garantias da CPR. A alienação fiduciária de produtos agropecuários e de seus subprodutos poderá recair sobre bens presentes ou futuros, fungíveis ou infungíveis, consumíveis ou não, cuja titularidade pertença ao fiduciante, devedor ou terceiro garantidor.

Dentre outras novidades, a CPR Financeira poderá ser emitida com cláusula de correção pela variação cambial, e não somente índices nacionais de correção monetária, e a taxa de juros poderá ser fixa ou flutuante.

O produtor rural, ao financiar a sua atividade através de uma CIR ou CPR, ofertando em garantia o patrimônio rural em afetação, torna-se, nos estritos termos da lei, exclusivamente responsável pelo risco do empreendimento, mesmo nas hipóteses de eventos climáticos – estiagens, excessos de chuvas, granizo, variação extrema de temperatura fora de época – ou agrobiológicos que não raro impactam a produtividade e, consequentemente, prejudicam a sua capacidade de pagamento.

O patrimônio em afetação, instituído para garantia de uma CIR ou CPR, confere ampla segurança ao credor. Logicamente, diante desta celeridade conferida ao concedente do crédito no momento da execução da garantia, se espera o estímulo ao financiamento, o aumento de recursos disponíveis e a diminuição do custo deste crédito para o produtor rural.

5. cláusula arbitral na cédula imobiliária rural e na cédula de produto rural a CIR e a CPR são títulos de crédito dotados de liquidez, certeza e exigibilidade

De acordo com o art. 1º da lei de arbitragem, é viável a utilização da via arbitral para resolver todos e quaisquer litígios que digam respeito a "direitos patrimoniais disponíveis". Esta definição permite que a arbitragem seja utilizada em qualquer contrato ligado ao agronegócio, vez que todos eles se referem a direitos disponíveis, talvez com a exceção daqueles dois contratos previstos pelo Estatuto da Terra: o arrendamento e a parceria[201].

Como em toda atividade comercial, simples divergências ou grandiosas disputas podem surgir. Qualidade dos produtos questionada, desequilíbrio econômico-financeiro dos contratos rurais, rompimentos antecipados de parcerias antes do prazo de duração da avença, entre outros, constituem causas comuns de disputas entre os atores do meio agronegocial. Como tais disputas são resolvidas? Tradicionalmente, por meio de processo judicial, hoje tão demorado e custoso ao cidadão e às empresas brasileiras. Com o objetivo de dar maior eficácia à resolução dos conflitos surgidos no âmbito do agronegócio, entram em cena os mecanismos alternativos ao processo judicial, como é o caso da arbitragem[202].

Na compreensão do STJ, "Afigura-se absolutamente possível a imediata promoção da ação de execução de contrato que possua cláusula compromissória arbitral perante o Juízo estatal (única Jurisdição, aliás, dotada de coercibilidade, passível de incursionar no patrimônio alheio), não se exigindo, para esse propósito, a existência de prévia sentença arbitral. Afinal, se tal contrato, por si, já possui os atributos de executibilidade exigidos pela lei de regência, de todo despiciendo a prolação de anterior sentença arbitral para lhe conferir executividade. Todavia, o Juízo estatal, no qual se processa a execução do contrato (com cláusula compromissória arbitral), não possui competência para dirimir temas próprios de embargos à execução e de terceiros, atinentes ao título ou às

[201] Timm, Luciano Benetti. Nunes, Caio de Faro. *Arbitragem no Agronegócio*/Marcos Hokumura Reis (coordenador). São Paulo. Editora Verbatim, 2018, p. 16.

[202] Nunes, Thiago Marinho. *Arbitragem no Agronegócio*/Marcos Hokumura Reis (coordenador). São Paulo. Editora Verbatim, 2018, p. 22.

obrigações ali consignadas (existência, constituição ou extinção do crédito) e das matérias que foram eleitas pelas partes para serem solucionadas pela instância arbitral (kompetenz kompetenz)[203].

A questão relativa à inserção da cláusula arbitral nos títulos de crédito foi objeto de profundos debates na doutrina e na jurisprudência. Aliás, perfeitamente legítimo pensar por qual razão seria vantajoso ao credor a inclusão da cláusula arbitral em títulos executivos extrajudiciais cujas características são a liquidez, certeza e exigibilidade.

Ademais, considerando que a prática de atos executivos é privativa do Poder Judiciário, isto é, os árbitros não detêm o poder estatal de coerção, qual o sentido da inserção da cláusula arbitral nestes títulos de crédito?

Passados longos debates doutrinários e jurisprudenciais, o Superior Tribunal de Justiça vem sedimentando o entendimento no sentido de que: "1. A cláusula arbitral, uma vez contratada pelas partes, goza de força vinculante e caráter obrigatório, definindo ao juízo arbitral eleito a competência para dirimir os litígios relativos aos direitos patrimoniais disponíveis, derrogando-se a jurisdição estatal. 2. No processo de execução, a convenção arbitral não exclui a apreciação do magistrado togado, haja vista que os árbitros não são investidos do poder de império estatal à prática de atos executivos, não tendo poder coercitivo direto. 3. Na execução lastreada em contrato com cláusula arbitral, haverá limitação material do seu objeto de apreciação pelo magistrado. O Juízo estatal não terá competência para resolver as controvérsias que digam respeito ao mérito dos embargos, às questões atinentes ao título ou às obrigações ali consignadas (existência, constituição ou extinção do crédito) e às matérias que foram eleitas para serem solucionadas pela instância arbitral (kompetenz e kompetenz), que deverão ser dirimidas pela via arbitral. 4. A exceção de convenção de arbitragem levará a que o juízo estatal, ao apreciar os embargos do devedor, limite-se ao exame de questões formais do título ou atinentes aos atos executivos (v.g., irregularidade da penhora, da avaliação, da alienação), ou ainda as relacionadas a direi-

[203] CC 150.830/PA, Rel. Ministro Marco Aurélio Bellizze, Segunda Seção, julgado em 10/10/2018, DJe 16/10/2018.

tos patrimoniais indisponíveis, devendo, no que sobejar, extinguir a ação sem resolução do mérito"[204].

Partindo deste raciocínio, no caso da CIR e da CPR, títulos de crédito garantidos pelo patrimônio rural em afetação recentemente previsto na Lei do Agro, sob a ótica da instituição concedente do crédito e do financiado, há seguros argumentos que justificam a instituição da cláusula arbitral.

Primeiro, na esteira da jurisprudência dominante, a cláusula arbitral não afasta a propositura da ação de execução de título extrajudicial por parte do credor.

Segundo, na hipótese do ajuizamento de ação ordinária ou embargos à execução, caberá ao juízo arbitral decidir as matérias de mérito arguidas pelo devedor.

Portanto, tendo em vista que os embargos do devedor têm verdadeira natureza de ação de conhecimento, é forçoso concluir que as partes podem livremente pactuar a inclusão da cláusula arbitral nos títulos extrajudiciais, e assim o fazem buscando os seguintes objetivos: (i) excluir do judiciário a competência para julgar as matérias de mérito (fundo) dos embargos do devedor; (ii) poder livremente escolher os árbitros especializados para julgar o caso; (iii) atribuir maior celeridade, eis que se espera um resultado final irrecorrível (sentença arbitral); e (iv) com base em todos os itens anteriores, uma melhor análise jurídica e econômica do litígio e do direito[205].

Desta feita, o juízo arbitral estará legitimado à análise das matérias que poderiam ser objeto de ação ordinária ou embargos à execução no caso da Cédula Imobiliária Rural ou da Cédula de Produto Rural.

Consoante já exposto, estas modalidades de financiamento através da CIR e da CPR diferem das existentes no sistema do crédito rural. O produtor rural, por exemplo, não tem o amparo automático do Manual de Crédito Rural para o fim de requerer a prorrogação do financiamento nos casos de incapacidade de pagamento provocada por fatores adversos, tais como dificuldade de comercialização dos produtos, frustração

[204] REsp 1.465.535/SP, Rel. Ministro Luis Felipe Salomão, Quarta Turma, julgado em 21/06/2016, DJe 22/08/2016.

[205] Reis, Marcos Hokumura. *Arbitragem no Agronegócio*/Marcos Hokumura Reis (coordenador). São Paulo. Editora Verbatim, 2018, p. 156.

de safras por fatores adversos (climáticos ou agrobiológicos) ou outras ocorrências prejudiciais ao desenvolvimento das explorações.

A Lei do Agro atentou à segurança jurídica do financiador com vista ao estímulo à concessão do crédito. Nos estritos termos da Lei, no caso da CIR e da CPR, garantidas pelo patrimônio rural em afetação, a responsabilidade por quaisquer fatores adversos, fortuitos ou de força maior será exclusiva do produtor rural.

Entretanto, considerando os princípios insculpidos no art. 5º, incisos XXXV, LIV e LV da Constituição Federal[206], discussões desta ordem poderão bater às portas dos nossos Tribunais, e, em que pese o entendimento predominante no sentido de que nos contratos ou títulos de crédito não abrangidos pelo Manual de Crédito Rural, "o risco é inerente ao negócio, de forma que eventos como seca, pragas, ou estiagem, dentre outros, não são considerados fatores imprevisíveis ou extraordinários que autorizem a adoção da teoria da imprevisão"[207], e de que "a Teoria da Imprevisão como forma de revisão judicial dos contratos somente será aplicada quando ficar demonstrada a ocorrência, após a vigência do contrato, de evento imprevisível e extraordinário que onere excessivamente uma das partes contratantes, não se inserindo nesse contexto as intempéries climáticas[208]", questões desta natureza costumam tramitar por longos anos até o deslinde final, tornando o processo custoso para ambas as partes.

Diante deste panorama, a adoção de métodos alternativos de resolução de conflitos, dentre os quais a arbitragem, se apresenta como importante ferramenta à disposição das partes, as quais poderão escolher, livremente, as regras de direito que serão aplicadas, desde que não haja violação aos bons costumes e à ordem pública[209]. As partes poderão, também, convencionar que a arbitragem se realize com base nos princí-

[206] XXXV – a lei não excluirá da apreciação do Poder Judiciário lesão ou ameaça a direito;
LIV – ninguém será privado da liberdade ou de seus bens sem o devido processo legal;
LV – aos litigantes, em processo judicial ou administrativo, e aos acusados em geral são assegurados o contraditório e ampla defesa, com os meios e recursos a ela inerentes;

[207] Superior Tribunal de Justiça, AgInt no AREsp 1027435/GO, Rel. Ministro Marco Aurélio Bellizze, Terceira Turma, julgado em 24/08/2020, DJe 01/09/2020.

[208] Superior Tribunal de Justiça, AgRg no AREsp 155.702/MS, Rel. Ministro Raul Araújo, Quarta Turma, julgado em 16/05/2013, DJe 27/06/2013.

[209] Lei nº 9.307/96, art. 2º, §1º.

pios gerais de direito, nos usos e costumes e nas regras internacionais de comércio[210].

Enfim, afora a questão relativa à celeridade na resolução da controvérsia, tendo em vista a limitação da duração do procedimento arbitral, a especialidade do árbitro julgador, aliada à flexibilidade e confidencialidade características da arbitragem, certamente tal instituto se apresenta como importante ferramenta para a adequada solução de conflitos relacionados aos contratos e títulos do agronegócio, dentre os quais a Cédula Imobiliária Rural e a Cédula de Produto Rural.

[210] Lei nº 9.307/96, art. 2º, §2º.

10.
PLANEJAMENTO SUCESSÓRIO E AGRONEGÓCIO: NO QUE A ARBITRAGEM PODE AJUDAR?

Luiz Eduardo Jardim Vilar
Rômulo Greff Mariani

Introdução

A falta de planejamento sucessório facilita a ocorrência de conflitos entre herdeiros com patrimônio e/ou negócio a dividir. Além de romper ou desgastar vínculos familiares, esses conflitos prejudicam a atividade produtiva e podem causar a dilapidação de um patrimônio angariado pelos ascendentes com muito esforço e trabalho – e no campo não há conforto como em um escritório na cidade. Por isso, o planejamento sucessório é um meio de reduzir o risco de conflitos entre herdeiros e de preservar – senão aumentar – o patrimônio familiar.

Embora sua importância não se limite ao agronegócio, nele é acentuada por alguns fatores, como ainda uma pervasiva informalidade no campo (apesar de existirem grandes e sofisticadas empresas rurais, inclusive listadas em bolsa[211]), a necessidade de manter e atrair jovens ao campo, e a complexidade da divisão de propriedades rurais em unidades produtivas menores.

[211] SLC Agrícola S/A, BrasilAgro – Companhia Brasileira de Propriedades Agrícolas e Terra Santa Agro S/A.

Caberá repassar, então, algumas características do testamento, da doação e da partilha em vida, principais institutos jurídicos utilizados no planejamento sucessório.[212]

Como, porém, nem sempre essas ferramentas impedem a ocorrência de conflitos – o que é facilmente constatável na jurisprudência de nossos tribunais –, caberá analisar se a arbitragem, como meio de solução de conflitos, pode ser utilizada no âmbito do planejamento sucessório, para lhe emprestar ainda mais segurança jurídica.

Como – adiante-se –, a resposta é positiva, será preciso analisar sob quais condições um conflito sucessório pode ser resolvido na arbitragem, bem como as principais vantagens desse foro quando o litígio se conecta ao agronegócio.

1. A importância do planejamento sucessório no agronegócio

O falecimento de empresário rural que não tenha planejado sua sucessão em vida pode colocar em risco seu negócio, patrimônio e a harmonia de seus familiares, o que pode ser minimizado com um planejamento sucessório em vida.[213] Embora tema sensível, por tratar de morte, o planejamento sucessório é deveras relevante, sobretudo no agronegócio.

É possível definir o planejamento sucessório como um "conjunto de medidas empreendidas para organizar a sucessão hereditária de bens e direitos previamente ao falecimento de seu titular".[214] Alguns de seus principais objetivos são "evitar conflitos, assegurar que aspirações fundamentais da vida da pessoa sejam executadas após o seu falecimento, garantir a continuidade de empresas e negócios, permitir uma melhor distribuição da herança entre os sucessores [...]."[215]

[212] Embora fale-se muito em constituição de sociedades "holdings" para o planejamento familiar, ao fim e ao cabo, o que será transmitido aos herdeiros são as cotas ou ações da sociedade holding, bens móveis que serão transmitidos aos herdeiros por testamento, doação ou patilha em vida – ainda que se possa cogitar de transmissão por compra e venda.

[213] Que também pode reduzir legitimamente a incidência de tributos, o que não será o foco do presente artigo.

[214] TEPEDINO, Gustavo; NEVARES, Ana Luiza Maia; MEIRELES, Rose Melo Vencelau. *Direito das sucessões*. Rio de Janeiro: Forense, 2020. Edição do Kindle, p. 273.

[215] TEPEDINO, Gustavo; NEVARES, Ana Luiza Maia; MEIRELES, Rose Melo Vencelau. *Direito das sucessões*. Rio de Janeiro: Forense, 2020. Edição do Kindle, p. 273.

O planejamento sucessório é muito pertinente no agronegócio, devido a algumas peculiaridades a ele inerentes.

Apesar dos notórios avanços tecnológicos, ainda há muita informalidade no setor – inclusive no tema da sucessão. Talvez contribua para isso o baixo nível de instrução na média dos produtores brasileiros; conforme o Censo Agropecuário realizado em 2017 pelo IBGE, 73% deles possui no máximo o ensino fundamental.[216]

A idade média dos produtores também é um fator relevante. Aproximadamente 71% dos produtores têm mais de 45 anos, o que, segundo o IBGE demanda "incentivos para a integração de jovens no comando das atividades agropecuárias".[217] O planejamento sucessório em vida parece ser uma ótima forma de inserir os descendentes, mais jovens, na atividade rural, sendo interessante notar uma recente tendência de retorno dos jovens da cidade ao campo, muito impulsionada pela intensificação do uso da tecnologia nas atividades rurais.[218]

Além disso, não são raros os casos de empresários rurais que vivem na cidade, do que decorre que nem sempre seu cônjuge ou seus descendentes se interessa pelo negócio e com ele se familiarizam. Desse, modo, à perpetuação do negócio pode ser importante que o titular do patrimônio rural, se possível, o distribua a seus herdeiros que tiverem mais aptidão para a atividade rural, relegando outros bens aos demais.

Também a natureza do ativo mais essencial à produção, qual seja, a propriedade rural, recomenda um planejamento sucessório. Cada propriedade rural é única; tem características geográficas, agronômicas, geológicas, de cobertura vegetal e hídricas especiais. Embora possa ser melhorada (com investimentos em irrigação, melhoramento de solo, por exemplo), a propriedade deve ser aceita como ela é, buscando-se o melhor aproveitamento produtivo a partir de suas características.

Por exemplo, áreas pedregosas serão mais bem usufruídas com animais de pequeno porte (ovinos, por exemplo); áreas com solos diferentes terão capacidades diferentes, tanto para lavoura como para pecuária;

[216] IBGE, Censo agropecuário: resultados definitivos. Rio de Janeiro: IBGE, 2017, p. 68. Vale ressalvar que nem todo produtor é proprietário das terras (idem, p. 16)

[217] IBGE, Censo agropecuário: resultados definitivos. Rio de Janeiro: IBGE, 2017, p. 68.

[218] Estadão, "Tecnologia atrai jovens de volta para o campo", 08 de maio de 2020. Disponível em <https://summitagro.estadao.com.br/tendencias-e-tecnologia/tecnologia-atrai-jovens-campo/>. Último acesso em 29 nov. 2020.

zonas margeadas por rios podem não ser adequadas à lavoura, dado o risco de enchentes. São muitas as variáveis dentro da porteira. Não há, portanto, uma propriedade na qual toda a sua extensão seja homogênea, o que torna difícil a tarefa de dividi-la de modo equânime entre os herdeiros, para que cada uma das fatias tenha um potencial produtivo e, portanto, valor, semelhantes. Sem contar que, após uma divisão, cada fatia provavelmente deverá contar com novas estruturas físicas (casas, mangueiras para o manejo de gado de corte, galpões para maquinário) e maquinário. Enfim, o processo de fatiar uma unidade produtiva em várias não é fácil, tornando-se fonte de intermináveis conflitos.

Por fim, a tradição. Não são raros os casos em que as propriedades rurais são transmitidas de geração a geração, criando nos membros da família um senso de "enraizamento" àquela propriedade. Nesse sentido, para muitos é incogitável alienar o patrimônio angariado e aumentado por seus ascendentes, com muito esforço e sacrifício. É natural, assim, que uma geração queira que a geração seguinte preserve, senão aumente, o patrimônio construído por seus antecessores.

Dessa forma, é imperativo reconhecer que o planejamento sucessório pode e deve contribuir muito para a harmonia familiar, a perpetuidade e a prosperidade dos negócios rurais. Nesse contexto, o presente artigo analisa como a arbitragem pode contribuir para isso, reforçando a segurança jurídica buscada no planejamento.

2. Principais Institutos para o planejamento sucessório

Alguns dos institutos jurídicos mais comuns para efetivar um planejamento sucessório em vida são o testamento, a doação, e a partilha em vida. Antes de analisar a possibilidade da utilização da arbitragem, é necessário analisar brevemente as principais características de cada um desses institutos.

2.1. O testamento

A liberdade de testar "decorre da garantia constitucional à propriedade privada",[219] prevista no art. 5º, incisos XXII, da Constituição Fede-

[219] TEPEDINO, Gustavo; NEVARES, Ana Luiza Maia; MEIRELES, Rose Melo Vencelau. *Direito das sucessões*. Rio de Janeiro: Forense, 2020. Edição do Kindle, p. 121.

ral.[220] O testamento "*é negócio jurídico que regula a sucessão de uma pessoa para o momento posterior à sua morte*".[221] Ou seja, produz efeitos apenas após a morte do testador. É negócio jurídico unilateral,[222] pois depende apenas da vontade do testador, que deve ser pessoa capaz.[223]

O testador pode dispor da totalidade ou de parte de seus bens para depois de sua morte, consoante o art. 1.857 do Código Civil ("CC"). Tendo herdeiros necessários (descendentes, ascendentes, cônjuge e companheiro(a)[224]), só poderá dispor da metade do patrimônio existente ao tempo do falecimento, nos termos do art. 1.789 do CC.[225] Essa metade é a parte disponível da herança.[226] O que excedê-la deverá ser reduzido, conforme o art. 1.967 do CC,[227] a fim de preservar a integri-

[220] Art. 5º Todos são iguais perante a lei, sem distinção de qualquer natureza, garantindo-se aos brasileiros e aos estrangeiros residentes no País a inviolabilidade do direito à vida, à liberdade, à igualdade, à segurança e à propriedade, nos termos seguintes: [...] XXII – é garantido o direito de propriedade;

[221] Tepedino, Gustavo; Nevares, Ana Luiza Maia; Meireles, Rose Melo Vencelau. *Direito das sucessões*. Rio de Janeiro: Forense, 2020. Edição do Kindle, p. 121.

[222] Tepedino, Gustavo; Nevares, Ana Luiza Maia; Meireles, Rose Melo Vencelau. *Direito das sucessões*. Rio de Janeiro: Forense, 2020. Edição do Kindle, p. 123.

[223] Artigo 1.857 do CC: Toda pessoa capaz pode dispor, por testamento, da totalidade dos seus bens, ou de parte deles, para depois de sua morte.

[224] Art. 1.845. São herdeiros necessários os descendentes, os ascendentes e o cônjuge. Ao dispositivo legal deve-se agregar o companheiro, já que o Supremo Tribunal Federal decidiu que o regime sucessório do companheiro é igual ao do cônjuge: RE 646721, Relator(a): Marco Aurélio, Relator(a) p/ Acórdão: Roberto Barroso, Tribunal Pleno, julgado em 10/05/2017, Acórdão Eletrônico Repercussão Geral – Mérito DJe-204 divulg 08-09-2017 PUBLIC 11-09-2017.

[225] Art. 1.789: Havendo herdeiros necessários, o testador só poderá dispor da metade da herança.

[226] Maximiliano, Carlos, *Direito das Sucessões*, vol. III, 3 ed. São Paulo: Freitas Bastos, 1952, p. 446.

[227] Art. 1.967. As disposições que excederem a parte disponível reduzir-se-ão aos limites dela, de conformidade com o disposto nos parágrafos seguintes.

dade da herança legítima dos herdeiros necessários,[228] consoante o art. 1.846 do CC.[229]

Apesar dessa limitação, o testamento é de grande valia, pois, além de poder ser revogado a qualquer tempo pelo testador,[230] lhe oferece a possibilidade de distribuir seus bens de modo que melhor atendam às suas peculiaridades e a de seus herdeiros,[231] bem como de criar regras para a distribuição dos bens entre eles.[232]

2.2. A doação

A doação, por sua vez, é um contrato unilateral, consensual e gratuito "pelo qual uma das partes se obriga a transferir gratuitamente um bem de sua propriedade para o patrimônio da outra, que se enriquece, na medida em que aquela empobrece."[233] Diferentemente do que ocorre no testamento, os efeitos da doação ocorrem enquanto o doador é vivo, já que é negócio entre vivos. Pressupõe a concordância do donatário, o

[228] "No Direito Brasileiro, a liberdade de testar é limitada quantitativamente pela legítima dos herdeiros necessários. O ordenamento jurídico, assim, conjuga a autonomia privada e a proteção da família a partir da previsão de uma reserva para os parentes mais próximos ao de cujus, fixada em metade dos bens da herança. A legítima, portanto, pertence de pleno direito aos herdeiros necessários e uma vez que as disposições testamentárias ultrapassem a metade disponível do testador, os herdeiros necessários terão a prerrogativa de reduzi-las, de maneira a garantir a intangibilidade de sua reserva." (Tepedino, Gustavo; Nevares, Ana Luiza Maia; Meireles, Rose Melo Vencelau. *Direito das sucessões*. Rio de Janeiro: Forense, 2020. Edição do Kindle, p. 121-122.

[229] Art. 1.846: Pertence aos herdeiros necessários, de pleno direito, a metade dos bens da herança, constituindo a legítima.

[230] Art. 1.858 do CC: O testamento é ato personalíssimo, podendo ser mudado a qualquer tempo.

[231] Nesse sentido, o artigo 2.014 do CC permite a livre indicação dos bens e valores que devem compor os quinhões de cada herdeiro: Pode o testador indicar os bens e valores que devem compor os quinhões hereditários, deliberando ele próprio a partilha, que prevalecerá, salvo se o valor dos bens não corresponder às quotas estabelecidas.

[232] da Silva, David Roberto R. Soares; Estevan, Priscila Lucenti; Vasconcellos, Roberto Prado de; Rodrigues, Tatiana Antunes Valente. *Planejamento patrimonial: Família, sucessão e impostos*. São Paulo: Editora B18, 2018, Edição do Kindle, p. 265.

[233] Gomes, Orlando, *Contratos*, 26 ed. Rio de Janeiro: Forense, 2008, p. 254.

beneficiário, salvo se for pessoa incapaz e a doação for pura, isto é, sem encargos, consoante os artigos 539 e 543 do CC.[234]

A doação feita a herdeiro necessário independe do consentimento dos demais,[235] mas importará em adiantamento da herança legítima que lhe tocará por ocasião da sucessão do doador,[236] salvo se esse determinar que os bens doados saiam de sua parte disponível, dispensando-o de colação.[237]

A legítima será composta pela soma da metade indisponível da herança e de todos os bens doados em vida pelo falecido, deduzindo-se o seu passivo, o que ressai da interpretação do art. 1.847[238] e do pará-

[234] Art. 539 do CC: O doador pode fixar prazo ao donatário, para declarar se aceita ou não a liberalidade. Desde que o donatário, ciente do prazo, não faça, dentro dele, a declaração, entender-se-á que aceitou, se a doação não for sujeita a encargo. Art. 543 do CC: Se o donatário for absolutamente incapaz, dispensa-se a aceitação, desde que se trate de doação pura. Nesse sentido, GOMES, Orlando, *Contratos*, 26 ed. Rio de Janeiro: Forense, 2008, p. 255. No caso de incapaz, há quem defenda que não se trata de desnecessidade de aceitação, mas de aceitação ficta, já que, por ser feita no seu interesse, a doação por ele seria aceita, se capaz fosse (GONÇALVES, Carlos Roberto. *Direito Civil Brasileiro: Contratos e Atos Unilaterais*, vol. 3, 17 ed. São Paulo: Saraiva, 2020, p. 299).

[235] TEPEDINO, Gustavo; KONDER, Carlos Nelson; BANDEIRA, Paula Greco. *Contratos*. Rio de Janeiro: Forense, 2020. Edição do Kindle, p. 197.

[236] Art. 544 do CC: A doação de ascendentes a descendentes, ou de um cônjuge a outro, importa adiantamento do que lhes cabe por herança.

[237] Art. 2.005 do CC. São dispensadas da colação as doações que o doador determinar saiam da parte disponível, contanto que não a excedam, computado o seu valor ao tempo da doação. Parágrafo único. Presume-se imputada na parte disponível a liberalidade feita a descendente que, ao tempo do ato, não seria chamado à sucessão na qualidade de herdeiro necessário.

[238] Art. 1.847. "Calcula-se a legítima sobre o valor dos bens existentes na abertura da sucessão, abatidas as dívidas e as despesas do funeral, adicionando-se, em seguida, o valor dos bens sujeitos a colação." Embora o dispositivo remeta apenas aos bens sujeitos à colação, entende-se que englobam também bens doados com dispensa de colação. Nesse sentido, confira-se: "A legítima não é calculada apenas sobre a herança, ou seja, os bens que a pessoa deixou ao tempo de sua morte, mas também sobre o valor das doações que o sucedido efetuou em vida, sendo abatidas as dívidas do defunto e os custos de seu funeral (CC, art. 1.847) [...] Assim visto, à soma do relictum (que são os bens existentes no patrimônio do autor da sucessão à data da sua morte) são acrescidos os valores dos bens donatum, que são os doados em vida pelo falecido, cuja operação precisa ser procedida para efeitos de colacionamento dos bens antes doados e equalização das legítimas, sendo inclusive informadas as doações que pelo autor da herança foram dispensadas da colação, pois elas preci-

grafo único do art. 2.002 do CC.[239] Já a legítima de cada herdeiro resultará da divisão do valor da legítima pelo número de herdeiros necessários.

Para igualar as legítimas, os bens doados em adiantamento de legítima deverão ser colacionados pelos herdeiros agraciados,[240] o que, na prática, significa que os bens já serão considerados como pagamento da legítima de cada herdeiro.

Há controvérsia sobre se o valor dos bens doados deve ser aferido à data da doação, nos termos do art. 2.004 do CC,[241] ou à data do falecimento, conforme o parágrafo único do art. 639 do Código de Processo Civil ("CPC").[242] Pelo critério de direito intertemporal, já adotado pelo

sam ser agregadas ao cálculo para efeito de apuro das legítimas. (MADALENO, Rolf. *Sucessão Legítima*, 2 ed., rev., atual., e ampl.. Rio de Janeiro: Forense, 2020, p. 337 e 371). No mesmo sentido, "[s]e o legislador tinha a intenção de inserir as colações no dispositivo melhor seria que se tivesse referido às doações (mantendo a fórmula do Código de 16) e as colações como fez agora. Assim – ao menos para resgatar a cientificidade que a matéria exige – poderia ter dito, '... *adicionando-se, em seguida, o montante das doações e o valor dos bens sujeitos à colação*'" (LEITE, Eduardo de Oliveira. *Comentários ao Novo Código Civil*, vol. XXI, arts. 1.784 a 2.027, 4 ed., Coord. Sávio de Figueiredo Teixeira. Rio de Janeiro: Forense, 2004, p. 270).

239 Art. 2.002 do CC: [...] Parágrafo único. Para cálculo da legítima, o valor dos bens conferidos será computado na parte indisponível, sem aumentar a disponível. Para uma clara explicação a respeito, v. Maximiliano, Carlos, *Direito das Sucessões*, vol. III, 3 ed. São Paulo: Freitas Bastos, 1952, p. 446-447.

240 Art. 2.002 do CC: Os descendentes que concorrerem à sucessão do ascendente comum são obrigados, para igualar as legítimas, a conferir o valor das doações que dele em vida receberam, sob pena de sonegação. Art. 2.003 do CC. A colação tem por fim igualar, na proporção estabelecida neste Código, as legítimas dos descendentes e do cônjuge sobrevivente, obrigando também os donatários que, ao tempo do falecimento do doador, já não possuírem os bens doados. Parágrafo único. Se, computados os valores das doações feitas em adiantamento de legítima, não houver no acervo bens suficientes para igualar as legítimas dos descendentes e do cônjuge, os bens assim doados serão conferidos em espécie, ou, quando deles já não disponha o donatário, pelo seu valor ao tempo da liberalidade.

241 Art. 2.004. O valor de colação dos bens doados será aquele, certo ou estimativo, que lhes atribuir o ato de liberalidade.

242 Art. 639 do CPC: [...] Parágrafo único. Os bens a serem conferidos na partilha, assim como as acessões e as benfeitorias que o donatário fez, calcular-se-ão pelo valor que tiverem ao tempo da abertura da sucessão.

Superior Tribunal de Justiça,[243] aplica-se o art. 639 do CPC,[244] lei posterior, no caso de falecimento ocorrido já na sua vigência, já que a sucessão é regulada pela lei em vigor ao tempo de sua abertura, consoante o art. 1.787 do CC/2002.[245] Não obstante, observa-se na jurisprudência decisões que adotam o critério do valor à data da doação.[246]

[243] [...] 4 – É indiscutível a existência de antinomia entre as disposições do CC (arts. 1.792, caput, do CC/1916 e 2.004, caput, do CC/2002), que determinam que a colação se dê pelo valor do bem ao tempo da liberalidade, e as disposições do CPC (arts. 1.014, parágrafo único, do CPC/73 e 639, parágrafo único, do CPC/15), que determinam que a colação se dê pelo valor do bem ao tempo da abertura da sucessão, de modo que, em se tratando de questão que se relaciona, com igual intensidade, com o direito material e com o direito processual, essa contradição normativa somente é resolúvel pelo critério da temporalidade e não pelo critério de especialidade. Precedentes. 5 – Na hipótese, tendo o autor da herança falecido antes da entrada em vigor do CC/2002, aplica-se a regra do art. 1.014, parágrafo único, do CPC/73, devendo a colação se dê pelo valor do bem ao tempo da abertura da sucessão. 6 – Recurso especial conhecido e desprovido (REsp 1698638/RS, Rel. Ministra Nancy Andrighi, Terceira Turma, julgado em 14/05/2019, DJe 16/05/2019).

[244] Nesse sentido, confira-se: TJSP; Agravo de Instrumento 2047408-55.2020.8.26.0000; Relator (a): José Carlos Ferreira Alves; Órgão Julgador: 2ª Câmara de Direito Privado; Foro de Piracicaba – 3ª Vara da Família e das Sucessões – Res. 336/07; Data do Julgamento: 08/08/2020; Data de Registro: 08/08/2020; TJSP; Agravo de Instrumento 2097282-09.2020.8.26.0000; Relator (a): Marcus Vinicius Rios Gonçalves; Órgão Julgador: 6ª Câmara de Direito Privado; Foro Central Cível – 11ª Vara da Família e Sucessões; Data do Julgamento: 04/06/2020; Data de Registro: 04/06/2020); confira-se, ainda, no mesmo sentido: TJRJ, 0030540-02.2018.8.19.0000 – agravo de instrumento, Des(a). Carlos Eduardo Moreira da Silva – Julgamento: 27/11/2018 – vigésima segunda câmara cível. Na doutrina, Tepedino, Gustavo; Nevares, Ana Luiza Maia; Meireles, Rose Melo Vencelau. *Direito das sucessões*. Rio de Janeiro: Forense, 2020. Edição do Kindle, p. 256. Não obstante, se o bem não mais pertencer ao herdeiro, poderá ser computado pelo seu valor à data da doação, atualizado monetariamente. É nesse sentido o enunciado nº 664 aprovado na VIII Jornada de Direito Civil, realizada pelo Centro de Estudos Judiciários do Conselho da Justiça Federal, assim ementado: "*Os arts. 2.003 e 2004 do CC e o art. 639 do CPC devem ser interpretados de modo a garantir a igualdade das legítimas e a coerência do ordenamento. O bem doado, em adiantamento de legítima, será colacionado de acordo com seu valor atual na data da abertura da sucessão, se ainda integrar o patrimônio do donatário. Se o donatário já não possuir o bem doado, este será colacionado pelo valor do tempo de sua alienação, atualizado monetariamente*".

[245] Art. 1.787. Regula a sucessão e a legitimação para suceder a lei vigente ao tempo da abertura daquela.

[246] Por exemplo: TJSP; Apelação Cível 1023060-20.2016.8.26.0003; Relator (a): Angela Lopes; Órgão Julgador: 9ª Câmara de Direito Privado; Foro Regional III – Jabaquara

Para respeitar a legítima dos herdeiros necessários, a doação que exceder a metade disponível do patrimônio do doador, prejudicando a legítima, é considerada nula, conforme o art. 549 do CC.[247] Trata-se de doação inoficiosa. Porém, se feita à herdeiro necessário, a nulidade se limitará à parte que exceder a metade disponível do doador e mais a legítima do herdeiro contemplado, adentrando e prejudicando a legítima dos demais herdeiros necessários.[248]

No contexto do planejamento sucessório, importante atentar que a doação será nula se contemplar todos os bens do doador e privá-lo de meios para a sua subsistência, conforme o art. 548 do CC,[249] motivo pelo qual é comum o doador reservar-se o usufruto de bens doados,[250] sobre parte ou todo o patrimônio, nos termos do art. 1.390 do CC.[251] Como usufrutuário, o doador poderá possuir, usar, administrar e receber os frutos dos bens doados, nos termos do art. 1.394 do CC.[252]

Por fim, é importante ressaltar que a doação transfere definitivamente a propriedade do bem doado, podendo apenas ser revogada em

– 1ª Vara da Família e Sucessões; Data do Julgamento: 28/08/2020; Data de Registro: 28/08/2020.

247 Art. 549. Nula é também a doação quanto à parte que exceder à de que o doador, no momento da liberalidade, poderia dispor em testamento.

248 Tepedino, Gustavo; Nevares, Ana Luiza Maia; Meireles, Rose Melo Vencelau. *Direito das sucessões*. Rio de Janeiro: Forense, 2020. Edição do Kindle, p. 259. Por exemplo: doador tem patrimônio de R$1.000.000,00 e dois herdeiros necessários; logo, R$500.000,00 integram a quota disponível; R$500.000,00, a legítima, sendo metade dessa para cada herdeiro. Se, em vida, doar R$800.000,00 a um herdeiro, dispensando-o de colação, no momento da sucessão ocorrerá o seguinte: dos R$800.000,00, R$500.000,00 serão considerados como provenientes da cota disponível; R$250.000,00, da legítima que tocaria ao herdeiro agraciado, devendo ser levado à colação; e, por fim, R$50.000,00 seriam considerados como doação inoficiosa, nula, por corresponder à parte da legítima do outro herdeiro que, assim, deverá recebê-la.

249 Art. 548 do CC: É nula a doação de todos os bens sem reserva de parte, ou renda suficiente para a subsistência do doador.

250 Peluso, Antonio Cezar (Coord.). *Código civil comentado*: doutrina e jurisprudência. 14. ed. Barueri, SP: Manole, 2020, p. 587.

251 Art. 1.390 do CC. O usufruto pode recair em um ou mais bens, móveis ou imóveis, em um patrimônio inteiro, ou parte deste, abrangendo-lhe, no todo ou em parte, os frutos e utilidades.

252 Art. 1.394 do CC: O usufrutuário tem direito à posse, uso, administração e percepção dos frutos.

limitadas hipóteses, como no caso de ingratidão do donatário e de inexecução de encargo, conforme preceitua o art. 555 do CC.[253] Portanto, é importante que o doador tenha bem amadurecida a decisão de doar seus bens a seus herdeiros necessários.

2.3. A Partilha em vida

Além do testamento e da doação, o titular do patrimônio pode se valer da partilha em vida para planejar sua sucessão, o que poderá ser feito por testamento ou doação. A partilha em vida merece maiores considerações, dada sua natureza peculiar, e para melhor compreendê-la é conveniente antes abordar, brevemente, como ocorre a partilha após a morte, situação mais corriqueira.

Com o falecimento, a herança de uma pessoa se transmite imediatamente aos seus herdeiros legítimos e testamentários,[254] como um todo unitário, uma universalidade[255] sobre a qual seus herdeiros terão cotas ideias, como se dela condôminos fossem. Até então, nenhum deles sabe quais bens ou direitos serão seus.[256]

No inventário do falecido, então, serão arrolados todos os seus bens, direitos e obrigações.[257] Com os ativos, serão pagos as suas dívidas, os legados deixados e o imposto de transmissão *causa mortis*, do que resul-

[253] Art. 555 do CC: A doação pode ser revogada por ingratidão do donatário, ou por inexecução do encargo.

[254] Art. 1.784 do CC: Aberta a sucessão, a herança transmite-se, desde logo, aos herdeiros legítimos e testamentários. Trata-se do princípio da saisine.

[255] Artigo 91 do CC: Constitui universalidade de direito o complexo de relações jurídicas, de uma pessoa, dotadas de valor econômico.

[256] Art. 1.791 do CC. A herança defere-se como um todo unitário, ainda que vários sejam os herdeiros. Pereira, Caio Mário da Silva, *Instituições de Direito Civil*, vol. VI: Direito das Sucessões, 15 ed., rev. e atual. Rio de Janeiro: Forense, 2004, p. 401.

[257] "Inventário, no sentido estrito, é o rol de todos os haveres e responsabilidades patrimoniais de um indivíduo; na acepção ampla e comum no fôro, é o processo sumaríssimo no qual se descrevem e avaliam os bens de pessoa falecida, e partilham entre os sucessores da mesma o que sobra depois de pagos os impostos, as despesas forenses e as dívidas passivas reconhecidas pelos herdeiros" (Maximiliano, Carlos, *Direito das Sucessões*, vol. III, 3 ed. São Paulo: Freitas Bastos, 1952, p. 272).

tará a herança líquida, o monte partível.[258] É esse monte que será objeto da partilha entre os herdeiros.

A partilha é o ponto culminante da liquidação da herança; "discrimina e especifica os quinhões hereditários", extinguindo o condomínio sobre os bens, de modo que eles passam a ser atribuídos singularmente a cada herdeiro, que saberá, então, exatamente quais lhe pertencem.[259]

Até a partilha, portanto, paira sobre os bens um estado de indivisão, tanto que as regras sobre condomínios regularão os direitos inerentes à propriedade e à posse dos bens deixados pelo falecido.[260] Isso, porém, não é desejável pelo sistema.[261] A uma, por dificultar a livre circulação dos bens, pois é ineficaz a venda de bens específicos por algum herdeiro sem prévia autorização judicial,[262] e mesmo a cessão de direitos hereditários deverá respeitar o direito de preferência dos demais herdeiros.[263] A duas, por ser fonte de discórdias entre os herdeiros, pondo em risco a harmonia familiar, sobretudo porque a administração dos bens poderá caber a apenas um dos herdeiros,[264] contrariando os demais, também proprietários.

[258] Pereira, Caio Mário da Silva, *Instituições de Direito Civil,* vol. VI: Direito das Sucessões, 15 ed., rev. e atual. Rio de Janeiro: Forense, 2004, p. 402.

[259] Pereira, Caio Mário da Silva, *Instituições de Direito Civil,* vol. VI: Direito das Sucessões, 15 ed., rev. e atual. Rio de Janeiro: Forense, 2004, p. 402.

[260] Art. 1791, Parágrafo único, do CC: Até a partilha, o direito dos co-herdeiros, quanto à propriedade e posse da herança, será indivisível, e regular-se-á pelas normas relativas ao condomínio.

[261] Maximiliano, Carlos, *Direito das Sucessões,* vol. III, 3 ed. São Paulo: Freitas Bastos, 1952, p. 274; Oliveira, Arthur Vasco Itabaiana de, *Tratado de Direito das Sucessões,* 4 ed., rev. e atual. pelo autor com a colaboração de Aires Itabaiana de Oliveira, vol. III. São Paulo: Max Limonad, 1952, p. 775-776.

[262] Art. 1.793 do CC: O direito à sucessão aberta, bem como o quinhão de que disponha o co-herdeiro, pode ser objeto de cessão por escritura pública. [...] §2º É ineficaz a cessão, pelo co-herdeiro, de seu direito hereditário sobre qualquer bem da herança considerado singularmente. § 3º Ineficaz é a disposição, sem prévia autorização do juiz da sucessão, por qualquer herdeiro, de bem componente do acervo hereditário, pendente a indivisibilidade.

[263] Art. 1.794 do CC: O co-herdeiro não poderá ceder a sua quota hereditária a pessoa estranha à sucessão, se outro co-herdeiro a quiser, tanto por tanto.

[264] Artigo 1.797. Até o compromisso do inventariante, a administração da herança caberá, sucessivamente: I – ao cônjuge ou companheiro, se com o outro convivia ao tempo da abertura da sucessão; II – ao herdeiro que estiver na posse e administração dos bens, e, se houver mais de um nessas condições, ao mais velho; III – ao testamenteiro; IV – a pessoa de

Sucede que esse indesejável estado de indivisão pode durar muito tempo quando o inventário e a partilha forem processados em juízo, o que ocorrerá se houver herdeiro incapaz ou se as partes não concordarem sobre a partilha,[265] o que não raro acontece. Com efeito, no inventário e na partilha judicial muitas discussões poderão atrasar a conclusão da partilha. Herdeiros podem contestar a descrição do patrimônio feita pelo inventariante, alegando que determinados bens não foram arrolados ou que foram sonegados; podem reclamar contra a nomeação do inventariante, ou contestar a qualidade de herdeiro de alguém que foi assim designado.[266] As partes e/ou a Fazenda Pública podem controverter sobre a o valor de avaliação dos bens – o que impacta na partilha e no cálculo do imposto de transmissão –, o que demandará a realização de avaliação.[267] As partes podem controverter sobre a justiça da partilha

confiança do juiz, na falta ou escusa das indicadas nos incisos antecedentes, ou quando tiverem de ser afastadas por motivo grave levado ao conhecimento do juiz.

[265] Art. 610 do CPC. Havendo testamento ou interessado incapaz, proceder-se-á ao inventário judicial. § 1º Se todos forem capazes e concordes, o inventário e a partilha poderão ser feitos por escritura pública, a qual constituirá documento hábil para qualquer ato de registro, bem como para levantamento de importância depositada em instituições financeiras. § 2º O tabelião somente lavrará a escritura pública se todas as partes interessadas estiverem assistidas por advogado ou por defensor público, cuja qualificação e assinatura constarão do ato notarial.

[266] Art. 627 do CPC. Concluídas as citações, abrir-se-á vista às partes, em cartório e pelo prazo comum de 15 (quinze) dias, para que se manifestem sobre as primeiras declarações, incumbindo às partes: I – arguir erros, omissões e sonegação de bens; II – reclamar contra a nomeação de inventariante III – contestar a qualidade de quem foi incluído no título de herdeiro. § 1º Julgando procedente a impugnação referida no inciso I, o juiz mandará retificar as primeiras declarações. § 2º Se acolher o pedido de que trata o inciso II, o juiz nomeará outro inventariante, observada a preferência legal. § 3º Verificando que a disputa sobre a qualidade de herdeiro a que alude o inciso III demanda produção de provas que não a documental, o juiz remeterá a parte às vias ordinárias e sobrestará, até o julgamento da ação, a entrega do quinhão que na partilha couber ao herdeiro admitido.

[267] Art. 630 do CPC: Findo o prazo previsto no art. 627 sem impugnação ou decidida a impugnação que houver sido oposta, o juiz nomeará, se for o caso, perito para avaliar os bens do espólio, se não houver na comarca avaliador judicial. Parágrafo único. Na hipótese prevista no art. 620, § 1º, o juiz nomeará perito para avaliação das quotas sociais ou apuração dos haveres. Art. 633 do CPC. Sendo capazes todas as partes, não se procederá à avaliação se a Fazenda Pública, intimada pessoalmente, concordar de forma expressa com o valor atribuído, nas primeiras declarações, aos bens do espólio.

efetuada. Some-se ainda a já conhecida morosidade do Poder Judiciário brasileiro, e o resultado será um processo de inventário e partilha que se arrastará por anos.

Trazida à realidade do campo, o prolongamento desse estado de indivisão dos bens do falecido causa inegáveis prejuízos à atividade produtiva e, consequentemente, a todos os herdeiros. Investimentos deixarão de ser feitos, porque nenhum dos herdeiros saberá com qual propriedade rural ficará, ou, sendo apenas uma, onde nela será localizado. Some-se a isso a burocratização da administração dos bens, já que alguns atos de administração passam a depender da prévia oitiva de partes interessadas e autorização judicial, como a venda de bens, a celebração de acordos, o pagamento de dívidas do espólio e a realização de despesas necessárias para a conservação e o melhoramento dos bens do espólio, nos termos do art. 619 do CPC.[268]

Para evitar esses inconvenientes, quando o titular do patrimônio tiver "certeza quanto à destinação a ser atribuída a seus bens",[269] poderá fazer uma partilha em vida a seus descendentes, negócio jurídico expressamente previsto no art. 2.018 do CC, ao dispor que "[é] *válida a partilha feita por ascendente, por ato entre vivos ou de última vontade, contanto que não prejudique a legítima dos herdeiros necessários*".

A partilha em vida pode ser feita por testamento ("ato de última vontade") ou por doação ("ato entre vivos").[270] A diferença mais evidente é que, por testamento, produzirá efeitos após a morte; por doação, ainda durante a vida do doador, já que haverá transferência imediata do patrimônio aos sucessores. Em qualquer caso, o titular do patrimônio repar-

[268] Art. 619. Incumbe ainda ao inventariante, ouvidos os interessados e com autorização do juiz: I – alienar bens de qualquer espécie; II – transigir em juízo ou fora dele; III – pagar dívidas do espólio; IV – fazer as despesas necessárias para a conservação e o melhoramento dos bens do espólio.

[269] Tepedino, Gustavo; Nevares, Ana Luiza Maia; Meireles, Rose Melo Vencelau. *Direito das sucessões*. Rio de Janeiro: Forense, 2020. Edição do Kindle, p. 277.

[270] "A partilha em vida pode ser feita por meio de doação, antecipando-se a transmissão da herança aos herdeiros; ou por testamento, com indicação dos bens que irão compor o quinhão de cada herdeiro após a abertura da sucessão" (Peluso, Antonio Cezar (Coord.). *Código civil comentado*: doutrina e jurisprudência. 14. ed. Barueri, SP: Manole, 2020, p. 2384.).

tirá e distribuirá seus bens a seus herdeiros.[271] Ou seja, ele próprio, como uma espécie de árbitro, já faz a partilha.

A partilha em vida pressupõe que o disponente partilhe a integralidade do seu patrimônio,[272] que contemple todos os seus herdeiros necessários,[273] e respeite suas legítimas.[274]

Nada o impede, porém, que atribua quinhões desiguais aos herdeiros; nesse caso, o que exceder à legítima de cada um deverá ser imputado na parte disponível do disponente.[275] Não obstante, para evitar discussões, é recomendável que esse expressamente dispense de colação o herdeiro contemplado com o excesso.[276]

A partilha em vida por testamento está expressamente autorizada no art. 2.014 do CC.[277] Nela o testador indicará os bens e valores que deverão compor os quinhões hereditários de seus herdeiros. Sobre ela incidem as regras sobre testamentos em geral, como a de que pode ser

[271] WALD, Arnold. O Regime Jurídico da Partilha em vida, in *Revista dos Tribunais*, vol. 622/1987, p. 7-15 Ago 1987, Revista dos Tribunais Online, p. 3.

[272] TEPEDINO, Gustavo; NEVARES, Ana Luiza Maia; MEIRELES, Rose Melo Vencelau. *Direito das sucessões*. Rio de Janeiro: Forense, 2020. Edição do Kindle, p. 277.

[273] MAXIMILIANO, Carlos, *Direito das Sucessões*, vol. III, 3 ed. São Paulo: Freitas Bastos, 1952, p. 341; PEREIRA, Caio Mário da Silva, *Instituições de Direito Civil*, vol. VI: Direito das Sucessões, 15 ed., rev. e atual. Rio de Janeiro: Forense, 2004, p. 419.

[274] MAXIMILIANO, Carlos, *Direito das Sucessões*, vol. III, 3 ed. São Paulo: Freitas Bastos, 1952, p. 343; PONTES DE MIRANDA. *Tratado de Direito Privado*, parte especial, Tomo LX., 3 ed. São Paulo: Revista dos Tribunais, 1984, p. 251; LEITE, Eduardo de Oliveira. *Comentários ao Novo Código Civil*, vol. XXI, arts. 1.784 a 2.027, 4 ed., Coord. Sávio de Figueiredo Teixeira. Rio de Janeiro: Forense, 2004, p. 806; TEPEDINO, Gustavo; NEVARES, Ana Luiza Maia; MEIRELES, Rose Melo Vencelau. *Direito das sucessões*. Rio de Janeiro: Forense, 2020. Edição do Kindle, p. 277.

[275] WALD, Arnold. O Regime Jurídico da Partilha em vida, in *Revista dos Tribunais*, vol. 622/1987, p. 7-15 Ago 1987, p. 4; VELOSO, Zeno. *Comentários ao Código Civil*, vol. 21, arts. 1.857 a 2.027. Coord. Antônio Junqueira de Azevedo. São Paulo: Saraiva, 2003, p. 437.

[276] "[E]m termos de planejamento sucessório, parece mais seguro que todos os descendentes participem da partilha em vida, dispensando-se consensualmente a colação nos termos do artigo 2.005 do CC, sendo eventual excesso da legítima imputado na disponível do autor da herança" (TEPEDINO, Gustavo; NEVARES, Ana Luiza Maia; MEIRELES, Rose Melo Vencelau. *Direito das sucessões*. Rio de Janeiro: Forense, 2020. Edição do Kindle, p. 277).

[277] Art. 2.014. Pode o testador indicar os bens e valores que devem compor os quinhões hereditários, deliberando ele próprio a partilha, que prevalecerá, salvo se o valor dos bens não corresponder às quotas estabelecidas.

revogada a qualquer momento pelo titular do patrimônio, de modo que pode ser adaptada a circunstâncias supervenientes, como a modificação do patrimônio ou mesmo de circunstâncias pessoais dos herdeiros.

Já a partilha por doação, ou doação-partilha,[278] demanda maiores considerações.

A primeira delas é que, apesar da vedação a negócios que tenham por objeto a herança de pessoa viva ("pacto sucessório"), prevista no art. 426 do CC,[279] a doação-partilha é considerada uma exceção a essa regra.[280]

Sua natureza jurídica é controvertida. Uns a consideram como doação;[281] outros, como um negócio *sui generis*, uma sucessão antecipada.[282] Prevalece, porém, essa última posição, o que parece correto, dadas as características desse instituto.

Diferentemente de uma mera doação a herdeiros, como a doação-partilha pressupõe a transferência da totalidade do patrimônio do disponente, para a validade do ato ele deve se reservar renda suficiente

[278] Maximiliano, Carlos, *Direito das Sucessões*, vol. III, 3 ed. São Paulo: Freitas Bastos, 1952, p. 340; Pereira, Caio Mário da Silva, *Instituições de Direito Civil*, vol. VI: Direito das Sucessões, 15 ed., rev. e atual. Rio de Janeiro: Forense, 2004, p. 419.

[279] Art. 426. Não pode ser objeto de contrato a herança de pessoa viva.

[280] Maximiliano, Carlos, *Direito das Sucessões*, vol. III, 3 ed. São Paulo: Freitas Bastos, 1952, p. 341; Tepedino, Gustavo; Nevares, Ana Luiza Maia; Meireles, Rose Melo Vencelau. *Direito das sucessões*. Rio de Janeiro: Forense, 2020. Edição do Kindle, p. 278.

[281] Oliveira, Arthur Vasco Itabaiana de, *Tratado de Direito das Sucessões*, 4 ed., rev. e atual. pelo autor com a colaboração de Aires Itabaiana de Oliveira, vol. III. São Paulo: Max Limonad, 1952, p. 900; Diniz, Maria Helena. *Curso de Direito Civil Brasileiro*, 17 ed. São Paulo: Saraiva, 2003, p. 359.

[282] Maximiliano, Carlos, *Direito das Sucessões*, vol. III, 3 ed. São Paulo: Freitas Bastos, 1952, p. 340; Pereira, Caio Mário da Silva, *Instituições de Direito Civil*, vol. VI: Direito das Sucessões, 15 ed., rev. e atual. Rio de Janeiro: Forense, 2004, p. 418; Gomes, Orlando, *Sucessões*, 6 ed. Rio de Janeiro: Forense, 1986, p. 317; citando Caio Mário da Silva Pereira, Wald, Arnold. O Regime Jurídico da Partilha em vida, in *Revista dos Tribunais*, vol. 622/1987, p. 7-15 Ago 1987, Revista dos Tribunais Online, p. 6; Peluso, Antonio Cezar (Coord.). *Código civil comentado*: doutrina e jurisprudência. 14. ed. Barueri, SP: Manole, 2020, p. 2384-2385; Leite, Eduardo de Oliveira. *Comentários ao Novo Código Civil*, vol. XXI, arts. 1.784 a 2.027, 4 ed., Coord. Sávio de Figueiredo Teixeira. Rio de Janeiro: Forense, 2004, p. 803-804; Tepedino, Gustavo; Nevares, Ana Luiza Maia; Meireles, Rose Melo Vencelau. *Direito das sucessões*. Rio de Janeiro: Forense, 2020. Edição do Kindle, p. 262-263.

para sua mantença.[283] É que o art. 548 do CC comina de nulidade a doação de todos os bens sem reserva de parte ou renda suficiente para a subsistência do doador.[284] Por isso, é comum que o doador se reserve o usufruto dos bens doados,[285] sobre parte ou todo o patrimônio, nos termos do art. 1.390 do CC.[286]

Além disso, enquanto a doação pressupõe apenas a aceitação da liberalidade pelo donatário, na doação-partilha a anuência de todos os herdeiros com as doações feitas aos demais é essencial.[287]

283 Tepedino, Gustavo; Nevares, Ana Luiza Maia; Meireles, Rose Melo Vencelau. *Direito das sucessões*. Rio de Janeiro: Forense, 2020. Edição do Kindle, p. 277.

284 Art. 548. É nula a doação de todos os bens sem reserva de parte, ou renda suficiente para a subsistência do doador.

285 Peluso, Antonio Cezar (Coord.). *Código civil comentado*: doutrina e jurisprudência. 14. ed. Barueri, SP: Manole, 2020, p. 2384-2385.

286 Art. 1.390 do CC. O usufruto pode recair em um ou mais bens, móveis ou imóveis, em um patrimônio inteiro, ou parte deste, abrangendo-lhe, no todo ou em parte, os frutos e utilidades. Como usufrutuário, o doador poderá possuir, usar, administrar e receber os frutos dos bens doados, nos termos do Art. 1.394 do CC: O usufrutuário tem direito à posse, uso, administração e percepção dos frutos.

287 Maximiliano, Carlos, *Direito das Sucessões*, vol. III, 3 ed. São Paulo: Freitas Bastos, 1952, p. 342; Wald, Arnold. O Regime Jurídico da Partilha em vida, in *Revista dos Tribunais*, vol. 622/1987, p. 7-15 Ago 1987, Revista dos Tribunais Online, p. 6-7. Na jurisprudência, confira-se: "No caso em análise, conforme assinalou o aresto hostilizado, os atos de liberalidade foram realizados abrangendo todo o patrimônio dos cedentes, com a anuência dos herdeiros, o que configura partilha em vida dos bens [...]" (REsp 1.523.552/PR, Rel. Ministro Marco Aurélio Bellizze, Terceira Turma, julgado em 03/11/2015, DJe 13/11/2015); *"[...] [P]ela jurisprudência do STJ, o negócio jurídico da partilha em vida envolve cumprimento de formalidades, inclusive com aceitação expressa de todos os herdeiros que não se compatibiliza com o dever de colacionar. [...] Tomando os fatos tais como delineados no acórdão recorrido, tenho que a hipótese em comento não é de partilha em vida. Não foi considerado o quinhão de herdeira necessária, não houve expressa aceitação de todos os herdeiros, de modo que não há como considerar os negócios jurídicos ou as liberalidades que envolveram os bens imóveis como partilha em vida, exatamente pela inexistência da formalidade que ela exige. [...] Tenho, portanto, que a liberalidade de transferência das* ***fazendas*** *aos herdeiros havidos do casamento, por escritura pública, não pode ser considerada partilha em vida. Se não foi doação, foi liberalidade do falecido e, assumindo tal natureza, estão os herdeiros sujeitos ao dever de colacionar"* (REsp 730.483/MG, Rel. Ministra Nancy Andrighi, Terceira Turma, julgado em 03/05/2005, DJ 20/06/2005, p. 287). TJSP; Agravo de Instrumento 9016542-14.1998.8.26.0000; Relator (a): Barbosa Pereira; Órgão Julgador: 4ª Câmara de Direito Privado; Foro de Piraju – 1ª V. Cível; Data do Julgamento: N/A; Data de Registro: 19/02/1999.

Para interpretar o negócio, é preciso atentar à intenção do doador, conforme o art. 112 do CC.[288] Assim, ao doar todos os seus bens, distribuindo-os entre seus descendentes, com a presença e anuência de todos eles, parece claro que a intenção do negócio é mais que realizar uma mera doação, é realizar uma verdadeira sucessão antecipada.[289] O que importa é o conteúdo do negócio, não a sua forma.[290]

Da natureza jurídica de sucessão antecipada decorrem consequências práticas relevantes.

A primeira é que, se o doador não adquirir outros bens após a partilha, não haverá inventário, já que nada haverá a ser inventariado ou partilhado.[291] Assim, proposta ação de inventário, deverá ser extinta sem

[288] Art. 112. Nas declarações de vontade se atenderá mais à intenção nelas consubstanciada do que ao sentido literal da linguagem.

[289] WALD, Arnold. O Regime Jurídico da Partilha em vida, in *Revista dos Tribunais*, vol. 622/1987, p. 7-15 Ago 1987, Revista dos Tribunais Online, p. 6-7. A propósito, confira-se o REsp 6.528/RJ, Rel. Ministro NILSON NAVES, TERCEIRA TURMA, julgado em 11/06/1991, DJ 12/08/1991, p. 10553, que manteve o acórdão do Tribunal de Justiça do Estado do Rio de Janeiro, que reconheceu, a partir dos fatos do caso, a existência de uma partilha em vida, não de doação. O acórdão recorrido considerou importante investigar a intenção das partes. Nesse sentido, considerou que todos os herdeiros anuíram em cada uma das cinco escrituras de doação, o que era necessário à validade do ato: "[V]*erifica-se que, em cada uma das cinco escrituras, os outros quatro herdeiros compareceram ao ato, dizendo, expressamente, que nada tinham a opor. Por que essa cautela dos disponentes, só exigível por lei nos contratos de compra e venda (CC artigo 1.132) e troca (CC artigo 1.164, II)? Por que essa providência, insista-se, se nas doações inexiste idêntico preceito legal? A resposta só pode ser uma: os disponentes não quiseram doar, mas sim distribuir, através de partilha em vida, todos os seus bens, obtendo – porque necessário à sua validade – o expresso consentimento dos descendentes.*" No caso, embora a partilha tenha sido feita em cinco escrituras, pesou o fato de terem sido feitas concomitantemente.

[290] "Não é essa partilha em vida nem doação, nem testamento, embora o autor da herança possa utilizar-se dessas formas para exteriorizar a sua vontade, o que de nenhum modo influirá na natureza do ato, que, como é sabido e ressabido, identifica-se pelo seu conteúdo, não pela sua aparência; pelo que é, não pelo nome que a parte lhe atribui" (WALD, Arnold. O Regime Jurídico da Partilha em vida, in *Revista dos Tribunais*, vol. 622/1987, p. 7-15 Ago 1987, Revista dos Tribunais Online, p. 3).

[291] MAXIMILIANO, Carlos, *Direito das Sucessões*, vol. III, 3 ed. São Paulo: Freitas Bastos, 1952, p. 345; PEREIRA, Caio Mário da Silva, *Instituições de Direito Civil*, vol. VI: Direito das Sucessões, 15 ed., rev. e atual. Rio de Janeiro: Forense, 2004, p. 419; PELUSO, Antonio Cezar (Coord.). *Código civil comentado*: doutrina e jurisprudência. 14. ed. Barueri, SP: Manole, 2020, p. 2384, WALD, Arnold. O Regime Jurídico da Partilha em vida, in *Revista dos Tribunais*, vol. 622/1987, p. 7-15 Ago 1987, Revista dos Tribunais Online, p. 5. Na jurispruden-

resolução de mérito, por falta de interesse processual, com base nos artigos 17[292] e 485, VI, do CPC.[293]

A segunda é que não haverá colação de bens transmitidos na partilha em vida, justamente porque não há inventário, onde a colação tem lugar.[294] Como claramente explicado por ARNOLDO WALD, apenas seria

cia, confira-se: "[C]*como já relatado, o de cujus se desfez de todos os bens, partilhando-os aos seus filhos quando ainda em vida, de forma que ele não deixou bens. Não existindo mais bens, não há que se falar na abertura de inventário, exceto em caso de sobrepartilha, que não é o caso dos autos* [...]" (excerto de sentença de extinção de processo de inventário de um produtor rural, que em vida partilhou campos e semoventes a seus filhos; a sentença, mantida pelo STJ, foi colacionada no acórdão do REsp 1.523.552/PR, Rel. Ministro MARCO AURÉLIO BELLIZZE, TERCEIRA TURMA, julgado em 03/11/2015, DJe 13/11/2015); Apelação Cível. Inventário Processo extinto sem resolução de mérito, com fundamento no artigo 267, inciso VI, do CPC Falta de interesse processual configurado Ausência de bens a inventariar Demonstrado que houve partilha em vida dos bens imóveis do falecido Doações realizadas que contaram com a concordância dos herdeiros, inclusive da autora Descabida a pretensão de utilização de inventário para investigação acerca da existência de eventuais bens móveis e valores Alegação de eventual nulidade das doações deve ser deduzida em ação própria [...] Mantida a R. Sentença. Nega-se provimento ao recurso (TJSP; Apelação Cível 0005328-53.2013.8.26.0066; Relator (a): Christine Santini; Órgão Julgador: 1ª Câmara de Direito Privado; Foro de Barretos – 1ª Vara Cível; Data do Julgamento: 30/09/2014; Data de Registro: 02/10/2014). Porém, há na doutrina quem sustente que o inventário é necessário, a exemplo de PONTES DE MIRANDA (*Tratado de Direito Privado*, parte especial, Tomo LX., 3 ed. São Paulo: Revista dos Tribunais, 1984, p. 251). Na jurisprudência, foi localizada decisão, aparentemente isolada, de que o inventário seria necessário: "*Finalmente, cabe esclarecer que a partilha em vida não dispensa a abertura do inventário, porque este decorre de imposição legal. Contudo, nesta hipótese, não se há de falar em colação de bens, por se tratar de doação direta, realizada por escritura pública*" (TJSP; Apelação Cível 0020694-25.2011.8.26.0577; Relator (a): Moreira Viegas; Órgão Julgador: 5ª Câmara de Direito Privado; Foro de São José dos Campos – 8ª. Vara Cível; Data do Julgamento: 05/12/2012; Data de Registro: 06/12/2012). Não parece ser esse, contudo, o posicionamento dominante na doutrina ou na jurisprudência.

[292] Art. 17. Para postular em juízo é necessário ter interesse e legitimidade.

[293] Art. 485. O juiz não resolverá o mérito quando: [...] VI – verificar ausência de legitimidade ou de interesse processual.

[294] Na doutrina, confira-se: WALD, Arnold. O Regime Jurídico da Partilha em vida, in *Revista dos Tribunais*, vol. 622/1987, p. 7-15 Ago 1987, Revista dos Tribunais Online, p. 8-9; TEPEDINO, Gustavo; NEVARES, Ana Luiza Maia; MEIRELES, Rose Melo Vencelau. *Direito das sucessões*. Rio de Janeiro: Forense, 2020. Edição do Kindle, p. 262. Na jurisprudência: AgInt no REsp 1.600.314/RS, Rel. Ministro MARCO AURÉLIO BELLIZZE, TERCEIRA TURMA, julgado em 27/06/2017, DJe 02/08/2017. Nesse caso, o doador partilhou, em vida, imóveis rurais para seus três filhos, em iguais proporções, com expressa concordância de todos.

possível falar em "colação" no momento da realização da doação-partilha, quando o doador deverá considerar o valor dos bens doados anteriormente a algum de seus herdeiros no cálculo da legítima de cada um deles.[295]

A terceira é que o marco temporal para o cálculo da legítima e a apuração do valor dos bens doados deve ser o da formalização da doação--partilha, pois para efeitos sucessórios é como se o falecimento houvesse ocorrido nesse momento.[296] Com base nessa premissa, os artigos 1.847[297] e 2.004 do CC,[298] e 639 do CPC[299] conduzirão à mesma conclusão.

A quarta é que, para a validade do ato como partilha em vida, deverá contemplar todos os herdeiros necessários.[300] Do contrário, será considerada adiantamento de legítima aos herdeiros contemplados, nos termos do art. 544 do CC, obrigando-os a colacionar os bens recebidos, em processo de inventário – necessário nesse caso –, para equiparar as legítimas de todos os herdeiros necessários.[301]

Contudo, uma neta, a inventariante, alegando ter sido prejudicada, pediu a colação dos bens doados, postulando o recebimento da diferença dos quinhões, o que não foi admitido. O tribunal considerou que eventual prejuízo à legítima deveria ter sido suscitado na via própria; não no inventário.

[295] Wald, Arnold. O Regime Jurídico da Partilha em vida, in *Revista dos Tribunais*, vol. 622/1987, p. 7-15 Ago 1987, Revista dos Tribunais Online, p. 8. Igualmente, Maximiliano, Carlos, *Direito das Sucessões*, vol. III, 3 ed. São Paulo: Freitas Bastos, 1952, p. 345.

[296] Wald, Arnold. O Regime Jurídico da Partilha em vida, in *Revista dos Tribunais*, vol. 622/1987, p. 7-15 Ago 1987, Revista dos Tribunais Online, pp. 5 e 9.

[297] Art. 1.847. "Calcula-se a legítima sobre o valor dos bens existentes na abertura da sucessão, abatidas as dívidas e as despesas do funeral, adicionando-se, em seguida, o valor dos bens sujeitos a colação."

[298] Art. 2.004. O valor de colação dos bens doados será aquele, certo ou estimativo, que lhes atribuir o ato de liberalidade.

[299] Art. 639 do CPC: [...] Parágrafo único. Os bens a serem conferidos na partilha, assim como as acessões e as benfeitorias que o donatário fez, calcular-se-ão pelo valor que tiverem ao tempo da abertura da sucessão.

[300] Maximiliano, Carlos, *Direito das Sucessões*, vol. III, 3 ed. São Paulo: Freitas Bastos, 1952, p. 341.

[301] Peluso, Antonio Cezar (Coord.). *Código civil comentado*: doutrina e jurisprudência. 14. ed. Barueri, SP: Manole, 2020, p. 2385-2386; há, no entanto, quem entenda que, omitido algum herdeiro necessário, o ato seria nulo (Pontes de Miranda, *Tratado de Direito Privado*, parte especial, Tomo LX., 3 ed. São Paulo: Revista dos Tribunais, 1984, p. 251; Pereira, Caio Mário da Silva, *Instituições de Direito Civil*, vol. VI: Direito das Sucessões, 15

Além disso, se a doação-partilha desrespeitar a legítima de algum dos herdeiros contemplados, o excesso atribuído a outros deverá ser reduzido, da mesma forma como se reduzem as disposições testamentárias, nos termos do dos artigos 1967 e 1968 do CC.[302]

Vale ressaltar que, por implicar em doação de patrimônio, a validade da patilha pressupõe a ausência de prejuízo a credores do doador ao tempo da liberalidade. Credores prejudicados poderão pleitear a anulação da partilha, com base no art. 158 do CC.[303]

Por fim, quanto à forma do ato, seguirá a estipulada para as doações em geral, ou seja, por instrumento particular ou escritura pública.[304] Nesse caso, quando envolver bens imóveis, o que obviamente será o caso quando o doador for proprietário de terras rurais. Interessante observar

ed., rev. e atual. Rio de Janeiro: Forense, 2004, p. 419; Maximiliano, Carlos, *Direito das Sucessões*, vol. III, 3 ed. São Paulo: Freitas Bastos, 1952, p. 341; Veloso, Zeno. *Comentários ao Código Civil*, vol. 21, arts. 1.857 a 2.027. Coord. Antônio Junqueira de Azevedo. São Paulo: Saraiva, 2003, p. 437). Todavia, parece que, à luz do artigo 170 do Código Civil ("Se, porém, o negócio jurídico nulo contiver os requisitos de outro, subsistirá este quando o fim a que visavam as partes permitir supor que o teriam querido, se houvessem previsto a nulidade"), o negócio ainda assim poderia ser aproveitado como doação. Referido dispositivo traz o instituto da conversão, que atende ao princípio da conservação dos negócios jurídicos (Tepedino, Gustavo; Barboza, Heloisa Helena; Moraes, Maria Celina Bodin de. *Código Civil Interpretado conforme a Constituição da República*, vol. I, Parte Geral e Obrigações (arts. 1º a 420). Rio de Janeiro: Renovar, 2004, p. 317-318), de modo que a nulidade da partilha em vida por omissão de um herdeiro pode converter a partilha em vida em doação, haja vista que (i.) ambos os negócios têm os mesmos requisitos formais – a partilha em vida se materializa por meio de instrumentos de doações – e (ii.) certamente a intenção do doador e a finalidade do ato era a de transferir seu patrimônio para os donatários sucessores, o que coincide em ambos os negócios.

302 Peluso, Antonio Cezar (Coord.). *Código civil comentado*: doutrina e jurisprudência. 14. ed. Barueri, SP: Manole, 2020, p. 2384-2385.

303 Art. 158. Os negócios de transmissão gratuita de bens ou remissão de dívida, se os praticar o devedor já insolvente, ou por eles reduzido à insolvência, ainda quando o ignore, poderão ser anulados pelos credores quirografários, como lesivos dos seus direitos. § 1º Igual direito assiste aos credores cuja garantia se tornar insuficiente. § 2 º Só os credores que já o eram ao tempo daqueles atos podem pleitear a anulação deles. Nesse sentido, confira-se: Pereira, Caio Mário da Silva, *Instituições de Direito Civil*, vol. VI: Direito das Sucessões, 15 ed., rev. e atual. Rio de Janeiro: Forense, 2004, p. 420.

304 Art. 541 do CC. A doação far-se-á por escritura pública ou instrumento particular. Parágrafo único. A doação verbal será válida, se, versando sobre bens móveis e de pequeno valor, se lhe seguir incontinenti a tradição.

que, se as terras pertencerem à pessoa jurídica (uma holding patrimonial, por exemplo), a doação será de cotas ou ações, bens móveis, o que viabilizará a doação por instrumento particular.[305]

Dentre as vantagens da doação-partilha costuma-se apontar as seguintes:

i. Alivia os ascendentes do trabalho de administrar seu patrimônio;[306]

ii. Dispensa os herdeiros de promoverem o inventário e a partilha;

iii. Reduz o risco de litígio entre os herdeiros após a morte do doador,[307] pois tende a eliminar discussões sobre valores e proporções da divisão;

iv. Pode assegurar a permanência do patrimônio na família;[308]

v. Permite um melhor "encaixe" entre os bens partilhados e seus novos proprietários, de modo que os bens tendem a ser mais bem usufruídos e seus titulares tendem a ficar mais satisfeitos com os bens recebidos;[309]

305 Ainda que dependa de outros atos societários (como uma alteração de contrato social) para tornar-se eficaz perante terceiros.

306 MAXIMILIANO, Carlos, *Direito das Sucessões*, vol. III, 3 ed. São Paulo: Freitas Bastos, 1952, p. 340, Carlos, *Direito das Sucessões*, vol. III, 3 ed. São Paulo: Freitas Bastos, 1952, p. 340; OLIVEIRA, Arthur Vasco Itabaiana de, *Tratado de Direito das Sucessões*, 4 ed., rev. e atual. pelo autor com a colaboração de Aires Itabaiana de Oliveira, vol. III. São Paulo: Max Limonad, 1952, p. 898.

307 MAXIMILIANO, Carlos, *Direito das Sucessões*, vol. III, 3 ed. São Paulo: Freitas Bastos, 1952, p. 340; OLIVEIRA, Arthur Vasco Itabaiana de, *Tratado de Direito das Sucessões*, 4 ed., rev. e atual. pelo autor com a colaboração de Aires Itabaiana de Oliveira, vol. III. São Paulo: Max Limonad, 1952, p. 898; PEREIRA, Caio Mário da Silva, *Instituições de Direito Civil*, vol. VI: Direito das Sucessões, 15 ed., rev. e atual. Rio de Janeiro: Forense, 2004, p. 417; DA SILVA, David Roberto R. Soares; ESTEVAN, Priscila Lucenti; VASCONCELLOS, Roberto Prado de; RODRIGUES, Tatiana Antunes Valente. *Planejamento patrimonial: Família, sucessão e impostos*. São Paulo: Editora B18, 2018, Edição do Kindle, p. 242.

308 Nesse sentido, PONTES DE MIRANDA, para quem essa razão, de ordem econômica, é mais importante do que o objetivo de evitar conflitos entre os herdeiros (*Tratado de Direito Privado*, parte especial, Tomo LX., 3 ed. São Paulo: Revista dos Tribunais, 1984, p. 252).

309 Nesse sentido, a partilha em vida por doação "permite ao doador atribuir certos bens a herdeiros específicos, seja por razões sentimentais (um carro antigo a um filho colecionador), seja por razões econômicas (ações com direito a voto na holding familiar ao filho que já administra a empresa com o pai), seja por qualquer outra razão" (DA SILVA, David Roberto R. Soares; ESTEVAN, Priscila Lucenti; VASCONCELLOS, Roberto Prado de; RODRIGUES, Tatiana Antunes Valente. *Planejamento patrimonial: Família, sucessão e impostos*. São Paulo: Editora B18, 2018, Edição do Kindle, p. 242. Confira-se ainda: OLIVEIRA, Arthur

vi. "Impede o retalhamento desvalorizador de propriedades agrícolas";[310] e

vii. Oferece proteção ao patrimônio, pois, como "[m]uitas vezes, o doador ainda se encontra em uma fase economicamente ativa, correndo riscos dos negócios que explora,[311] o patrimônio doado não mais garantirá o adimplemento de suas obrigações constituídas após a partilha;

Dentre as desvantagens é possível citar:

i. Por ser irrevogável e definitiva, como as doações, não permite arrependimento do doador; e

ii. Embora o imposto de transmissão do patrimônio por doação tenda a ser mais baixo do que o imposto de transmissão causa mortis, quando se trata de imóveis rurais, normalmente valiosos, o patrimônio envolvido é alto, o que representa um imposto alto que terá de ser pago pelo doador, não pelo seu espólio, como seria no caso de inventário e partilha após a morte. Assim, o doador será privado de valor expressivo ainda em vida.

As vantagens, como visto, superam as desvantagens. Mas isso não quer dizer que a partilha em vida será sempre a ferramenta mais adequada para um planejamento sucessório. É preciso sempre considerar atentamente todos os interesses, os objetivos e as preocupações, tanto do titular do patrimônio como de seus sucessores, para a escolha de uma ou mais ferramentas do planejamento sucessório. Não obstante, teoricamente, a partilha em vida, sobretudo a doação-partilha, é a ferramenta mais eficaz para um planejamento seguro e que satisfaça os interesses de todos os envolvidos, além de se mostrar deveras eficiente.

Vasco Itabaiana de, *Tratado de Direito das Sucessões*, 4 ed., rev. e atual. pelo autor com a colaboração de Aires Itabaiana de Oliveira, vol. III. São Paulo: Max Limonad, 1952, p. 898.

310 Oliveira, Arthur Vasco Itabaiana de, *Tratado de Direito das Sucessões*, 4 ed., rev. e atual. pelo autor com a colaboração de Aires Itabaiana de Oliveira, vol. III. São Paulo: Max Limonad, 1952, p. 898.

311 da Silva, David Roberto R. Soares; Estevan, Priscila Lucenti; Vasconcellos, Roberto Prado de; Rodrigues, Tatiana Antunes Valente. *Planejamento patrimonial: Família, sucessão e impostos*. São Paulo: Editora B18, 2018, Edição do Kindle, p. 242.

3. Oportunidades para o uso da arbitragem no planejamento sucessório

Embora o planejamento sucessório reduza o risco de litígio entre os herdeiros, não o elimina. E a arbitragem pode ser eleita para a solução de disputas entre seus herdeiros; mas apenas na doação-partilha.

Desavenças entre herdeiros são comuns. Embora possam ser motivadas por questões emocionais oriundas do seu relacionamento familiar, acabam se manifestando em pleitos patrimoniais. Por exemplo: no inventário, os herdeiros podem controverter sobre se determinado bem doado em vida deve ser trazido à colação pelo herdeiro contemplado,[312] o que impacta no cálculo da legítima; sobre o valor que deve ser atribuído a esse bem, se o da data da doação ou o do falecimento;[313] sobre se a liberalidade feita em testamento deve ser reduzida por exceder à parte disponível do testador[314] etc.

Discussões podem ocorrer mesmo na doação-partilha, apesar da necessária participação e concordância de todos os herdeiros na celebração desse negócio. Basta pensar, por exemplo, na valorização ou desvalorização de bens partilhados ocorrida entre a partilha e o falecimento, de modo que, nessa data, os quinhões distribuídos igualmente

[312] TJSP; Embargos de Declaração Cível 2031467-02.2019.8.26.0000; Relator (a): Alexandre Coelho; Órgão Julgador: 8ª Câmara de Direito Privado; Foro Regional II – Santo Amaro – 6ª Vara da Família e Sucessões; Data do Julgamento: 11/03/2020; Data de Registro: 12/03/2020; TJSP; Apelação Cível 1000238-24.2014.8.26.0224; Relator (a): J.B. Paula Lima; Órgão Julgador: 10ª Câmara de Direito Privado; Foro de Guarulhos – 2ª Vara de Família e Sucessões; Data do Julgamento: 10/11/2020; Data de Registro: 10/11/2020.

[313] Confira-se, por exemplo: TJSP; Agravo de Instrumento 2047408-55.2020.8.26.0000; Relator (a): José Carlos Ferreira Alves; Órgão Julgador: 2ª Câmara de Direito Privado; Foro de Piracicaba – 3ª Vara da Família e das Sucessões – Res. 336/07; Data do Julgamento: 08/08/2020; Data de Registro: 08/08/2020.

[314] TJSP; Apelação Cível 1002009-85.2019.8.26.0022; Relator (a): Fernanda Gomes Camacho; Órgão Julgador: 5ª Câmara de Direito Privado; Foro de Amparo – 2ª Vara; Data do Julgamento: 04/11/2020; Data de Registro: 04/11/2020; TJSP; Apelação Cível 0088860-09.2012.8.26.0114; Relator (a): Angela Lopes; Órgão Julgador: 9ª Câmara de Direito Privado; Foro de Campinas – 4ª Vara de Família e Sucessões; Data do Julgamento: 09/09/2020; Data de Registro: 09/09/2020; TJSP; Apelação Cível 0619570-36.2008.8.26.0100; Relator (a): Alexandre Coelho; Órgão Julgador: 8ª Câmara de Direito Privado; Foro Central Cível – 7ª Vara da Família e Sucessões; Data do Julgamento: 19/04/2018; Data de Registro: 19/04/2018.

aos herdeiros tornem-se desiguais. A controvérsia sobre a natureza jurídica tem um papel relevante nesse ponto. Algum herdeiro poderá sustentar que a partilha em vida é mera doação e, com base nisso, pedir a abertura de inventário e a colação dos bens doados em vida; nesse caso poderá pleitear que a legítima e os bens sejam avaliados à data do falecimento, como já referido, reabrindo uma discussão que o doador – agora falecido – certamente queria evitar. Em contraposição, outros herdeiros sustentarão que a doação-partilha é uma sucessão antecipada; logo, não há interesse processual num inventário, não deve haver colação, e a legítima e os bens deverão ser avaliados com base nos valores da data da partilha.

Mesmo que não deva haver inventário se houver doação-partilha, os herdeiros podem discutir eventuais lesões a direitos pelas vias ordinárias. Nesse sentido, eventual alegação de lesão à legítima ou desigualdade de quinhões deverão ser apreciadas em ação de redução, anulação ou nulidade da partilha.[315]

Resta saber se, diante da adoção de algum dos instrumentos de planejamento sucessório analisados, há espaço para que as disputas entre os herdeiros sejam resolvidas por arbitragem e, em caso positivo, quais as vantagens desse meio, especialmente quando a sucessão tiver por objeto bens afetados ao agronegócio.

3.1. Arbitragem e segurança jurídica

O crescimento exponencial da arbitragem no Brasil é uma realidade da qual não se pode duvidar. Sua expansão em nosso país é, em parte, fruto de uma cultura que vê na arbitragem excelente meio de resolução de conflitos, devendo ser considerado pelas partes de maneira prévia ou mesmo após o surgimento do litígio.[316]

[315] Maximiliano, Carlos, *Direito das Sucessões*, vol. III, 3 ed. São Paulo: Freitas Bastos, 1952, p. 345; WALD, Arnold. O Regime Jurídico da Partilha em vida, in *Revista dos Tribunais*, vol. 622/1987, p. 7-15 Ago 1987, Revista dos Tribunais Online, p. 5, 6 e 10. Na jurisprudência: AgInt no REsp 1.600.314/RS, Rel. Ministro Marco Aurélio Bellizze, Terceira Turma, julgado em 27/06/2017, DJe 02/08/2017; REsp 1.523.552/PR, Rel. Ministro Marco Aurélio Bellizze, Terceira Turma, julgado em 03/11/2015, DJe 13/11/2015.

[316] Como já observado, outras causas, a exemplo do aumento do número de litígios e a demora na resolução dos conflitos pela justiça estatal, a par de não serem ignoradas, também vêm acompanhadas de fatores culturais. Chase, Oscar G. *Law, culture and ritual*: dis-

A arbitragem possui natureza essencialmente resolutória de conflitos. Em que pese seja parte daquilo que se convencionou chamar "métodos alternativos de resolução de conflitos", nesse mister em muito se aproxima do processo civil clássico, propondo-se a enfrentar todos os dilemas, emoções, anseios etc. que a resolução de um conflito enseja. Não obstante, é um procedimento privado, no qual a disputa será julgada por árbitros eleitos pelas partes.[317]

A Lei nº 9.307 (LArb) trouxe luz à matéria, dispondo de maneira clara e correta sobre a sua utilização em território brasileiro,[318] e teve a sua constitucionalidade integralmente declarada pelo STF, em emblemático julgado que serviu de gatilho para que a arbitragem se desenvolvesse no Brasil.[319]

Uma vez levado à arbitragem, o litígio terá exatamente o mesmo reconhecimento que teria junto ao Poder Judiciário, ressalvadas as causas de nulidade específicas (art. 32 da LArb). Colabora para isso o fato de que atualmente não mais se nega a natureza jurisdicional, e não contratual, do provimento arbitral, principalmente após a LArb (art. 31[320]), devendo à sentença arbitral reconhecer-se a mesma força que uma decisão proferida por juiz togado.[321]

Tudo isso colabora para uma recepção cada vez maior da arbitragem no Brasil, com reflexos, por exemplo, numa jurisprudência estatal que,

puting systems in cross-cultural context. New York: New York University Press, 2005. p. 104-105.

[317] CAHALI, Francisco José. *Curso de arbitragem.* 7 ed. rev. ampl. e atual. São Paulo: Revista dos Tribunais, 2018, p. 47.

[318] Tratando em maior detalhe as discussões que precederam o novo marco legal, ver CARMONA, Carlos Alberto. A arbitragem no Brasil: em busca de uma nova lei. *Revista de Processo.* n. 72. out./dez. 1993. p. 53-74.

[319] Homologação de sentença estrangeira (SE) n. 5.206. Data do julgamento: 12 dez. 2001. Data publicação: 30 abr. 2004.

[320] Art. 31. A sentença arbitral produz, entre as partes e seus sucessores, os mesmos efeitos da sentença proferida pelos órgãos do Poder Judiciário e, sendo condenatória, constitui título executivo.

[321] NERY JUNIOR, Nelson. *CPC Comentado.* 3.ed. São Paulo: Revista dos Tribunais, 1997. p. 1300. Nada obstante a divergência existente, essa já era a opinião de parte considerável de nossa doutrina antes mesmo da nova lei, como se percebe, por exemplo, em CARMONA, Carlos Alberto. Arbitragem e jurisdição. *Revista de Processo.* n. 58. abr./jun. 1990. p. 33-40.

ao se deparar com temas outrora polêmicos, cada vez mais afirma a força do instituto em nosso país.

3.2. Pressuposto fundamental: manifestação da vontade e consentimento

É pressuposto fundamental da arbitragem a existência de manifestação de vontade e consentimento das partes acerca da eleição desse meio de solução de disputas.

Nesse sentido, o art. 3º da Lei de arbitragem dispõe que "As partes interessadas podem submeter a solução de seus litígios ao juízo arbitral mediante convenção de arbitragem, assim entendida a cláusula compromissória e o compromisso arbitral." As partes de uma disputa, portanto, podem manifestar sua vontade em dirimi-la por arbitragem em uma cláusula arbitral prevista em um contrato, ou em um compromisso arbitral.

O compromisso arbitral, nos termos do art. 9º da LArb,[322] é uma "convenção através da qual as partes submetem um litígio à arbitragem de uma ou mais pessoas", pressupondo, dado o texto legal, a prévia existência de um litígio entre elas.

Não há dúvida que, presentes alguns pressupostos que serão analisados a seguir, herdeiros em disputa poderão firmar um compromisso arbitral para resolver suas desavenças por arbitragem, inclusive por termo nos autos de processo de inventário no qual a disputa venha à tona, consoante o art. 9º, I, da LArb.[323] Se todos concordam com a eleição de arbitragem, sua vontade deve ser respeitada. Embora seja difícil obter esse consenso em um cenário já litigioso, se ele ocorrer, a arbitragem poderá ser instituída sem maiores percalços.[324]

322 Art. 9º O compromisso arbitral é a convenção através da qual as partes submetem um litígio à arbitragem de uma ou mais pessoas, podendo ser judicial ou extrajudicial.

323 § 1º O compromisso arbitral judicial celebrar-se-á por termo nos autos, perante o juízo ou tribunal, onde tem curso a demanda.

324 "Sendo os herdeiros maiores e capazes, permite-se a partilha amigável, em processo judicial ou por escritura pública, como antes referido. Neste contexto, tratando-se de direito patrimonial disponível, os herdeiros, se em conflito a respeito da partilha, podem encomendar a divisão litigiosa ao juízo arbitral. A origem da arbitragem será necessariamente por compromisso arbitral, a ser firmado por todos os herdeiros." (CAHALI, Francisco José. *Curso de arbitragem*. 7 ed. rev. ampl. e atual. São Paulo: Revista dos Tribunais, 2018,

Vale pontuar que, havendo testamento, será indispensável seu prévio registro pelas vias judiciais, para que o juiz e o Ministério Público, cuja intervenção é obrigatória nesse caso, possam verificar a "vontade do testador (direito indisponível aos herdeiros)" e analisar a "licitude e regularidade das disposições testamentárias".[325]

Já a cláusula arbitral é inserida em um contrato antes mesmo da ocorrência de uma disputa, nos termos do art. 4º da LArb.[326] Como as demais cláusulas contratuais, obriga as partes; no caso, a se sujeitarem à jurisdição arbitral. Tanto que, havendo resistência de uma parte, a interessada poderá pleitear a instituição de arbitragem em juízo, com fundamento no art. 7º da LArb.[327] É muito mais comum, portanto, que os casos processados no juízo arbitral decorram da existência de uma cláusula arbitral; e não de um compromisso arbitral.

Assim, cabe analisar se a inserção de cláusula arbitral em instrumento de testamento, doação ou partilha em vida obrigaria os herdeiros contemplados nesses instrumentos a resolverem seus conflitos pertinentes à sucessão no juízo arbitral.

O testamento é negócio jurídico unilateral, sem natureza contratual. Ele depende apenas da vontade do testador, sem que do ato participem os herdeiros. Dadas essas características, dois óbices podem ser suscitados para que a cláusula obrigue os sucessores. Primeiro, o fato de que o art. 4º da LArb permite a cláusula arbitral inserta em "contrato",

p. 460). No mesmo sentido, CARMONA, Carlos Alberto. *Arbitragem e processo*: um comentário à Lei nº 9.307/96. 3.ed. São Paulo: Atlas, 2009, p. 109-110.

325 CAHALI, Francisco José. *Curso de arbitragem*. 7 ed. rev. ampl. e atual. São Paulo: Revista dos Tribunais, 2018, p. 461. Embora o artigo 610 do CPC preveja que, havendo testamento, o inventário será judicial, o Superior Tribunal de Justiça pacificou o entendimento de que, concordes e plenamente capazes os herdeiros, o inventário pode ser feito extrajudicialmente, por escritura pública, desde que o testamento tenha sido previamente registrado judicialmente ou haja a expressa autorização do juízo competente (REsp 1808767/RJ, Rel. Ministro LUIS FELIPE SALOMÃO, QUARTA TURMA, julgado em 15/10/2019, DJe 03/12/2019).

326 Art. 4º A cláusula compromissória é a convenção através da qual as partes em um contrato comprometem-se a submeter à arbitragem os litígios que possam vir a surgir, relativamente a tal contrato.

327 Art. 7º Existindo cláusula compromissória e havendo resistência quanto à instituição da arbitragem, poderá a parte interessada requerer a citação da outra parte para comparecer em juízo a fim de lavrar-se o compromisso, designando o juiz audiência especial para tal fim.

enquanto testamento não é contrato. Não obstante, com razão CARMONA quando afirma que esse é um fraco argumento, pois o termo "contrato" deve ser interpretado extensivamente, para contemplar relações jurídicas determinadas, mesmo que extracontratuais.[328] Segundo, como os sucessores são terceiros ao testamento não concordaram com a cláusula arbitral nele inserida. Assim, sujeitá-los a ela seria inconstitucional, por violar o direito de acesso à justiça previsto no art. 5º, XXXV, da Constituição Federal.[329] Portanto, não há como vislumbrar a manifes-

[328] Carmona, Carlos Alberto. *Arbitragem e processo*: um comentário à Lei nº 9.307/96. 3. ed. São Paulo: Atlas, 2009, p. 104-105 e 109. A propósito o Superior Tribunal de Justiça já chancelou cláusula arbitral existente em convenção de condomínio, que não tem natureza contratual, mas institucional normativa: "[...] 2. A matéria discutida no âmbito da Convenção de condomínio é eminentemente institucional normativa, não tendo natureza jurídica contratual, motivo pelo qual vincula eventuais adquirentes. Diz respeito aos interesses dos condôminos e, como tal, não se trata de um contrato e não está submetida às regras do contrato de adesão. Daí a desnecessidade de assinatura ou visto específico do condômino. 3. Diante da força coercitiva da Convenção Condominial com cláusula arbitral, qualquer condômino que ingressar no agrupamento condominial está obrigado a obedecer às normas ali constantes. Por consequência, os eventuais conflitos condominiais devem ser resolvidos por arbitragem. 4. Havendo cláusula compromissória entabulada entre as partes elegendo o Juízo Arbitral para dirimir qualquer litígio envolvendo o condomínio, é inviável o prosseguimento do processo sob a jurisdição estatal. 5. Recurso especial não provido" (REsp 1733370/GO, Rel. Ministro Ricardo Villas Bôas Cueva, Rel. p/ Acórdão Ministro Moura Ribeiro, Terceira Turma, julgado em 26/06/2018, DJe 31/08/2018).

[329] Carmona, Carlos Alberto. *Arbitragem e processo*: um comentário à Lei nº 9.307/96. 3.ed. São Paulo: Atlas, 2009, p. 109. No mesmo sentido: Instituição de Juízo Arbitral. Impossibilidade. Ausência de Convenção. (a) Arbitragem. Forma de solução de conflitos que pressupõe convenção das partes, não podendo ser imposta por terceiro (artigo 5º, inciso XXXV, da CF e artigo 3º da Lei nº 9.307/1996). É nula a cláusula do testamento que obriga os sucessores a se valerem de juízo arbitral. No acordo de partilha, não se nota que era da vontade das partes estatuir uma cláusula compromissória (artigo 4º, caput e § 1º). (b) Multa aplicada pelo juízo a quo. Mantida. Caráter protelatório dos segundos embargos de declaração opostos pelos ora apelantes contra a sentença, na vã tentativa de alterar o resultado do julgamento. Recurso não provido. (TJSP; Apelação Cível 9281671-30.2008.8.26.0000; Relator (a): Roberto Maia; Órgão Julgador: 10ª Câmara de Direito Privado; Foro Central Cível – 3ª Vara Cível; Data do Julgamento: 11/03/2014; Data de Registro: 13/03/2014). Cahali, porém, sustenta a possibilidade da arbitragem testamentária no Brasil, desde que relativa à parcela disponível do patrimônio do testador. O argumento é que, ao aceitar a herança, o herdeiro testamentário, ainda que também necessário, aceita-a integralmente, inclusive com a cláusula arbitral, que seria uma espécie de encargo ao herdeiro ou legatário, de modo

tação de vontade dos herdeiros, ou o seu consentimento, com a cláusula arbitral no testamento, de modo que, sem a concordância de todos com a arbitragem, essa não poderá ser instituída.

Já a doação é contrato, não há dúvida. Além da presença do doador, como visto, pressupõe, de regra, a concordância do donatário. Contudo, os herdeiros não contemplados na doação também serão considerados terceiros a ela e, consequentemente, à cláusula arbitral nela inserida. Portanto, como os outros herdeiros são terceiros em relação ao ato, não ficam sujeitos à cláusula arbitral nela eventualmente inserta, com a qual não anuíram. Sua eficácia ficará limitada a eventuais discussões entre o doador e o donatário, a menos, obviamente, que os demais herdeiros desejem voluntariamente se sujeitar à jurisdição arbitral.

Diferente é o caso da doação-partilha. Embora se trate de negócio *sui generis*, com natureza jurídica de sucessão antecipada, não há dúvida de que, por ser realizado por meio de doação, deve ser equiparada a um contrato.[330] Na prática é um contrato que objetiva efetivar e disciplinar uma sucessão. Ainda que não tivesse natureza contratual, a cláusula arbitral nele inserida seria válida, dada a interpretação extensiva do art. 4º da LArb, a que se aludiu acima. O importante é que na doação-partilha todos os herdeiros necessários dela devem participar, anuindo expressamente com as disposições sobre a partilha e, consequentemente, com a cláusula arbitral nela inserida pelo disponente.

Portanto, partindo-se do pressuposto de que a concordância com a eleição da arbitragem é essencial, conclui-se que apenas na doação-partilha o titular do patrimônio poderá acordar com seus herdeiros a arbitragem para resolver eventuais litígios que surgirem.

3.3. Arbitrabilidade

Determina o art. 1º da LArb que "As pessoas capazes de contratar poderão valer-se da arbitragem para dirimir litígios relativos a direitos patrimoniais disponíveis." À luz do texto legal, são de duas ordens os requi-

que "[a] manifestação de vontade pela solução arbitral [seria] indireta" (Cahali, Francisco José. Ensaio sobre arbitragem testamentária no Brasil com paradigma no direito espanhol. *Revista de Mediação e Arbitragem*. n. 17. ano V. abr.-jun. 2008, p. 54, p. 6-7).

[330] Pontes de Miranda, *Tratado de Direito Privado*, parte especial, Tomo LX., 3 ed. São Paulo: Revista dos Tribunais, 1984, p. 252.

sitos de arbitrabilidade: (i.) subjetiva, haja vista que apenas pessoas capazes de contratar podem valer-se dela; e (ii.) objetiva, aplicando-se apenas a direitos patrimoniais e disponíveis. Havendo consentimento em partilha em vida, cabe analisar se e quais litígios sucessórios poderão ser dirimidos pela via arbitral.

Do ponto de vista subjetivo, apenas "as pessoas capazes de contratar" estão aptas a ser parte em uma arbitragem (art. 1º, LArb).[331] Quer isso dizer que apenas as pessoas[332] capazes de assumir direitos e deveres sem o auxílio de terceiros podem ser parte em uma arbitragem.[333] Considera-se, assim, que do ponto de vista subjetivo não estão aptas a serem parte em uma arbitragem, por exemplo, as pessoas enquadradas nos artigos 3º e 4º do CC.[334] A assertiva se afigura perfeitamente lógica a partir da constatação de que a assinatura de um termo de arbitragem se torna fonte de obrigações aos litigantes, que dentro do quanto ali acordado (árbitros, prazos, objeto etc.) deverão solucionar o litígio existente. Quer isso dizer, ao que mais aqui importa, que, havendo herdeiros incapazes ao tempo da instauração de eventual processo arbitral, a jurisdição arbitral deverá ceder lugar à estatal.

[331] Da Itália colhe-se prática semelhante, segundo a qual "il potere di stipulare il contrato compreende il potere di convenire la clausola compromissória". Rubino-Sammartano, Mauro. *Il diritto dell'arbitrato (interno)*. 2. ed. Padova: Cedam, 1994. p. 176.

[332] "O sentido da palavra *pessoas*, na forma utilizada pela lei, abrange, com recurso às disposições contidas no CC, inclusive e além das pessoas físicas e jurídicas de direito privado, as pessoas jurídicas de direito público interno e, em especial, o Estado (União, Estados e Municípios), as autarquias, assim como as empresas estatais." Pinto, José Emílio Nunes. A arbitrabilidade de controvérsias nos contratos com o estado e empresas estatais. *Revista Brasileira de Arbitragem*. n. 1. Jan.-Mar. 2004. p. 9-26.

[333] Carmona, Carlos Alberto. *Arbitragem e processo*: um comentário à Lei nº 9.307/96. 3.ed. São Paulo: Atlas, 2009, p. 37. Roque, Andre Vasconcelos. A evolução da arbitrabilidade objetiva no Brasil: tendências e perspectivas. *Revista de Arbitragem e Mediação*. n. 33. abr./jun. 2012. p. 301-337.

[334] Art. 3º. São absolutamente incapazes de exercer pessoalmente os atos da vida civil os menores de 16 (dezesseis) anos. Art. 4º. São incapazes, relativamente a certos atos ou à maneira de os exercer: I – os maiores de dezesseis e menores de dezoito anos; II – os ébrios habituais e os viciados em tóxico; III – aqueles que, por causa transitória ou permanente, não puderem exprimir sua vontade; IV – os pródigos. Parágrafo único. A capacidade dos indígenas será regulada por legislação especial.

Na perspectiva objetiva, ao tratar do tema "disponibilidade do direito", observa-se na doutrina nacional majoritária a sua inevitável vinculação à possibilidade de o direito ser alienado, renunciado, transmitido, transacionado etc.[335] Enfim, pergunta-se se o direito pode ser objeto de atos que denotem um poder de "livre disposição"[336] que sobre ele se permite exercer, de forma a alterar o formato, a titularidade e a própria existência do direito.

Parece claro, portanto, que litígios envolvendo a prática de crimes, direitos de personalidade, capacidade e estado das pessoas, em regra, e deixando-se aqui de lado eventuais efeitos apenas patrimoniais, não poderão ser objeto de arbitragem.[337]

Ainda na perspectiva objetiva, e por força do art. 1º da LArb, somente os direitos ditos patrimoniais podem ser levados à arbitragem.

Em linhas gerais, aqui se sustenta que patrimonial é o direito que pode ser redutível a dinheiro.[338] Isso significa que abrange não somente aquela patrimonialidade considerada mais evidente, como a oriunda do direito das obrigações – cujo melhor exemplo é o próprio direito a uma prestação em dinheiro –, mas também direitos que, nada obstante não sejam patrimoniais em sua essência, uma vez violados poderão ser quantificados e, sob essa perspectiva, reparados. Assim, não gozam de

[335] MATTOS NETO, Antônio José de. Direitos patrimoniais disponíveis e indisponíveis à luz da lei de arbitragem. *Revista de Processo*. São Paulo. n. 122. Abr. 2005. p. 151-166, em definição considerada entre as "mais completas" por GONÇALVES, Eduardo Damião. *Arbitrabilidade objetiva*. Tese de Doutorado. São Paulo, Faculdade de Direito da Universidade de São Paulo. 2008. p. 179. No mesmo sentido: GUILHERME, Luiz Fernando do Vale de Almeida. *Manual de arbitragem*: doutrina – legislação – jurisprudência. 2. ed. São Paulo: Método, 2007. p. 77-78.

[336] MARTINS, Pedro A. Baptista. *Apontamentos sobre a lei da arbitragem*. Rio de Janeiro: Forense, 2008, p. 3.

[337] BATISTA MARTINS, Pedro A. Aspectos atinentes às disposições gerais. *In* BATISTA MARTINS, Pedro A.; LEMES, Selma M.; CARMONA, Carlos Alberto. *Aspectos fundamentais da lei de arbitragem*. Rio de Janeiro: Forense, 1999. p. 145. Mais recentemente, ao também dispor sobre a matéria, o art. 852 do Código Cívil veio nesse sentido, expressamente excluindo da arbitragem "questões de estado, de direito pessoal de família".

[338] GUILHERME, Luiz Fernando do Vale de Almeida. *Manual de arbitragem*: doutrina – legislação – jurisprudência. 2.ed. São Paulo: Método, 2007. p. 77-78. ROQUE, Andre Vasconcelos. A evolução da arbitrabilidade objetiva no Brasil: tendências e perspectivas. *Revista de Arbitragem e Mediação*. n. 33. abr./jun. 2012. p. 301-337.

patrimonialidade direitos como os de personalidade, tais como o direito à vida e à honra, que evidentemente, também por isso, não podem ser objeto de arbitragem.[339] Contudo, uma vez violados, resta inequívoco que o direito de reparação pode ser quantificado, por exemplo, na forma de uma indenização em dinheiro, direito este (reparação) de cunho patrimonial.[340] Por conta disso, se esse direito de reparação for levado à arbitragem, não encontrará óbice na patrimonialidade.

Dessa forma, tanto a disponibilidade como a patrimonialidade são requisitos cuja superação se vislumbra amplamente possível no contexto sucessório, mormente na doação-partilha. A uma, pois os agentes envolvidos nesse negócio estarão justamente acordando a divisão de bens na forma como entenderam correta – e evidentemente dentro do que a própria Lei lhes permite. Se a eles é dado dispor a esse respeito na forma de um contrato, já há aqui um claro indicativo de que, como regra, os direitos serão disponíveis.[341] A duas, também é possível prever que, no mais das vezes, é de patrimônio que se disporá: valores em espécie, imóveis, semoventes, ações/quotas de uma sociedade etc. É da essência desse negócio que tudo seja quantificado, justamente para que se possa partilhar o patrimônio dentro das balizas legais.

4. A arbitragem no contexto sucessório no agronegócio: potenciais benefícios

Compreende-se que são diversos os benefícios que a utilização de um procedimento arbitral pode conferir a resolução de disputas no âmbito

339 Scavone Júnior, Luiz Antonio. *Manual de arbitragem*. 4. ed. São Paulo: Revista dos Tribunais, 2010, p. 23.

340 "O caráter da extrapatrimonialidade não exclui a possibilidade de o titular do direito auferir vantagem econômica, se houver lesão da qual resulte dano. Nesse caso, o dano produz um direito patrimonial ao ofendido consubstanciado na indenização. A indenizabilidade do dano moral é matéria pacífica hodiernamente no direito brasileiro, cuja cristalização se deu mormente a partir da Constituição Federal de 1988. Assim, um direito não patrimonial, como por exemplo, a honra do indivíduo, que não tem apreciação econômica, se maculada, vai gerar direito subjetivo à indenização. Este, evidentemente, de cunho patrimonial." Mattos Neto, Antônio José de. Direitos patrimoniais disponíveis e indisponíveis à luz da lei de arbitragem. *Revista de Processo*. n. 122. Abr. 2005. p. 151-166.

341 E bem por isso, não incide o óbice do art. 852, Código Civil: É vedado compromisso para solução de questões de estado, de direito pessoal de família e de outras que não tenham caráter estritamente patrimonial.

aqui tratado. Quatro deles serão destacados a partir de agora: celeridade, especialização, flexibilidade procedimental e confidencialidade.

Primeiramente, fala-se nos benefícios de celeridade que uma arbitragem oportuniza, se comparada ao seu congênere cem por cento estatal. Diversos são os estudos que buscam analisar o tempo médio de duração de um processo na justiça estatal. E suas conclusões invariavelmente são as mesmas: a tramitação dessas ações toma grande lapso temporal, que transcende todos os limites do razoável. E essa realidade, por óbvio, impõe custos a todos os envolvidos, sejam eles o Estado que administra o processo, ou, principalmente, as partes envolvidas. E por conta disso, a busca pela arbitragem também é a busca por uma solução mais rápida do conflito, percepção que invariavelmente motiva a sua utilização.

No contexto do agronegócio, é fácil perceber os prejuízos causados pela morosidade na resolução de uma disputa. A administração dos bens, tais como terras produtivas e empresas a ela atreladas, as decisões de investimentos, as buscas dos melhores negócios, o aumento de produtividade, dentre outras, são questões fundamentais que podem ser paralisadas, ou mesmo muito dificultadas, no contexto de um litígio. Ademais, caso a solução encontrada seja dividir rigidamente o patrimônio, de modo que não haja mais qualquer comunhão entre os herdeiros (de bens, sociedades etc.), é apenas após a divisão que os bens serão efetivamente administrados por seus verdadeiros titulares, de modo a gerar riqueza e investimentos. Assim, quanto mais célere for a resolução de eventual disputa, mais valor se agregará ao patrimônio, ponto em que indubitavelmente a arbitragem pode muito ajudar.

Some-se ainda que, no contexto sucessório-familiar, quanto antes a disputa chegar a termo, maior a chance de reaproximação entre os familiares em disputa, pois anos de discussão muitas vezes podem romper definitivamente as conexões familiares.

Em segundo lugar, também se verifica no alto grau de especialização dos árbitros à disposição das partes outro fator cada vez mais solidificado no sentimento geral dos jurisdicionados. Fala-se aqui na possibilidade de indicar juristas com larga experiência e reconhecido conhecimento específico acerca do tema levado a litígio, ou mesmo de profissionais de outras áreas, como engenheiros, médicos, agrônomos etc. e que, dentro de um Tribunal Arbitral, podem dar valiosa contribuição na elucidação dos fatos e, por consequência, mais consistência à decisão ao final proferida. Essa especialização se traduzirá num ambiente muito mais rico do ponto de vista argumentativo, gerando decisões tecnicamente mais corretas e, espera-se, mais convencimento de parte dos litigantes, mesmo os que restarem derrotados.

Na esteira desse crescimento vislumbra-se o surgimento de centros de arbitragem e mediação cada vez mais especializados, com enfoque em temas como direito imobiliário,[342] propriedade intelectual,[343] energia elétrica,[344] agronegócio[345] e mercado de capitais/societário.[346] Em nível de segmentos profissionais, também há órgãos de classe que oferecem centros de arbitragem e mediação, como Conselho Regional de Engenharia,[347] Conselho Regional de Administração[348] e Ordem dos Advogados do Brasil.[349]

Já no Poder Judiciário, a par de louváveis iniciativas de especialização, como a criação de varas e seções especializadas, o que se vislumbra são órgãos com larga competência material. E ainda, o longo tempo de tramitação, de regra, leva a corriqueiras trocas dos magistrados responsáveis pelas ações. Não são raros os exemplos em que, após morosa instrução probatória, um novo magistrado assume a ação às vésperas de proferir sentença, situação que, por óbvio, em muito se afasta da ideal.

[342] A exemplo da Câmara Imobiliária de Mediação e Arbitragem – CIMA.

[343] A exemplo do Arbitrare – Centro de Arbitragem para a Propriedade Industrial, Nomes de Domínio, Firmas e Denominações.

[344] Feita a ressalva de que essa arbitragem não se processa em centro de arbitragem próprio, destaca-se a arbitragem oriunda de litígios na Câmara de Comercialização de Energia Elétrica – CCEE, que conta com milhares de agentes do setor, muitos dos quais de adesão compulsória por conta da outorga que detém. Nos termos do art. 58 da Resolução Aneel n. 104/2004, uma vez preenchidos os requisitos de arbitrabilidade, os agentes filiados à CCEE devem necessariamente submeter os seus conflitos à arbitragem. A Convenção Arbitral foi aprovada por meio da Resolução Homologatória ANEEL 531/2007.

[345] A exemplo da Camara de Arbitragem e Mediação Empresarial-Brasil – CAMARB, que conta com um braço dedicado ao setor.

[346] A exemplo da Câmara de Arbitragem do Mercado – CAM.

[347] A exemplo da Câmara de Mediação e Arbitragem do Conselho Regional de Engenharia e Agronomia do Rio Grande do Sul – CREA-RS.

[348] A exemplo da Câmara de Mediação e Arbitragem do Conselho Regional de Administração do Rio Grande do Sul – CMA-CRA/RS.

[349] A exemplo da Câmara de Mediação, Conciliação e Arbitragem da Ordem dos Advogados de Goiás – OAB/GO.

Dessa forma, no contexto do agronegócio, a arbitragem oportuniza que as partes componham um tribunal arbitral com árbitros "com experiência nos usos e costumes dos próprios agentes econômicos (*lex mercatoria*), que formam o ordenamento jurídico do setor, pouco conhecido por juízes"[350] (advogados especializados no setor, engenheiros agrônomos), ou especialistas em direito de família e sucessões, conferindo segurança jurídica a partir de uma decisão que, nesse espectro, se vislumbra de maior qualidade e previsibilidade.

Em terceiro lugar, a arbitragem permite um procedimento mais flexível. A LArb dispõe em seu art. 21, *caput*, que o procedimento na arbitragem deve seguir o quanto "estabelecido pelas partes na convenção de arbitragem, que poderá reportar-se às regras de um órgão arbitral institucional ou entidade especializada, facultando-se, ainda, às partes delegar ao próprio árbitro, ou ao tribunal arbitral, regular o procedimento". Quer isso dizer que tais regras, a exemplo de prazos, ordem dos trabalhos, forma de colheita da prova etc., não estão adstritas a um procedimento rígido, podendo moldar-se à conveniência do caso concreto.[351]

Como ponto de partida, constata-se que na flexibilidade arbitral impõe-se "zelar apenas para que não sejam desrespeitadas as garantias do devido processo legal".[352] Seria essa uma espécie de "ordem pública processual", [353] "valores" que, como regra, emanam da Constituição Federal.[354] Nas palavras de Cândido Rangel Dinamarco, "é para assegurar a segurança jurídica devida às partes que essa liberdade encontra limites naquelas garantias constitucionais".[355]

350 Gonçalves, Eduardo Damião. Arbitragem e Agronegócio. *In Revista do Advogado* nº 134. São Paulo: AASP, 2017, p. 43.

351 "Mais uma vez, o termo de arbitragem pode configurar remédio para modelar melhor o procedimento adequado a cada causa, com a ativa participação dos interessados" (Carmona, Carlos Alberto. O processo arbitral. *Revista de Arbitragem e Mediação*. n. 1. jan./abr. 2004. p. 21-31).

352 Carmona, Carlos Alberto. *Arbitragem e processo*: um comentário à Lei nº 9.307/96. 3. ed. São Paulo: Atlas, 2009. p. 289.

353 Lee, João Bosco. A especificidade da arbitragem comercial internacional. *In* Casella, Paulo Borba (coord.). *Arbitragem* – lei brasileira e praxe internacional. São Paulo: LTr, 1999. p. 176-204.

354 Aprigliano, Ricardo de Carvalho. *Ordem pública e processo*: o tratamento das questões de ordem pública no direito processual civil. São Paulo: Atlas, 2011, p. 104.

355 *In A arbitragem na teoria geral do processo*. Malheiros: São Paulo, 2013, p. 54.

De fato, nossa Constituição Federal impõe determinadas garantias, tais como o contraditório e a ampla defesa (art. 5º, LV); a isonomia (art. 5º, I); o juiz natural (art. 5º, XXXVII e LIII); a motivação das decisões (art. 93, IX) e a inadmissão da prova ilícita (art. 5º, LVI). Essa a essência do que se pode considerar como devido processo legal, e que, como regra geral, deverá ser observado na arbitragem.[356] E, para além da Constituição Federal, a observância de garantias dessa espécie na arbitragem também encontra fundamento no antes citado art. 21, § 2º, da LArb.[357] O dispositivo de certa forma "apenas expressa aquilo que encontraríamos subjacente em qualquer processo de solução de conflitos",[358] apesar de se reconhecer que a menção seria mesmo desnecessária e incompleta sob a perspectiva de todas as garantias constitucionais conferidas aos litigantes no Brasil, quer judicialmente, quer na arbitragem.[359]

Assim sendo, num litígio relacionado ao agronegócio, pensa-se que o Tribunal Arbitral e as partes terão mais ferramentas para que as necessidades do processo sejam supridas. É possível ver isso, por exemplo, na fase de produção de provas: podem-se construir mecanismos que orientem de forma mais customizada a realização de perícias em campo, ou mesmo de ordem financeira e contábil; os árbitros também podem requerer a oitiva de profissionais do meio, na condição de testemunha

[356] "Estando a arbitragem regida pelas normas brasileiras, e sendo a Constituição Federal a norma mais importante da nação, é óbvio que as regras que regulam o procedimento arbitral devem ser estudadas e utilizadas (construídas, aplicadas e adaptadas) à luz do que prevê a CF, ou seja, tendo em vista o direito processual constitucional." MONTORO, Marcos André Franco. *Flexibilidade do procedimento arbitral.* Tese de Doutorado. São Paulo, Faculdade de Direito da Universidade de São Paulo. 2010, p. 194. No mesmo sentido: ALVIM, J. E. Carreira. *Direito arbitral.* 2. ed. Rio de Janeiro: Forense, 2004, p. 149. SCAVONE JÚNIOR, Luiz Antonio. Manual de arbitragem. 4. ed. São Paulo: *Revista dos Tribunais,* 2010, p. 117.

[357] NAVARRETE, Antonio María Lorca. *La garantía del debido proceso de ley o proceso justo arbitral en la ley brasileña de arbitraje desde la perspectiva de la jurisprudencia arbitral española.* In LEMES, Selma Ferreira; Balbino, Inez (coord.). *Arbitragem. Temas Contemporâneos.* São Paulo: Quartier Latin, 2012, p. 25-53.

[358] MARTINS, Pedro A. Baptista. *Apontamentos sobre a lei da arbitragem.* Rio de Janeiro: Forense, 2008, p. 236.

[359] DINAMARCO, Cândido Rangel. *A arbitragem na teoria geral do processo.* Malheiros: São Paulo, 2013, p. 25.

técnica[360] (engenheiros agrônomos, veterinários, corretores, leiloeiros rurais), para esclarecerem questões técnicas envolvidas na disputa. Na produção da prova, a ordem dos trabalhos, exibição de documentos, ou mesmo possibilidade de que as discussões se resolvem apenas com pareceres técnicos das partes, sem necessidade de um perito do tribunal, são fatores que podem em muito contribuir para a resolução da disputa de forma mais eficiente.

Por fim, a confidencialidade. A legislação brasileira não disciplina o regime de confidencialidade de um processo arbitral,[361] como em diversos outros países, havendo apenas uma minoria que refere ser a arbitragem, ao menos como regra, confidencial.[362] Nada obstante, dentro e fora do Brasil a confidencialidade é umbilicalmente associada à arbitragem, encontrando previsão na grande maioria, senão em todos os regulamentos de Centros de Arbitragem e Mediação.[363] As previsões em contratos que contêm cláusulas arbitrais, igualmente, não raro já dispõem que eventual futura arbitragem tramitará sob sigilo. E, de fato, reconhece-se que a confidencialidade é uma das vantagens da arbitragem, diminuindo a exposição dos litigantes frente ao público em geral e, especialmente, pessoas que podem fazer mau uso das informações constantes no processo.

[360] Nunes, Thiago Marinho. *Arbitragem no Agronegócio: flexibilidade, tecnicidade e adequação.* In Reis, Marcos Hokomura (coord.). *Arbitragem no Agronegócio.* São Paulo: editora Verbatim, 2018, p. 30.

[361] "Confidentiality, in its purest form, means that the existence of the arbitration, the subject matter, the evidence, the documents that are prepared for and exchanged in the arbitration, and the arbitrators' awards and other decisions cannot be divulged to any third parties. It also means that only parties to the arbitration, their legal representatives and those who are specifically authorized by each party can attend the arbitration hearing. Each of and all those individuals are considered to be subject to the duty of confidentiality on behalf of the party they are representing" (Mistelis, Loukas A. *Confidentiality and third party participation*: UPS v. Canada and Methanex Corporation v. United States. International Investment Law and Arbitration. v. 21. 2005, p. 205-226.

[362] Mistelis, Loukas A. *Confidentiality and third party participation*: UPS v. Canada and Methanex Corporation v. United States. International Investment Law and Arbitration. v. 21. 2005, p. 205-226.

[363] Lévy, Daniel de Andrade. Estudo comparado da arbitragem no mercado de capitais. *Revista de Direito Mercantil: industrial, econômico e financeiro.* n. 155/156. ago./dez. 2010, p. 275-300.

Aqui é ainda mais fácil constatar a contribuição que a arbitragem pode conferir às partes, conferindo a ela um ambiente em que discussões de ordem familiar estarão mais blindadas em face de eventuais vazamentos ou mesmo acesso por terceiros não interessados no processo. Compreende-se que pela natureza da discussão, como regra será do amplo interesse dos envolvidos manter o litígio sob sigilo, algo que, pensa-se, as câmaras de arbitragem conseguem realizar com mais eficiência do que os tribunais estatais.

Conclusões

O planejamento sucessório é muito útil para minimizar o risco de conflitos entre herdeiros e viabilizar a continuidade de negócios familiares, sobretudo no contexto do agronegócio. Aquele que planeja quer que o planejado seja executado, tal qual desejado, e para isso os meios de que se utiliza devem dar-lhe segurança jurídica.

A partir da análise do testamento, da doação e da partilha em vida, como ferramentas de planejamento sucessório, foi possível concluir que a partilha em vida por meio de doação (a "doação-partilha"), a par de outras vantagens, é a que confere maior segurança jurídica aos envolvidos, sobretudo porque deve contar com a participação e a anuência de todos eles.

Além disso, foi possível concluir que a arbitragem pode ser imposta aos herdeiros contemplados na doação-partilha, quando nela houver cláusula arbitral, pois nesse caso a manifestação de vontade e o consentimento para levar o caso ao juízo arbitral estarão claros e expressos.

Ademais, quando todos os interessados forem capazes, os litígios advindos da partilha em vida serão de regra arbitráveis, pois envolvem questões patrimoniais disponíveis.

A arbitragem se revela um meio mais célere de solução de disputas – se comparado ao processo judicial –, pode ter julgadores especializados nas questões discutidas, ter um procedimento adaptado às particularidades do caso e, ainda, tramitar sob sigilo, o que costuma ser desejável em discussões familiares.

A arbitragem, portanto, juntamente com um planejamento sucessório bem feito, instrumentalizado em doação-partilha, tende a contribuir para que a vontade do titular do patrimônio seja respeitada e que o patrimônio ou negócio sofra o mínimo possível em razão de eventuais litígios entre seus novos titulares.

Referências

ALVIM, J. E. Carreira. *Direito arbitral*. 2. ed. Rio de Janeiro: Forense, 2004.

APRIGLIANO, Ricardo de Carvalho. *Ordem pública e processo*: o tratamento das questões de ordem pública no direito processual civil. São Paulo: Atlas, 2011.

BATISTA MARTINS, Pedro A. Aspectos atinentes às disposições gerais. *In* BATISTA MARTINS, Pedro A.; LEMES, Selma M.; CARMONA, Carlos Alberto. *Aspectos fundamentais da lei de arbitragem*. Rio de Janeiro: Forense, 1999.

CAHALI, Francisco José. *Curso de arbitragem*. 7 ed. rev. ampl. e atual. São Paulo: Revista dos Tribunais, 2018.

CAHALI, Francisco José. Ensaio sobre arbitragem testamentária no Brasil com paradigma no direito espanhol. *Revista de Mediação e Arbitragem*. n. 17. ano V. abr.-jun. 2008, p. 54.

CARMONA, Carlos Alberto. A arbitragem no Brasil: em busca de uma nova lei. *Revista de Processo*. n. 72. Out./Dez. 1993. p. 53-74.

CARMONA, Carlos Alberto. Arbitragem e jurisdição. *Revista de Processo*. n. 58. Abr./Jun. 1990. p. 33-40.

CARMONA, Carlos Alberto. *Arbitragem e processo*: um comentário à Lei nº 9.307/96. 3. ed. São Paulo: Atlas, 2009.

CARMONA, Carlos Alberto. O processo arbitral. *Revista de Arbitragem e Mediação*. n. 1. Jan./Abr. 2004. p. 21-31.

DA SILVA, David Roberto R. Soares; ESTEVAN, Priscila Lucenti; VASCONCELLOS, Roberto Prado de; RODRIGUES, Tatiana Antunes Valente. *Planejamento patrimonial: Família, sucessão e impostos*. São Paulo: Editora B18, 2018, Edição do Kindle.

DINAMARCO, Cândido Rangel. *A arbitragem na teoria geral do processo*. Malheiros: São Paulo, 2013.

DINIZ, Maria Helena. *Curso de Direito Civil Brasileiro*, 17 ed. São Paulo: Saraiva, 2003.

GOMES, Orlando, *Contratos*, 26 ed. Rio de Janeiro: Forense, 2008.

GOMES, Orlando, *Sucessões*, 6 ed. Rio de Janeiro: Forense, 1986.

GONÇALVES, Carlos Roberto. *Direito Civil Brasileiro: Contratos e Atos Unilaterais*, vol. 3, 17 ed. São Paulo: Saraiva, 2020.

GONÇALVES, Eduardo Damião. *Arbitrabilidade objetiva*. Tese de Doutorado. São Paulo, Faculdade de Direito da Universidade de São Paulo. 2008.

GUILHERME, Luiz Fernando do Vale de Almeida. *Manual de arbitragem*: doutrina – legislação – jurisprudência. 2. ed. São Paulo: Método, 2007.

LEE, João Bosco. A especificidade da arbitragem comercial internacional. *In* CASELLA, Paulo Borba (coord.). *Arbitragem* – lei brasileira e praxe internacional. São Paulo: LTr, 1999. p. 176-204.

LEITE, Eduardo de Oliveira. *Comentários ao Novo Código Civil*, vol. XXI, arts. 1.784 a 2.027, 4 ed., Coord. Sávio de Figueiredo Teixeira. Rio de Janeiro: Forense, 2004.

LÉVY, Daniel de Andrade. Estudo comparado da arbitragem no mercado de capitais. *Revista de Direito Mercantil: industrial, econômico e financeiro*. n. 155/156. Ago./Dez. 2010.

MADALENO, Rolf. *Sucessão Legítima*, 2 ed., rev., atual., e ampl.. Rio de Janeiro: Forense, 2020.

MARTINS, Pedro A. Baptista. *Apontamentos sobre a lei da arbitragem*. Rio de Janeiro: Forense, 2008.

MATTOS NETO, Antônio José de. Direitos patrimoniais disponíveis e indisponíveis à luz da lei de arbitragem. *Revista de Processo*. São Paulo. n. 122. Abr. 2005. p. 151-166.

MAXIMILIANO, Carlos, *Direito das Sucessões*, vol. III, 3 ed. São Paulo: Freitas Bastos, 1952.

MISTELIS, Loukas A. Confidentiality and third party participation: UPS v. Canada and Methanex Corporation v. United States. *International Investment Law and Arbitration*. v. 21. 2005.

MONTORO, Marcos André Franco. *Flexibilidade do procedimento arbitral*. Tese de Doutorado. São Paulo, Faculdade de Direito da Universidade de São Paulo. 2010.

NAVARRETE, Antonio María Lorca. La garantía del debido proceso de ley o proceso justo arbitral en la ley brasileña de arbitraje desde la perspectiva de la jurisprudencia arbitral española. *In* LEMES, Selma Ferreira; Balbino, Inez (coord.). *Arbitragem*. Temas Contemporâneos. São Paulo: Quartier Latin, 2012.

NUNES, Thiago Marinho. Arbitragem no Agronegócio: flexibilidade, tecnicidade e adequação. *In* REIS, Marcos Hokomura (coord.). *Arbitragem no Agronegócio*. São Paulo: editora Verbatim, 2018.

OLIVEIRA, Arthur Vasco Itabaiana de, *Tratado de Direito das Sucessões*, 4 ed., rev. e atual. pelo autor com a colaboração de Aires Itabaiana de Oliveira, vol. III. São Paulo: Max Limonad, 1952.

PELUSO, Antonio Cezar (Coord.). *Código civil comentado*: doutrina e jurisprudência. 14. ed. Barueri, SP: Manole, 2020.

PEREIRA, Caio Mário da Silva, *Instituições de Direito Civil*, vol. VI: Direito das Sucessões, 15 ed., rev. e atual. Rio de Janeiro: Forense, 2004.

PINTO, José Emílio Nunes. A arbitrabilidade de controvérsias nos contratos com o estado e empresas estatais. *Revista Brasileira de Arbitragem*. n. 1. Jan.-Mar. 2004. p. 9-26.

PONTES DE MIRANDA. *Tratado de Direito Privado*, parte especial, Tomo LX., 3 ed. São Paulo: Revista dos Tribunais, 1984.

ROQUE, Andre Vasconcelos. A evolução da arbitrabilidade objetiva no Brasil: tendências e perspectivas. *Revista de Arbitragem e Mediação*. n. 33. abr./jun. 2012. p. 301-337.

RUBINO-SAMMARTANO, Mauro. *Il diritto dell'arbitrato (interno)*. 2. ed. Padova: Cedam, 1994.

SCAVONE JÚNIOR, Luiz Antonio. *Manual de arbitragem*. 4.ed. São Paulo: Revista dos Tribunais, 2010.

TEPEDINO, Gustavo; BARBOZA, Heloisa Helena; MORAES, Maria Celina Bodin de. *Código Civil Interpretado conforme a Constituição da República*, vol. I, Parte Geral e Obrigações (arts. 1º a 420). Rio de Janeiro: Renovar, 2004.

TEPEDINO, Gustavo; KONDER, Carlos Nelson; BANDEIRA, Paula Greco. *Contratos*. Rio de Janeiro: Forense, 2020. Edição do Kindle.

TEPEDINO, Gustavo; NEVARES, Ana Luiza Maia; MEIRELES, Rose Melo Vencelau. *Direito das sucessões*. Rio de Janeiro: Forense, 2020. Edição do Kindle.

VELOSO, Zeno. *Comentários ao Código Civil*, vol. 21, arts. 1.857 a 2.027. Coord. Antônio Junqueira de Azevedo. São Paulo: Saraiva, 2003.

WALD, Arnold. O Regime Jurídico da Partilha em vida, in *Revista dos Tribunais*, vol. 622/1987, p. 7-15 Ago 1987.

11.

BREVES NOTAS SOBRE A CÉDULA IMOBILIÁRIA RURAL (CIR) E O PATRIMÔNIO RURAL EM AFETAÇÃO

Marcos Hokumura Reis
Guilherme Toshihiro Takeishi

Introdução

O agronegócio tem sido a mola propulsora da economia brasileira nas últimas décadas. A pujança do agronegócio brasileiro se deve ao solo fértil, condições climáticas favoráveis e, também, à profissionalização de todos os *players* que integram esse setor tão importante para o fortalecimento da economia.

No ano de 2019, a soma de bens e serviços gerados no agronegócio chegou a R$ 1,55 trilhão, isto é, 21,4% do Produto interno Bruto (PIB) brasileiro. A maior parcela é do ramo agrícola, que corresponde a 68% desse valor (R$ 1,06 trilhão), enquanto a pecuária corresponde a 32% (R$ 494,8 bilhões)[364]. O valor bruto da produção (VBP) agropecuária alcançou R$ 651,5 bilhões em 2019, dos quais R$ 400,7 bilhões na produção agrícola e R$ 250,8 no segmento pecuário. As estimativas e projeções mais recentes apontam que o VBP em 2020 deve alcançar R$728,68 bilhões – R$ 457,08 bilhões do ramo agrícola e R$ 271,6 do ramo pecuário.

[364] Segundo dados do Centro de Estudos Avançados em Economia Aplicada (CEPEA/USP) em parceria com a Confederação da Agricultura e Pecuária do Brasil (CNA), disponível em https://www.cnabrasil.org.br/cna/panorama-do-agro (acessado em 30 de outubro de 2020).

A importância do agronegócio para a economia brasileira é tamanha que, no primeiro quadrimestre de 2020, o setor obteve um crescimento no volume de exportações 11% mesmo durante a crise econômica mundial causada pela pandemia do *Covid-19*.

Os negócios celebrados no âmbito do agronegócio são importantes dentro desse contexto de extrema relevância para a economia, sobretudo porque os riscos envolvidos são elevados[365].

E é sob essa perspectiva de elevado *risco* no setor do agronegócio, especialmente em circunstâncias de *crise*, que surge a preocupação por ferramentas que sustentem o *equilíbrio e a segurança* das relações jurídicas que amparam essas operações do *agribusiness* tão importantes para a economia do país. Afinal, cada vez mais a arquitetura dos contratos agrários mostra-se importante para a preservação do equilíbrio entre os *players* desse segmento[366].

365 Especificamente sobre o risco no agronegócio, Roberto Grassi Neto e Christina Moreira Grassi asseveram que *"[o] assim denominado risco agronegocial pode ser definido como sendo a incerteza a qual seus participantes estão sujeitos, e que pode ser de natureza: (i) financeira (risco financeiro), inerente a toda atividade empresarial, relacionada à gestão financeira da empresa, disponibilidade de crédito perante instituições financeiras, custos versus faturamento, fluxo de caixa etc.; (ii) produtiva (risco de produção), que são os questionamentos intrínsecos ao setor agropecuário, e que está associada a fatores biológicos e/ou naturais e/ou ambientais; (iii) mercadológica (risco de mercado), relacionada às alterações no preço dos produtos oriundos da atividade agropecuária, em função de oscilações no mercado mundial e/ou local"* (*in* Direito agrário e direito do agronegócio: estudos em homenagem à doutora Maria Cecília Ladeira de Almeida / org. Washington Carlos de Almeida; coordenadores Elisabete Aloisa Amaro, Frederico Price Grechi. – Londrina, PR: Thoth, 2019, p.139)

366 Sobre a importância da arquitetura contratual nos contratos agrários, Francisco de Godoy Bueno registra que *"é preciso dizer mesmo os contratos típicos podem, no contexto agrário, assumir contornos de atipicidade. Com efeito, se é verdade que contratos típicos de compra e venda, de empreitada, de mútuo, etc. tem um regramento legal na sua base de direito comum, ao adquirirem a especialidade fundada na agrariedade, ou seja, no ciclo agrobiológico, o regulamento desses contratos passam a ter que se integrar com essa finalidade própria não necessariamente atendida pelas regras de direito comum. Nesse contexto é que desempenha um papel fundamental a missão das partes e dos seus advogados na tarefa que se passou a reconhecer como arquitetura contratual ou, do inglês, design contratual. Essa atividade, reconhecida por uma visão econômica da prática jurídica, consiste em redigir contratos de modo a equilibrar custos de transação ao contratar e custos de execução de contratos ao exigir o seu cumprimento, alternando entre um maior investimento na definição de regras contratuais completas, definindo ex ante a solução de eventuais conflitos; ou uma maior alocação de discricionariedade na aplicação do contrato, com possibilidade de definição ex post das definições de adjudicação*

Nesse quadro, busca-se analisar uma das principais mudanças criada pela Lei Federal nº 13.986/20 (Nova Lei do Agronegócio), a qual inovou ao possibilitar a constituição de patrimônio em afetação nas operações de Cédula de Produto Rural (CPR) e instituiu a Cédula Imobiliária Rural (CIR), visando a dar maior segurança jurídica ao financiador do agronegócio e a possibilitar o fracionamento de imóvel pelo proprietário e tomador de recursos, de modo a customizá-lo ao valor do crédito objetivado.

1. Breves notas sobre os contratos típicos do agronegócio

1.1. Contratos de parceria e arrendamento rural

Os contratos de parceria e arrendamento rural são os principais contratos agrários típicos que o legislador, em 1966, disciplinou por meio do Estatuto da Terra (Lei 4.504/1966, regulada pelo do Decreto 59.566/1966).

Considerando o cenário econômico do momento em que referida legislação foi promulgada, época em que o agronegócio brasileiro ainda não contava com a atual sofisticação, se verifica que o legislador optou por impor um sistema rígido, composto por regras de aplicação cogente e por limitações incompatíveis com a moderna e funcional dinâmica desenvolvida aos longo dos últimos anos pelos *players* do setor, sobretudo, por exemplo, com relação ao valor da remuneração, que deveria ser fixada em dinheiro, não podendo, em regra, superar o equivalente a 15% do valor do imóvel[367].

do contrato" (Bueno, Francisco de Godoy. A especialidade dos contratos agrários no contexto do agronegócio. *In* Direito agrário e direito do agronegócio: estudos em homenagem à doutora Maria Cecília Ladeira de Almeida / org. Washington Carlos de Almeida; coordenadores Elisabete Aloisa Amaro, Frederico Price Grechi. – Londrina, PR: Thoth, 2019, p.229/230).

[367] Art. 95. Quanto ao arrendamento rural, observar-se-ão os seguintes princípios: (...) XI – na regulamentação desta Lei, serão complementadas as seguintes condições que, obrigatoriamente, constarão dos contratos de arrendamento: a) limites da remuneração e formas de pagamento em dinheiro ou no seu equivalente em produtos (...) XII – a remuneração do arrendamento, sob qualquer forma de pagamento, não poderá ser superior a 15% (quinze por cento) do valor cadastral do imóvel, incluídas as benfeitorias que entrarem na composição do contrato, salvo se o arrendamento for parcial e recair apenas em glebas selecionadas para fins de exploração intensiva de alta rentabilidade, caso em que a remuneração poderá ir até o limite de 30% (trinta por cento).

Ocorre que, atualmente, a principal moeda de pagamento e precificação do agronegócio, na prática, é o próprio produto agrícola. Ou seja, a realidade superou totalmente a legislação em vigor. É comum a inserção de cláusulas comerciais mais próximas da realidade e necessidade do mercado atual, muitas vezes com regras distintas daquelas prescritas no Estatuto da Terra. Para enfrentar o problema, as partes têm inserido cláusula específica de não aplicação do Estatuto da Terra nos contratos de parceria e arrendamento rural.

É certo que os usos e costumes aplicados às atividades do agronegócio são fundamentais para desenvolvimento do setor. É possível defini-los como as fontes elementares do direito do agronegócio, na medida em que as práticas negociais e comerciais desenvolvidas ao longo dos anos pelos *players* do mercado servem como premissas e parâmetros básicos para celebração dos contratos agrários.

Nessa toada, em 2016, o Superior Tribunal de Justiça[368] enfrentou o tema pela primeira vez, tendo reconhecido a possibilidade de contratos agrários conterem disposições contrárias ao Estatuto da Terra, firmando o entendimento de que as normas protetivas previstas na referida lei podem ser inaplicáveis às grandes empresas rurais que, em prestígio ao princípio da autonomia privada das partes, pactuaram de forma diversa.

Atualmente, os grandes *players* do setor incluem produtores rurais, organizados de forma individual e/ou empresarial, profissionalizados e conhecedores profundos dos seus negócios, sendo, portanto, completamente aptos a negociar e discutir os principais aspectos e cláusulas de seus contratos agrários. Somado à possibilidade de se eleger formas privadas e alternativas para a resolução de conflitos do agronegócio, o precedente do STJ foi um grande marco, garantindo segurança jurídica às transações que envolvem a cessão, o prazo e a utilização de imóveis rurais. Portanto, reservadas as normas de proteção direcionadas às partes hipossuficientes, é certo que a maioria dos *players do* agronegócio está adaptada à dinâmica empresarial e conhece o dia a dia das atividades do setor, razão pela qual podem – e devem – pactuar livremente sobre seus direitos e obrigações, optando, inclusive, pela utilização da arbitragem como método privado e adequado de solução de disputas.

[368] Recurso Especial nº 1.447.082 TO. Min. Paulo De Tarso Sanseverino. Terceira Turma. Julgado em 13/05/2016.

1.2. Contratos de financiamento à exportação

A exportação de produtos agropecuários é peça fundamental para equilibrar a balança comercial do Brasil. Nesse cenário, um instrumento de financiamento de importância ímpar para o setor é o chamado contrato de pré-pagamento de exportação. Resumidamente, trata-se de uma operação jurídica cuja finalidade primordial é disponibilizar recursos para as empresas exportadoras, através de adiantamentos financeiros.

Referidas operações podem ser realizadas pelo comprador internacional direto dos produtos (comprador final), pelas *tradings companies*, pelos bancos comerciais e/ou fundos de investimentos. Ademais, a caracterização da operação de pré-pagamento de exportação depende de três requisitos essenciais: (i) a empresa tomadora dos recursos precisa se comprometer com a exportação das mercadorias financiadas; (ii) a liquidação do câmbio para ingresso de recursos precisa ser anterior ao embarque das mercadorias; e, (iii) a liquidação da operação deve ser realizada com a efetiva exportação das mercadorias.

Vale destacar também que os juros estipulados pelas partes com relação aos valores financeiros antecipados são, atualmente, isentos de qualquer tributação e podem ser pagos em dinheiro ou em mercadorias, a fim de incentivar o aumento do volume de ingresso de recursos estrangeiros no país. Também é praxe que o financiador condicione a liberação dos recursos financeiros à formalização de garantias reais e/ou fidejussórias. Além disso, é usual que o monitoramento das referidas garantias seja realizado por empresas especializadas, que acompanham as suas condições desde início do plantio, desenvolvimento da lavoura, até a colheita e o armazenamento das mercadorias.

Como os contratos de pré-pagamento de exportação são normalmente celebrados entre partes localizadas em diferentes jurisdições (normalmente, exportador com sede no Brasil e financiador ou comprador final sediados fora do território nacional), é comum a imposição de cláusulas de foro estrangeiro para resolução de conflitos como forma de minimizar a insegurança jurídica da justiça brasileira[369]. No entanto, isso pode trazer problemas para a empresa exportadora, em razão dos ele-

[369] Importante ressaltar que o artigo 25 do Código de Processo Civil pacificou a questão sobre a possibilidade de escolha de foro internacional, em detrimento ao brasileiro, em casos de demandas decorrentes de contratos de alcance internacional.

vados custos do litígio que tramitaria no exterior. Uma solução simples e efetiva para o problema seria a inclusão de cláusula compromissória nos referidos contratos. Tratando-se de um método conhecido e consolidado internacionalmente, a utilização da arbitragem, ainda que com sede no Brasil, seria facilmente aceita pela parte estrangeira, trazendo eficiência e qualidade para a resolução de eventuais conflitos[370].

A inclusão da cláusula compromissória garante, além da possibilidade de indicação do Brasil como sede da arbitragem (o que evitaria a necessidade de homologação de sentença arbitral estrangeira caso ela precisasse ser executada em território nacional), a possibilidade de escolha pelas partes da lei aplicável ao caso e da câmara arbitral, nacional ou internacional, responsável pela administração do procedimento arbitral.

1.3. As operações de *Barter*

O *Barter* é uma operação muito utilizada no agronegócio brasileiro, cujo objetivo principal é conectar as partes interessadas em efetuar transações de troca de produtos (daí o porquê da utilização do termo *barter*, em inglês, uma vez que o mesmo significa "permuta"). A operação de troca no Brasil existe há anos (pode-se dizer que desde a década de 90), e representa um valioso e muito utilizado mecanismo para o incremento do volume de negócios entre todos os *players* da cadeia de produção e comercialização do agronegócio.

Em regra, a operação de *Barter* possui três partes envolvidas: (1) o produtor, que necessita dos insumos para plantar e se compromete a entregar sua produção futura para a empresa fornecedora de insumos, por meio da emissão de uma CPR; (2) a empresa fornecedora de insumos, que aceita a promessa de entrega de produtos agrícolas do produtor rural e negocia a referida produção com uma compradora final; e (3)

[370] Nesse sentido, Heloisa Slav afirma que "a arbitragem como mecanismo de resolução de conflitos surge como medida de justiça alternativa para atender as preocupações dos financiadores estrangeiros, que poderão se valer de árbitros especializados para o julgamento do processo no país, permitindo maior celeridade e efetividade na resolução da disputa, pois não se sujeita aos inúmeros recursos e graus recursais existentes no nosso sistema judiciário, conferindo maior segurança na interpretação mais adequada das complexas estruturações contratuais de financiamento à exportação brasileira." (Slav, Heloísa. *A Arbitragem nas Operações de Financiamento à Exportação*. São Paulo, In Reis, Marcos Hokumura (Coord.). Editora Verbatim, 2018.)

a empresa compradora final, que tem interesse nos produtos agrícolas e, portanto, aceita antecipar os recursos financeiros para a empresa de insumos.

É muito comum que as partes envolvidas no negócio formalizem um Acordo Operacional para o *Barter*, o qual conterá todas as regras da operação, incluindo prazos para entrega de produtos e desembolsos financeiros, bem como autorizações expressas de cessão da CPR e suas garantias.

Vale comentar que como a "moeda" do produtor é sempre o próprio produto, a operação de *Barter* tende a afastar os riscos causados por eventuais variações no preço da mercadoria, pois independentemente do preço futuro, o produtor rural tem a possibilidade de receber os insumos, planejar a sua produção e fixar sua obrigação de entrega (pagamento) em quantidade de produtos.

Considerando as minucias especificadas acima, não restam dúvidas de que novamente a arbitragem é o método mais adequado para resolução de qualquer disputa advinda das operações de *Barter*, na medida em que garante que profissionais especializados e experientes, escolhidos pelas partes, conhecedores dos usos e costumes da atividade agrícola, julguem demanda com base nas praxes de mercado e nas particularidades do setor.

1.4. Os títulos de financiamento do agronegócio

Os principais títulos de financiamento do Agronegócio são a Cédula de Produto Rural de Produto ("CPR"), a Cédula de Produto Rural Financeira ("CPR-F"), o Certificado de Direitos Creditórios do Agronegócio ("CDCA"), o Certificado de Recebíveis do Agronegócio ("CRA"), o Certificado de Depósito Agropecuário e Warrant Agropecuário (CDA/WA), a Letra de Crédito do Agronegócio ("LCA") e a Cédula Imobiliária Rural – CIC, recentemente criada pela Lei 13.986/2020, denominada de a "Nova Lei do Agro".

A CPR representa uma obrigação de entrega futura de produtos rurais, de acordo com a quantidade, especificação do produto e local definidos no próprio título. É um título de crédito líquido, certo e exigível[371].

[371] Na prática, ao emitir uma CPR, o produtor rural se obriga a entregar determinado produto à terceiro, sempre almejando algo em contrapartida, que pode ser antecipação de recursos financeiros, recebimento antecipado de fertilizantes e/ou outras matérias-primas,

O legislador, posteriormente, também criou a Cédula de Produto Rural Financeira – CPR-F, também considerada um título de crédito, mas com liquidação financeira, ou seja, contém a obrigação de pagamento em dinheiro, pelo emitente, para o titular do título, com base na fixação de um preço certo ou a ser definido[372].

O CDCA é um título de crédito que contém a obrigação do emitente de realizar o pagamento em dinheiro ao titular deste título, na data nele pactuada, devendo obrigatoriamente ser emitido com lastro em direitos creditórios do agronegócio (normalmente se utiliza lastros oriundos de uma ou mais CPRs). Podem ser emissoras do CDCA tanto as cooperativas de produtores rurais e empresas de comercialização, beneficiamento ou industrialização de produtos agropecuários, além de empresa de insumos agropecuários, de máquinas e implementos ligados ao setor produtivo agropecuário.

O CRA é um título de crédito de emissão exclusiva das companhias securitizadoras de direitos creditórios do agronegócio, que contém a promessa de pagamento, em dinheiro, do valor pactuado na data de vencimento do título. Trata-se de um título eminentemente ligado ao mercado de capitais e que garante ao investidor uma proteção adicional de segregação dos ativos vinculados ao patrimônio e atividades da emitente (empresa securitizadora).

O CDA e o WA são título unidos e somente podem ser emitidos pelo depositário (guardião do bem depositado), a pedido do depositante (titular do bem depositado). O CDA é título de crédito que representa a promessa de entrega de produtos agropecuários, seus derivados, subprodutos e resíduos de valor econômico, depositados em armazéns gerais, conforme regulado pelo sistema de armazenagem de produtos do agronegócio. Por seu turno, o WA é um título de crédito que contém obrigação e promessa de pagamento, em dinheiro, ao titular do título,

fixação antecipada do preço do produto, dentre outras. Importante registrar que a emissão de uma CPR sem que haja a sua contrapartida desvirtua, por completo, a sua finalidade e essência.

372 A possibilidade de liquidação financeira concedeu à CPR acesso ao mercado financeiro e de capitais. Inúmeros investidores, instituições financeiras, *trading companies*, dentre outros *players* do Agronegócio, fomentam e financiam os produtores e empresas rurais através de CPRFs.

que confere, por expressa previsão legal, direito real de penhor sobre o CDA e sobre o produto nele descrito.[373]

A LCA é um título de crédito de emissão exclusiva de instituições financeiras públicas ou privadas, que, obrigatoriamente, deverá estar lastreado em direitos creditórios a ele vinculados, e que representa a promessa de pagamento em dinheiro ao seu titular. Esse título garante ao investidor uma certa mitigação de risco do mercado agropecuário, pois o emitente e devedor principal sempre será uma instituição financeira. Em que pese tal título ter como lastro créditos do agronegócio, ao seu vencimento, quem deverá cumprir com a obrigação principal de pagamento será sempre a instituição financeira.

Os títulos de financiamento do agronegócio acima definidos são dotados, se emitidos de acordo com a legislação pertinente, de liquidez, certeza e exigibilidade, e conferem ao seu titular, em caso de inadimplemento do emitente, o direito de ajuizar ação de execução judicial.[374]

Em que pese a possibilidade de execução judicial do título de crédito do agronegócio, é perfeitamente possível que o referido título seja composto por cláusula de eleição de foro judicial e cláusula compromissória de arbitragem. Em regra, a cláusula arbitral exclui a competência do juízo estatal para decidir sobre a matéria objeto do litígio[375]. A dou-

[373] Tais títulos são utilizados principalmente para financiamento de estoque de produtos, a fim de possibilitar que o produtor possa obter recursos financeiros necessários para armazenar seu estoque para ser vendido no melhor momento possível (normalmente na entressafra, quando os preços do produto tendem a aumentar). O mercado batizou esse tipo de financiamento como operação de "Warrantagem".

[374] Apenas para demonstrar a importância dos títulos acima citados para o desenvolvimento do Agronegócio, seguem os volumes negociados na CETIP até setembro de 2019: CRA: R$40 bilhões; CDCA: R$8 bilhões; LCA: R$78 bilhões. (https://www.cetip.com.br/boletimcetip – acesso em 23/10/2020)

[375] Sobre o tema, vale lembrar as palavras de Carlos Alberto Carmona "*Não há, porém, incongruência alguma entre a existência de um título executivo e a possibilidade de arbitragem, mas a correlação entre os temas deve ser bem compreendida: se houver alguma dúvida sobre o título (ou sobre as obrigações ali consignadas), tal crise de certeza deve ser dirimida pela via arbitral; mas se houver inadimplemento, o credor socorrer-se-á desde logo da via judicial, propondo demanda de execução, sem que haja espaço para a arbitragem*"... "*Mas, proposta a demanda executiva, o que fazer com os embargos à execução que o devedor poderá manejar? Parece razoável deduzir que, havendo cláusula compromissória – e tratando os embargos de matéria de fundo (validade, eficácia e extensão do título executivo) –, caberá levar tais questões aos árbitros, tocando ao juiz togado apenas o julgamento de embargos que tra-*

trina[376] e a jurisprudência[377] possuem entendimento pacífico no sentido de admitir a propositura de ação de execução de título extrajudicial, incluindo todos os títulos do agronegócio, mesmo em caso de coexistência de cláusula compromissória[378].

A inserção de cláusulas compromissórias nos títulos de crédito deve ser considerada como meio de afastar do Poder Judiciário a competência para o julgamento de matérias de mérito atinentes aos indesejáveis embargos do devedor[379], ou eventuais ações ordinárias autônomas de inexigibilidade ou nulidade de título, de modo a garantir que, por meio do exercício da autonomia da vontade das partes, eventuais disputas,

tem de questões processuais". (Carmona, Carlos Alberto. Considerações sobre a cláusula compromissória e a cláusula de eleição de foro. In Arbitragem: Estudos em homenagem ao Prof. Guido Fernando da Silva Soares, in memoriam. Coord. Carlos Alberto Carmona, Selma Ferreira Lemes e Pedro Batista Martins. São Paulo: Atlas, 2007, p. 43).

376 Ensina Humberto Theodoro Junior: "se o contrato configura, por si só, e por suas garantias, um título executivo extrajudicial, o credor não fica inibido de executá-lo judicialmente, mesmo existindo convenção de arbitragem. É que não se insere nos poderes dos árbitros a atividade executiva, mas apenas a de acertamento. Assim, não se pode exigir que todas as controvérsias oriundas de um contrato sejam submetidas à solução arbitral, se, como no caso da execução, a via da arbitragem se revela impotente" (Theodoro Júnior, Humberto. Processo de execução e cumprimento da sentença. São Paulo: Universitária de Direito, 2014, p. 146.). No mesmo sentido, explicou Letícia Abdala: "A dúvida que surge quando se discute a possibilidade de ajuizamento de ação executiva fundada em título extrajudicial que contenha convenção de arbitragem é em relação aos embargos à execução, pois, dependendo da matéria, a análise dos embargos caberá aos árbitros (quando se tratar de questão de mérito), enquanto que eventuais defesas processuais, ou excesso de execução, poderão ser arguidas perante o juiz. Assim, caso se pretenda a discussão de matéria de fundo, esta deverá se dar através de procedimento arbitral, e não de embargos, com a suspensão da execução" (Abdalla, Letícia Barbosa e Silva. Execução de título extrajudicial. existência de cláusula compromissória. Exceção de pré-executividade. In Revista de Arbitragem e Mediação, n. 15, out-dez, 2007, p. 224).

377 STJ REsp 944.917/SP, Rel. Ministra Nancy Andrighi, Terceira Turma, julgado em 18/09/2008, DJe 03/10/2008.

378 Nesse sentido, vale destacar que o assunto em questão também foi objeto de debates na I Jornada de Prevenção e Solução Extrajudicial de Litígios do Conselho da Justiça Federal, que culminou com a aprovação do Enunciado 12: "A existência de cláusula compromissória não obsta a execução de título executivo extrajudicial, reservando-se à arbitragem o julgamento das matérias previstas no art. 917, incisos I e VI, do CPC/2015".

379 STJ, REsp 1465535 – Relator Ministro Luís Felipe Salomão. Julgamento: 21/06/2016. DJE: 22/08/2016.

relacionadas somente ao mérito, sejam solucionadas com a qualidade técnica e a eficiência que a arbitragem é capaz de oferecer.

Por fim, em que pese a coexistência benéfica, pacífica e até mesmo recomendável das cláusulas acima mencionadas, é importante que elas sejam elaboradas com redação técnica e precisa, a fim de se evitar a inclusão de cláusula patológica nos títulos de crédito, o que iria na contramão da segurança jurídica e da celeridade.

2. A Cédula imobiliária rural – CIR criada pela Nova Lei do Agronegócio (Lei Federal nº 13.986/2020)

Além dos títulos de financiamento típicos do agronegócio, há que se ressaltar a criação da Cédula Imobiliária Rural – CIR pela Nova Lei do Agronegócio (originada da Medida Provisória nº 897/19).

A CIR é um título de crédito nominativo, transferível e de livre circulação, que representa uma promessa de pagamento em dinheiro, decorrente de operação de crédito de qualquer modalidade, com obrigação de entrega de bem imóvel rural diretamente em favor do credor, no todo ou em parte, vinculado ao patrimônio rural em afetação, em caso de descumprimento da obrigação de pagamento da operação até a data do vencimento.

A emissão da CIR será feita pelo proprietário de imóvel rural, pessoa física ou jurídica, que houver constituído patrimônio em afetação.

A CIR será levada a registro ou a depósito em entidade autorizada pelo Banco Central do Brasil a exercer a atividade de registro ou depósito centralizado de ativos financeiros e de valores mobiliários, nos termos da Lei nº 12.810, de 15 de maio de 2013, no prazo de 5 (cinco) dias úteis, contados da data de sua emissão, o que constitui condição necessária para que ela tenha eficácia executiva sobre o patrimônio rural em afetação a ela vinculado.

Na forma do artigo 22 da Lei Federal nº 13.986/2020, a CIR deverá conter os seguintes requisitos lançados em seu contexto: (a) a denominação "Cédula Imobiliária Rural"; (b) a assinatura do emitente; (c) o nome do credor, permitida a cláusula à ordem; (d) a data e o local da emissão;(e) a promessa do emitente de pagar o valor da CIR em dinheiro, certo, líquido e exigível no seu vencimento;(f) a data e o local do pagamento da dívida e, na hipótese de pagamento parcelado, as datas e os valores de cada prestação; (g) a data de vencimento; (h) a identificação do patrimônio rural em afetação, ou de sua parte, correspondente à garantia oferecida na CIR; (i) a autorização irretratável para que o oficial de registro de imóveis processe, em favor do credor, o registro de transmissão da propriedade do imóvel rural, ou da fração, constituinte do patrimônio rural em afetação vinculado à CIR.

De acordo com a Nova Lei do Agronegócio, verifica-se que o proprietário do imóvel deverá, em uma primeira etapa, instituir o patrimônio rural em afetação e, somente após, ele poderá vincular esse patrimônio à emissão da CIR. O emitente da CIR usará o imóvel rural objeto do patrimônio rural em afetação, por sua conta e risco, devendo empregar, na sua guarda, a diligência exigida por sua natureza.

Na hipótese de o bem imóvel objeto da afetação ser desapropriado ou danificado por fato imputável a terceiro, o credor será automaticamente sub-rogado no direito à indenização devida pelo expropriante ou pelo terceiro causador do dano, até o montante necessário para liquidar ou amortizar a obrigação garantida. Verifica-se um ônus adicional para o credor, na medida em que deverá diligenciar-se para o monitoramento da situação do imóvel rural objeto da garantia.

De acordo com o texto legal, o vencimento da CIR será antecipado, independentemente de aviso ou interpelação judicial ou extrajudicial, nas hipóteses de: (a) descumprimento das obrigações de que trata o inciso I do *caput* do art. 14 desta Lei; (b) insolvência civil, falência ou recuperação judicial do emitente; ou (c) existência de prática comprovada de desvio de bens e administração ruinosa do imóvel rural que constitui o patrimônio rural em afetação a ela vinculado. Tendo em vista a previsão legal expressa na Nova Lei do Agronegócio, entende-se que não se aplica a discussão sobre a ilegalidade da cláusula *ipso facto*, de modo que o credor não se sujeita aos efeitos da recuperação judicial e a insolvência implica vencimento antecipado das obrigações.

Vencida a CIR e não liquidado o crédito por ela representado, o credor poderá exercer de imediato o direito à transferência, para sua titularidade, do registro definitivo da propriedade da área rural que constitui o patrimônio rural em afetação, ou de sua fração, vinculado à CIR. Referida transferência realizar-se-á diretamente no cartório de registro de imóveis correspondente, sem a necessidade de qualquer autorização preliminar, seja judicial, arbitral ou administrativa.

Se a área rural vinculada à CIR estiver contida em uma área maior, o oficial de registro de imóveis, de ofício e à custa do beneficiário final, efetuará o desmembramento e estabelecerá a matrícula própria correspondente.

Após o recebimento do imóvel rural pelo credor, aplica-se o procedimento de venda extrajudicial previsto nos artigos 26 e 27 da Lei nº 9.514, de 20 de novembro de 1997, respeitado o disposto no § 3º do artigo 28 da Nova Lei do Agronegócio (possibilidade de prosseguimento da cobrança do saldo em aberto). Em outras palavras, se, no segundo leilão de que trata o art. 27 da Lei nº 9.514, de 20 de novembro de 1997, o maior lance oferecido não for igual ou superior ao valor da dívida, somado ao das despesas, dos prêmios de seguro e dos encargos legais, incluídos os tributos, o credor poderá cobrar do devedor, por via executiva, o valor remanescente de seu crédito, sem nenhum direito de retenção ou indenização sobre o imóvel alienado. Trata-se de importante disposição legal que permite expressamente a cobrança do saldo remanescente do crédito, se houver.

3. O Patrimônio em afetação previsto na Nova Lei do Agronegócio

Como se verifica na Nova Lei do Agronegócio, o proprietário de imóvel rural, pessoa natural ou jurídica, poderá submeter seu imóvel rural ou fração dele ao regime de afetação. O artigo 7º, parágrafo único, da nova lei estabelece que:

> no regime de afetação de que trata o caput deste artigo, o terreno, as acessões e as benfeitorias nele fixadas, exceto as lavouras, os bens móveis e os semoventes, constituirão patrimônio rural em afetação, destinado a prestar garantias por meio da emissão de Cédula de Produto Rural (CPR), de que trata a Lei nº 8.929, de 22 de agosto de 1994, ou em operações financeiras contratadas pelo proprietário por meio de Cédula Imobiliária Rural (CIR)".

Melhim Namem Chalhub[380] define patrimônio de afetação como:

> "[o] patrimônio – conjunto de bens, direitos e obrigações, suscetíveis de apreciação econômica, que corporificam o ativo e o passivo de uma pessoa – constitui uma universalidade de direito, isto é, 'um todo que emerge das

[380] Chalhub, Melhim Namem. Alienação Fiduciária: negócio fiduciário. 6ª ed. rev. atual. ampl. Rio de Janeiro: Forense, 2019, p. 63-64.

unidades que o compõem', a que o direito confere identidade de uma nova coisa.

(...) Integram o patrimônio todas as relações jurídicas, de natureza obrigacional ou real, de que seja parte determinada pessoa, com seus valores ativos e passivos, envolvendo o direito de propriedade e outros direitos reais, a posse, os direitos creditórios, em geral, e as obrigações correspondentes a esses direitos.

Todos esses elementos são reunidos num conjunto e formam uma unidade jurídica, abstrata e distinta dos elementos materiais que o compõem".

O regime de afetação é uma segregação patrimonial que tem como objetivo funcionalizar uma destinação específica. Na Nova Lei do Agronegócio, o patrimônio rural em afetação tem como escopo assegurar o cumprimento das obrigações assumidas pelo emitente da CIR e/ou da CPR, criando uma garantia forte e imune a diversas intempéries jurídicas que serão tratadas mais adiante[381].

Tendo em vista o objetivo funcional do patrimônio em afetação na Nova Lei do Agronegócio, há vedação expressa sobre a constituição de patrimônio rural em afetação quando o imóvel já estiver gravado por hipoteca, por alienação fiduciária de coisa imóvel ou por outro ônus real, ou, ainda, que tenha registrada ou averbada em sua matrícula qualquer uma das informações de que trata o art. 54 da Lei nº 13.097, de 19 de janeiro de 2015. Também não é possível a constituição do regime de afetação sobre a pequena propriedade rural de que trata a alínea "a" do inciso II do caput do art. 4º da Lei nº 8.629, de 25 de fevereiro de 1993. Além disso, não se admite o regime de afetação sobre área de tamanho inferior ao módulo rural ou à fração mínima de parcelamento, o que

[381] Tal iniciativa do legislador pátrio contribui para o fortalecimento do mercado, na medida em que a confiança e a segurança de um determinado mercado são essenciais para a atratividade do investimento. Sobre esse ponto, asseveram que "o interesse público subjacente ao funcionamento do mercado de valores mobiliários, que vive da aplicação das poupanças dos aforradores, pressupõe a existência de condições de segurança como motivadoras da tomada de uma decisão de investimento. A segurança do investimento e a confiança no mercado são, portanto, condições essenciais ao regular funcionamento deste, pois delas depende a decisão do investidor no sentido de aplicar, neste mercado, as suas poupanças" (Certificado de recebíveis do agronegócio: os sistemas agroindustriais e o mercado de capitais/Renato Buranello, Erik Oioli. – Londrina/PR: Thoth, 2019, p.183.)

for menor, nos termos do art. 8º da Lei nº 5.868, de 12 de dezembro de 1972; ou o bem de família de que trata a Lei nº 10.406, de 10 de janeiro de 2002 (Código Civil), exceto na situação prevista no § 2º do art. 4º da Lei nº 8.009, de 29 de março de 1990.

O patrimônio rural em afetação é constituído por solicitação do proprietário por meio de registro no cartório de registro de imóveis.

Os bens e os direitos integrantes do patrimônio rural em afetação não se comunicam com os demais bens, direitos e obrigações do patrimônio geral do proprietário ou de outros patrimônios rurais em afetação por ele constituídos, desde que vinculado este patrimônio (rural em afetação) a CIR ou a CPR. De acordo com a lei, nenhuma garantia real, exceto por emissão de CIR ou de CPR, poderá ser constituída sobre o patrimônio rural em afetação.

O imóvel rural, enquanto estiver sujeito ao regime de afetação de que trata esta Lei, ainda que de modo parcial, não poderá ser objeto de compra e venda, doação, parcelamento ou qualquer outro ato translativo de propriedade por iniciativa do proprietário.

O patrimônio rural em afetação, ou parte dele, não poderá ser utilizado para realizar ou garantir o cumprimento de qualquer outra obrigação assumida pelo proprietário estranha àquela a qual esteja vinculado; e é impenhorável e não poderá ser objeto de constrição judicial.

O patrimônio rural em afetação ou a fração destes vinculados a CIR ou a CPR, incluídos o terreno, as acessões e as benfeitorias fixadas no terreno, exceto as lavouras, os bens móveis e os semoventes, não são atingidos pelos efeitos da decretação de falência, insolvência civil ou recuperação judicial do proprietário de imóvel rural; e não integram a massa concursal. No entanto, é de se atentar ao fato de que, por determinação legal, o patrimônio rural em afetação não está isento e desvinculado das dívidas do proprietário do imóvel oriundas de obrigações trabalhistas, previdenciárias e fiscais.

O patrimônio em afetação é algo conhecido no setor imobiliário há muitos anos e tem como escopo afastar eventuais consequências de quebra da *holding*[382]. Pela afetação patrimonial, a unicidade do patrimônio

[382] Roma, Bruno Marques Bensal. Incorporação Imobiliária e Recuperação Judicial: reflexões para compatibilização. Revista de Direito Recuperacional e Empresa | vol. 10/2018 | Out-Dez / 2018 DTR\2018\22693 p. 3.

– os bens e direitos que o compõem – é pontualmente flexibilizada para que seja vertida a uma finalidade específica, gestão ou garantia, e segregada do patrimônio geral do incorporador. Não há, pois, a exclusão do ativo do patrimônio do sujeito, mas uma indisponibilidade vinculada à garantia do alcance de um determinado objetivo, no caso, a consecução da incorporação imobiliária, materializada pelo desenvolvimento e conclusão do empreendimento[383].

Cria-se, assim, uma incomunicabilidade de bens do incorporador justificada pelo desenvolvimento do empreendimento. Os ativos segregados ficam afetados a essa finalidade e, para tanto, são afastados dos riscos e obrigações relativos às demais atividades que não digam respeito ao objeto de afetação. O ordenamento jurídico passa, assim, a reconhecer, em situações excepcionais e bastante pontuais, uma proteção reforçada ao credor, decorrente da *separação patrimonial*. Para Milena Donato Oliva:

> O patrimônio separado, afetado, segregado, especial, destacado ou destinado constitui, em linhas gerais, o núcleo patrimonial pertencente a um sujeito que convive ao lado do patrimônio geral deste, submetido à disciplina jurídica própria, condizente com a finalidade a que se destina e que o unifica. Neste caso, a mesma pessoa, física ou jurídica, titulariza mais de um patrimônio com autonomia – relativa ou absoluta – entre si. Integra a esfera jurídica do sujeito, assim, mais de um patrimônio[384].

A sua relevância está atrelada justamente ao fato de que essa segregação propicia maior segurança à consecução de sua finalidade precípua, que se traduz na conclusão da obra e entrega aos adquirentes, porque afasta os ativos destacados de riscos relacionados a outros negócios e responsabilidades do incorporador. No caso da Nova Lei do Agronegócio, verifica-se que o patrimônio em afetação constitui uma garantia muito mais forte, pois assim que segregado um imóvel rural e vinculá-lo

[383] MOTA, Jessica Cristina Coitinho. *Da importância jurídica do regime da afetação patrimonial nas incorporações imobiliárias.* Revista de Direito Imobiliário | vol. 82/2017 | p. 155-181 | Jan--Jun / 2017 DTR\2017\2477 p. 5.

[384] OLIVA, Milena Donato. *Patrimônio separado – herança, massa falida, securitização de créditos imobiliários, incorporação imobiliária, fundos de investimento imobiliário, trust.* Rio de Janeiro: Renovar, 2009, p. 219.

à uma operação financeira, em caso de inadimplemento, o credor poderá solicitar a transferência direta e administrativa desse patrimônio em afetação, sem a necessidade de movimentação da máquina jurisdicional estatal.

De acordo com Melhim Namem Chalhub, o regime jurídico do patrimônio de afetação tem a aptidão de criar uma "vinculação de receitas, pelo qual as quantias pagas pelos adquirentes ficam afetadas à consecução da incorporação, vedado, nos limites definidos pela lei, o desvio de seus recursos para outras finalidades"[385]. É a manifestação, respaldada por lei, da exceção ao princípio de que o patrimônio é garantia geral dos credores, na medida em que, nessas circunstâncias, o patrimônio afetado responde apenas pelas obrigações a ele vinculadas[386].

Em linhas gerais, cria-se uma autonomia funcional em parte do acervo patrimonial do produtor rural. Esse patrimônio é articulado ao cumprimento de uma finalidade específica, com a absorção de obrigações e deveres inerentes à consecução da operação financeira a ele vinculado. Assim, os ativos são direcionados apenas e exclusivamente àquela finalidade e, via reflexa, as obrigações também vindicadas apenas aquelas contraídas em virtude do imóvel rural, não sendo possível conturbar-se o patrimônio em afetação com dívidas outras do produtor rural não adstritas à operação financeira afetada[387].

[385] CHALHUB, Melhim Namem. *Da Incorporação Imobiliária*. 5ª ed. Rio de Janeiro: Forense, 2019, p. 85.

[386] Cf.: *"A separação arbitrária de bens do patrimônio violaria o princípio segundo o qual o patrimônio é a garantia geral dos credores, daí porque a afetação de bens submete-se ao princípio numerus clausus, só sendo admitida nas hipóteses autorizadas ou impostas por lei e com as limitações que a lei estabelecer; sujeita-se, naturalmente, aos requisitos gerais relativos à alienação ou oneração de bens, sendo certo que se constituída em fraude de execução será considerada ineficaz e, se em fraude contra credores, será anulável"*. (CHALHUB, Melhim Namem. *Incorporação Imobiliária: Aspectos do Sistema de Proteção do Adquirente de Imóveis*. Revista de Direito Imobiliário | vol. 75/2013 | p. 167 | jul.-dez. / 2013 | DTR\2013\10166).

[387] Nesse mesmo sentido, Marcelo Sacramone: *"(...)afetação de parcela do patrimônio do devedor a determinada finalidade impede que referido patrimônio seja contaminado ou sofra efeitos das demais obrigações contraídas por aquele devedor. O terreno e as acessões objeto de incorporação imobiliária, bem como os demais bens e direitos a ela vinculados serão mantidos apartados do patrimônio do incorporador e constituirão patrimônio de afetação, destinado à consecução da incorporação correspondente e à entrega das unidades imobiliárias aos respectivos adquirentes."* (SACRAMONE, Marcelo Barbosa. *Os Direitos do Compromissário Comprador diante da Falência ou Recuperação Judicial do Incorpora-*

Na hipótese de inadimplemento da obrigação pelo proprietário do imóvel rural afetado, os bens que estão vinculados não irão concorrer, inclusive, com o acervo patrimonial de uma eventual recuperação judicial ou decretação de falência do produtor[388]. Saliente-se, por oportuno, haver previsão legal expressa de que os bens afetados manter-se-ão apartados do próprio patrimônio do emitente, não se comunicado com os seus demais bens, direitos e obrigações de seu patrimônio em geral, exceto passivos trabalhistas, previdenciários e fiscais.

4. Principais inovações relacionadas à Cédula Imobiliária Rural – CIR

4.1. Brevíssima consideração sobre a alienação fiduciária de bem imóvel

O instituto da alienação fiduciária em garantia, tendo por objeto bem imóvel, é considerado uma supergarantia, haja vista que as garantias até então praticadas não apresentavam a eficiência que o mercado reclamava, seja pela lentidão no processo de excussão da garantia (judicial), seja pela possibilidade de o bem ser constrito em caso de insolvência do devedor[389].

A alienação fiduciária se mostra mais eficiente em comparação à hipoteca, pois permite a excussão de forma muito mais célere e simplificada, em um procedimento extrajudicial[390]. Não por acaso, diz-se que a alienação fiduciária é responsável justamente pela atenuação das difi-

dor de Imóveis. Revista de Direito Bancário e do Mercado de Capitais | vol. 76/2017 | p. 173-193 | abr.-jun. / 2017 | DTR\2017\1648. p. 3).

388 Art. 31-F. Os efeitos da decretação da falência ou da insolvência civil do incorporador não atingem os patrimônios de afetação constituídos, não integrando a massa concursal o terreno, as acessões e demais bens, direitos creditórios, obrigações e encargos objeto da incorporação.

389 A Lei nº 11.101/2005, que disciplina a recuperação judicial, extrajudicial e a falência do empresário e da sociedade empresária, expressamente sujeita os credores detentores de garantias reais, a exemplo do art. 41 (*"Art. 41. A assembléia-geral será composta pelas seguintes classes de credores: (...) I – titulares de créditos com garantia real;"*) e do art. 83 (*"Art. 83. A classificação dos créditos na falência obedece à seguinte ordem: (...) II – créditos com garantia real até o limite do valor do bem gravado;"*).

390 Em identifico sentido, tratando das vantagens da alienação fiduciária quanto à simplificação de sua constituição, seu método mais eficiente de excussão pela via extrajudicial, bem como a proteção à falência do devedor e ao concurso de credores, Cf.: Silva, Fabrício

culdades operacionais e jurídicas encontradas nos instrumentos tradicionais de garantia, porque oferece ao credor fiduciário uma maior eficiência na segurança do crédito concedido mesmo em situações de crise[391]. Álvaro Villaça Azevedo também assevera que a morosidade do Poder Judiciário entrega a tutela jurisdicional ao credor, mas com grandes chances de frustração no que diz respeito ao efetivo recebimento do crédito[392].

Em síntese, o que se entende é que a alienação fiduciária empresta ao credor fiduciário melhores condições de realização de seu direito de crédito por meio da excussão extrajudicial, estando também imune a própria recuperação judicial ou falência do devedor, o que já não ocorre na hipoteca. Observe-se que a lentidão e a complexidade da execução da hipoteca são, verdadeiramente, causas do desprestígio da hipoteca no direito brasileiro, fazendo tal instituto cair em desuso. A alienação fiduciária, a seu turno, com seu procedimento extrajudicial, torna-se uma opção mais atrativa aos credores – *pela eficiência e agilidade na exequibilidade do contrato* – viabilizando-se inclusive o barateamento do próprio crédito imobiliário[393].

A Lei nº 9.514/97, que regulamentou a propriedade fiduciária sobre bens imóveis, representou um significativo avanço, não apenas ao mercado imobiliário, mas aos negócios em geral[394]. Ao estatuir a possibilidade transferência da propriedade imobiliária resolúvel ao credor, em caráter fiduciário, bem como disciplinar o procedimento de excussão extrajudicial do bem em garantia (mais célere), serviu para estimular e,

Rocha Pinto. *Garantias imobiliárias em contratos empresariais: hipoteca e alienação fiduciária*. São Paulo: Almedina, 2014. p. 172 e ss.

391 Terra, Marcelo. *Alienação fiduciária de imóveis em garantia (lei nº 9.514/97, primeiras linhas)*. Porto Alegre: Sérgio Antonio Fabris Editor, 1998. p. 21.

392 Azevedo, Álvaro Villaça. *Curso de Direito Civil. Direito das coisas*. São Paulo: Atlas, 2014. p. 131.

393 Silva, Fabrício Rocha Pinto. *Garantias imobiliárias em contratos empresariais: hipoteca e alienação fiduciária*. São Paulo: Almedina, 2014. p. 176.

394 Constou na exposição de motivos da Lei nº 9.514/97 a importante inovação gerada por essa garantia fiduciária: *"(...) por oferecer segurança quanto à execução sem delongas da garantia, o contrato de alienação fiduciária constitui poderoso estímulo ao crédito, ao investimento nos Certificados de Recebíveis Imobiliários e portanto à aquisição e produção de imóvel mediante pagamento a prazo..."*

consequentemente, baratear a concessão do crédito, atraindo investimentos nacionais e estrangeiros[395].

Os institutos clássicos de garantias reais são, em sua maior parte, de custosa e lenta execução, o que inibe a aplicação de recursos e a concessão de crédito. Surgiu, com a instituição da alienação fiduciária, a oportunidade de o legislador brasileiro suprir importante lacuna no sistema de garantias, permitindo a célere e eficaz recomposição do capital investido, criando condições para a revitalização e expansão do crédito.

Nela, o credor fiduciário recebe a propriedade resolúvel (destinada a resolver-se com a quitação da dívida) e posse indireta do bem, enquanto o devedor fiduciante fica com a sua posse direta, detendo apenas um direito eventual sobre o imóvel (direito de reaver a propriedade após a quitação da dívida).

No aspecto formal (externo), o bem representa um direito real de propriedade ao credor, enquanto no aspecto substancial (interno) representa uma garantia de satisfação de seu crédito.

Os poderes inerentes à propriedade são, em função do pacto de fidúcia, funcionalizados (ou parcialmente limitados) de modo que o negócio atinja os objetivos almejados em prol de todas as partes envolvidas. Orlando Gomes, ao tratar do negócio fiduciário, explica-o em substância e forma:

> "Considerado na perspectiva das limitações do poder do adquirente da propriedade, o negócio fiduciário explica-se à luz de três principais construções teóricas. Serve-se a primeira de um pacto obrigacional agregado à transferência da propriedade, que se destina a neutralizar o efeito real da transmissão, condicionando-o ao fim especial para o qual ela se realiza. As raízes dessa explicação encontram-se no direito romano. A segunda teoria,

[395] *"Na economia globalizada, o investidor tem o mundo todo para investir. As fronteiras nacionais, cada vez mais, não são relevantes para a circulação de bens de produção, mercadorias, serviços ou capitais. Os países, assim, competem pelo mesmo investidor. Um dos principais instrumentos, nesta competição, é o* ***aparato legal****, que reserva ao investimento a* ***devida proteção****. Se o direito brasileiro não proteger devidamente o investimento, o investidor (inclusive o brasileiro) irá direcioná-lo a outras economias. Quanto maior for a segurança jurídica no Brasil, mais investimentos teremos capacidade de atrair. [...] Em suma, ao se atraírem investidores, por meio de uma ordem jurídica protetora do investimento, tutelam-se também, e principalmente, interesses metaindividuais (de trabalhadores, consumidores, Fisco etc.)".* (Coelho, Fabio Ulhoa. *Princípios do Direito Comercial com Anotações ao Projeto de Código Comercial.* São Paulo, Editora Saraiva, 2012, p. 18).

de inspiração alemã, recorre à condição resolutiva para justificar a limitação, no tempo e no conteúdo, do direito real fiduciário. A terceira teoria dissocia o direito do fiduciário, assinalando que, nas relações externas, é de propriedade, e, nas relações internas, de crédito, figurando-o, em certos casos, como um mandatário (*fiduciae cum creditore* e *cum amico*) e, em outros, como *accipiens*".[396]

Nesse sentido, o credor fiduciário recebe um direito real extenso (propriedade), mas fica, no que diz respeito aos poderes inerentes à propriedade, restrito no seu exercício; ao mesmo tempo o devedor fiduciante, ao se retirar da condição de proprietário, fica impedido de dispor do bem, que sequer (ao menos em tese) pode ser atingido pelos seus credores, uma vez que deixa de compor o seu patrimônio[397].

Uma vez quitada a obrigação garantida, a propriedade do bem retorna ao patrimônio do fiduciante por força da condição resolutiva[398]. Nesse ponto, percebe-se que, embora a propriedade fiduciária se mantenha intacta até integral satisfação do crédito, a expectativa do devedor de reaver a propriedade se consolida à medida em que avança no pagamento da dívida.

Em caso de mora do devedor-fiduciante, o credor-fiduciário poderá dar início ao processo de excussão extrajudicial, cujas etapas são bem definidas em lei e devem ser estritamente observadas (art. 26 e seguintes da Lei nº 9.514/1997), sob pena de viciar o procedimento.

[396] Gomes, Orlando. Alienação fiduciária em garantia. São Paulo: Revista dos Tribunais, 1970, p. 41.

[397] No ordenamento jurídico brasileiro vige o princípio da *responsabilidade patrimonial*, segundo o qual o patrimônio do indivíduo responde por suas *obrigações*, a teor do art. 391 do Código Civil de 2002: "*pelo inadimplemento das obrigações respondem todos os bens do devedor*". Partindo-se dessa premissa, salvo hipóteses excepcionais (como os de responsabilização solidária e de desconsideração da personalidade jurídica), apenas o patrimônio do devedor é atingido por execuções de seus credores, mesmo no âmbito de sua recuperação judicial ou falência. O já citado art. 49, §3º, da Lei nº 11.101/2005 reforça o direito do credor fiduciário sobre o imóvel em garantia. Além desse, destaque-se o art. 32 da Lei nº 9.514/1997, segundo o qual "*na hipótese de insolvência do fiduciante, fica assegurada ao fiduciário a restituição do imóvel alienado fiduciariamente, na forma da legislação pertinente.*"

[398] Art. 25, *caput*, da Lei nº 9.514/1997: "*Com o pagamento da dívida e seus encargos, resolve-se, nos termos deste artigo, a propriedade fiduciária do imóvel.*"

Em síntese, o processo de excussão envolve a obrigação de o credor intimar pessoalmente o devedor, na forma da lei, conferindo prazo para que purgue a sua mora, sob pena de o credor consolidar-se na propriedade (plena) do imóvel. Nesta hipótese, o credor, já na condição de proprietário pleno, ainda terá o ônus de realizar até dois públicos leilões, sendo-lhe assegurada a reintegração liminar na posse do imóvel (art. 30 da Lei nº 9.514/1997). O objetivo é que o produto da venda do imóvel (observados os parâmetros legais para definição de preço mínimo, de modo a resguardar o devedor e sua coletividade de credores) seja aplicado na quitação da dívida e despesas de cobrança e leilão. O credor estará dispensado desse ônus apenas na hipótese de o devedor oferecer, e o credor aceitar, a dação de seu "direito eventual à propriedade" em pagamento da dívida (art. 26, §8º, da Lei nº 9.514/ /1997).

Por sua estrutura jurídica, confere segurança muito superior às garantias reais clássicas (a propriedade fiduciária é, pode-se dizer, um direito real em garantia e não um direito real de garantia), de modo que (i) o devedor, ao desligar-se da propriedade, fica impedido de desvirtuar o bem em garantia; e (ii) o bem não pode ser atingido por concurso de credores do devedor. A previsão de um procedimento extrajudicial de excussão do bem é também um ganho, porque confere agilidade e previsibilidade. Some-se, ainda, o fato de o credor não ter discricionariedade no exercício da propriedade (deve exercê-la nos limites e para os fins a que foi concebida). Tudo isso serve a beneficiar ambas as partes, encorajando a sua ampla utilização no mercado.

4.2. Possibilidade de prosseguimento da cobrança do saldo devedor

Feitas essas breves considerações sobre a alienação fiduciária de bem imóvel em garantia, faz-se necessário destacar uma das principais inovações da Nova Lei do Agronegócio referente à Cédula Imobiliária Rural e à Cédula de Produto Rural, com patrimônio em afetação: a possibilidade de cobrança do saldo devedor após a realização dos públicos leilões extrajudiciais.

De acordo com o artigo 28, *caput*, da Nova Lei do Agro, vencida a CIR e não liquidada a obrigação por ela representada, o credor poderá exercer de imediato o direito à transferência, para sua titularidade, do registro da propriedade da área rural que constitui o patrimônio rural em afetação, ou de sua fração, vinculado à CIR no cartório de registro de imóveis correspondente.

Já o §2º do mencionado artigo de lei, por sua vez, estabelece que, nessa hipótese, aplica-se a regra inserida nos artigos 26 e 27 da Lei Federal nº 9.514/97. Significa dizer que haverá a instauração do procedimento extrajudicial que culminará nos públicos leilões extrajudiciais destinados à venda judicial, sendo que, no primeiro leilão, o valor mínimo de venda será equivalente ao valor de avaliação do bem imóvel, enquanto, no segundo leilão, será aceito o maior lance oferecido, desde que igual ou superior ao valor da dívida, das despesas, dos prêmios de seguro, dos encargos legais, inclusive tributos, e das contribuições condominiais.

Entretanto, o artigo 28, § 3º, da Nova Lei do Agronegócio estabelece que se, no segundo leilão de que trata o art. 27 da Lei nº 9.514, de 20 de novembro de 1997, o maior lance oferecido não for igual ou superior ao valor da dívida, somado ao das despesas, dos prêmios de seguro e dos encargos legais, incluídos os tributos, o credor poderá cobrar do devedor, por via executiva, o valor remanescente de seu crédito, sem nenhum direito de retenção ou indenização sobre o imóvel alienado.

Nessa hipótese, vale lembrar que o imóvel será definitivamente incorporado ao patrimônio do credor, pelo valor de avaliação devidamente corrigido na forma estabelecida no título, podendo o credor perseguir o saldo remanescente da dívida contra o emitente da CIR até sua satisfação integral e plena.

Analisando exclusivamente a Lei 9.514/97, em se tratando de excussão extrajudicial do bem alienado fiduciariamente, há entendimento no sentido de se admitir a continuidade da cobrança de eventual saldo devedor, e outra vertente em sentido diametralmente oposto, tudo girando em torno da outorga do "termo de quitação" pelo credor em favor do devedor, disposto no art. 27, §§ 5º e 6º da Lei 9.514/97.

Os argumentos daqueles que entendem pela possibilidade de prosseguimento da execução são de que a outorga da quitação faz sentido no contexto do sistema financeira de habitação, com o escopo de preservar a um interesse maior da coletividade, sem que haja indevida limitação da responsabilidade civil do devedor em contrariedade aos artigos 391, do Código Civil[399]

[399] Art. 391. Pelo inadimplemento das obrigações respondem todos os bens do devedor.

e 789 do Código de Processo Civil[400], que preconizam a responsabilidade do devedor com todos os seus bens para o pagamento de dívida[401-402].

Outros sustentam que a impossibilidade de prosseguimento para cobrança de saldo da dívida contrariaria a regra geral dos artigos 1.366 e 1.430, do Código Civil, gerando enriquecimento ilícito do devedor (o que é vedado pelo artigo 884 do Código Civil), já que, havendo saldo a se cobrar, após excutidas as garantias empenhadas ou hipotecadas, a execução deve prosseguir[403].

[400] Art. 789. O devedor responde com todos os seus bens presentes e futuros para o cumprimento de suas obrigações, salvo as restrições estabelecidas em lei.

[401] "Trata-se de uma regra de limitação de responsabilidade, pois limita a exposição patrimonial do devedor ao valor do bem objeto da garantia, de modo que o credor não poderá acessar o restante do patrimônio para reembolsar-se do seu crédito. Essa limitação legal modifica diretamente o princípio de que o patrimônio responde pelas dívidas, a chamada responsabilidade geral sobre o patrimônio, expressa no art. 391 do Código Civil e no art. 789 do Código de Processo Civil. Ademais, está claro que subverte o princípio da acessoriedade das garantias, em que a garantia acompanha o principal e este extingue a garantia – nesse caso, é o inverso: o acessório extingue o principal. A regra tem origem direta no contexto do financiamento habitacional e já se aplicava ao SFH. Tanto na excussão extrajudicial hipotecária do Decreto-Lei nº 70/1966, quanto na modalidade judicial especial prevista na Lei nº 5.741/1971, não há responsabilidade do devedor pelo saldo remanescente da dívida, após a excussão da hipoteca. Embora a hipótese não esteja prevista no Decreto-Lei nº 70/1966, decorre do art. 7 da Lei nº 5.741/1971." (PINTO E SILVA,Fabio Rocha. *Não exoneração da responsabilidade pessoal do devedor na excussão da alienação fiduciária de imóveis*. In Alienação fiduciária de bem imóvel. Coord: Mauro Antonio Rocha e Marcus Vinicius Kikunaga. São Paulo: Editorial Lepanto, 2018, p. 220).

[402] A doutrina especializada assevera que "nas situações em que a adjudicação surge como a única alternativa possível para o credor, a imposição da quitação como seu efeito necessário revela-se excessivamente limitadora da situação jurídica subjetiva ativa, a colocar em xeque o acerto da opção legislativa" (GUEDES, Gisela Sampaio da Cruz; TERRA, Aline de Miranda Valverde. *Pacto Comissório vs. Pacto Marciano: estruturas semelhantes com repercussões diversas*; in: Direito das Garantias. Coordenação de Gisela Sampaio da Cruz Guedes; Maria Celina Bodin de Moraes; e Rose Melo Vencelau Meireles. São Paulo: Saraiva, 2017, p. 234).

[403] "A quitação obrigatória da dívida garantida por alienação fiduciária, após segundo leilão negativo do imóvel, embora expressamente prevista em lei e condizente com a proteção que se busca para os mutuários de financiamentos habitacionais, dado o seu espectro maior de resguardo de todo o sistema de financiamentos habitacionais, contraria a regra geral das garantias reais estampada no artigo 1.430 do Código Civil, segundo o qual, quando excutido o penhor, ou executada a hipoteca, o produto não bastar para pagamento da dívida e

Há que se mencionar, nesse contexto, a exceção prevista no art. 9[404] da Lei nº 13.476/17, que autoriza a continuidade da cobrança de eventual saldo devedor quando decorra de operação bancária lastreada em contrato de abertura de crédito, hipótese reservada às instituições financeiras, não se aplicando o disposto no art. 27, §§ 5º e 6º da Lei 9.514/97.

Cotejados os entendimentos doutrinários a respeito da questão, pode ficar a impressão de que a previsão de quitação de que trata o artigo 27 da Lei 9.514/97 deveria ser direcionada exclusivamente às hipóteses de financiamento imobiliário, do sistema financeiro de habitação, partindo-se da premissa de que, em outras relações jurídicas, há igualdade e paridade (salvo particularidades do caso concreto que afastem essa premissa), permitindo-se a renúncia contratual[405].

Interessante notar que nenhum dos doutrinadores supramencionados (que defendam a tese de que o credor possa prosseguir para cobrar o saldo) se utiliza do argumento de que não há justificativa para se possibilitar essa cobrança somente às instituições financeiras nos contratos de abertura de crédito, e não aos fundos de investimentos e às securitizadas de crédito, por exemplo.

Nesse contexto normativo, seria recomendável a alteração legislativa para que tanto o fiduciante como o fiduciário não fiquem à mercê de uma definição interpretativa do Poder Judiciário, o que ensejaria uma

despesas judiciais, continuará o devedor obrigado pessoalmente pelo restante." (AMARAL, Fernanda Costa do. *Não extinção legal da dívida fiduciária após o segundo leilão negativo do imóvel.* In Alienação fiduciária de bem imóvel. Coord: Mauro Antonio Rocha e Marcus Vinicius Kikunaga. São Paulo: Editorial Lepanto, 2018, p. 270).

[404] "Art. 9º Se, após a excussão das garantias constituídas no instrumento de abertura de limite de crédito, o produto resultante não bastar para quitação da dívida decorrente das operações s financeiras derivadas, acrescida das despesas de cobrança, judicial e extrajudicial, o tomador e os prestadores de garantia pessoal continuarão obrigados pelo saldo devedor remanescente, não se aplicando, quando se tratar de alienação fiduciária de imóvel, o disposto nos §§ 5º e 6º do art. 27 da Lei nº 9.514, de 20 de novembro de 1997."

[405] Tatiana Bonatti Peres e Renato Pinheiro Jabour entendem que os parágrafos 5 e 6 do art. 27 da Lei 9.514/97 têm natureza cogente somente para contratos firmado no âmbito do Sistema Financeiro da Habitação, excluída as hipóteses de dívida em que a garantia fiduciária tiver por objeto dívida que não seja decorrente de um financiamento imobiliário." (PERES; FAVACHO *Alienação fiduciária em garantia de bens imóveis e a quitação sem pagamento prevista nos parágrafos 5 e 6 do artigo 27 da lei 9.514/97.*Agronegócio. Lisboa: Chiado, 2017, v. 2, p. 121 e ss.)

indesejável insegurança jurídica. Em linha com o seu espírito funcional e favorável ao aumento dos investimentos no agronegócio, a Cédula Imobiliária Rural prevê expressamente a possibilidade de o credor perseguir o saldo da dívida, o que coloca uma pá de cal na discussão que existe quando se está diante da alienação fiduciária e certamente gera muito mais atratividade para essa novel modalidade de operação de financiamento do agronegócio.

4.3. Possibilidade de declaração de que o imóvel afetado não é essencial

Outra importante inovação trazida pela Nova Lei do Agronegócio reside na possibilidade de a emitente da CPR declarar sobre a essencialidade dos bens móveis e imóveis dados em garantia fiduciária. Parece-nos que a mesma premissa pode ser utilizada pelo emitente da CIR na originação da operação estruturada.

A recuperação judicial, disciplinada pela Lei nº 11.101/2005 ("LRF") e subsidiariamente pelo Código de Processo Civil, é um mecanismo por meio do qual o devedor em crise – mas cuja atividade econômica ainda seja viável – busca viabilizar a sua reestruturação em ambiente de fiscalização pelo Poder Judiciário.

A recuperação judicial se apresenta como importante instrumento para buscar conciliar os interesses da empresa e da sua coletividade de credores[406]. Mais que isso, considerando que a atividade empresarial representa fonte geradora de riquezas e empregos, a possibilidade de propiciar-se a sua manutenção é de interesse de toda a sociedade. Nesse sentido, a própria LRF consagrou o *princípio da preservação da empresa* como o principal vetor interpretativo do processo, alicerçado no reconhecimento de que a empresa exerce uma *função social.*

A recuperação judicial se desenvolve basicamente em duas fases, sendo que a primeira delas se inicia com o deferimento do pedido de processamento e finda com a homologação do pedido de recuperação judicial. A segunda fase se inicia com a *homologação do plano* pelo Juízo (que controla a legalidade do plano, bem como de todos os atos do procedimento de recuperação judicial) e se encerra, por sentença, após um

[406] AYOUB, Luiz Roberto; CAVALI, Cássio. *A Construção Jurisprudencial da Recuperação Judicial de Empresas*. Rio de Janeiro: Forense, 2016, p. 249.

período de dois anos (período em que o cumprimento das obrigações do plano é supervisionado pelo Juízo, com apoio do Administrador Judicial).

E para permitir um ambiente adequado para que o devedor possa elaborar e negociar a sua reestruturação com seus credores, a LRF concede um período de "blindagem"[407], o chamado *stay period*.

A essencialidade é sempre motivo para muito debate, sobretudo porque não é simples se entender o que efetivamente possa ser considerado "bem de capital essencial", para fins de aplicação do disposto no art. 49, § 3º da Lei 11.101/05[408].

O bem alienado fiduciariamente não pode ser considerado essencial porque sua titularidade já não mais pertence ao devedor (levando-se em conta que transferida a propriedade ao credor fiduciário). Partindo-se do princípio da boa-fé contratual, a partir do momento que o próprio devedor optou por alienar determinado bem, assumiu o risco de perdê-lo em caso de inadimplemento[409].

[407] Nessa linha, Marcelo Barbosa Sacramone assevera que: "*[a] suspensão das ações e execuções ocorre também em face do empresário devedor submetido à recuperação judicial e a partir da publicação da decisão de processamento da recuperação judicial. Referida suspensão é motivada pela tentativa da lei de criar, com a recuperação judicial, um ambiente institucional para a negociação entre credores e devedor. A suspensão das ações e execuções impede que credores individuais retirem bens imprescindíveis à restruturação da atividade, o que assegura ao devedor a possibilidade de estabelecer no plano de recuperação meios para sanar a crise econômico-financeira pela qual passa. Outrossim, a suspensão das ações individuais incentiva os credores a ingressarem no procedimento concursal para negociar coletivamente com o devedor a melhor alternativa para a satisfação de seus créditos.*" (Comentários à lei de recuperação de empresas e falência. São Paulo: Saraiva Educação, 2018, p. 77-78).

[408] "Art. 49. Estão sujeitos à recuperação judicial todos os créditos existentes na data do pedido, ainda que não vencidos. (...) § 3º Tratando-se de credor titular da posição de proprietário fiduciário de bens móveis ou imóveis, de arrendador mercantil, de proprietário ou promitente vendedor de imóvel cujos respectivos contratos contenham cláusula de irrevogabilidade ou irretratabilidade, inclusive em incorporações imobiliárias, ou de proprietário em contrato de venda com reserva de domínio, seu crédito não se submeterá aos efeitos da recuperação judicial e prevalecerão os direitos de propriedade sobre a coisa e as condições contratuais, observada a legislação respectiva, não se permitindo, contudo, durante o prazo de suspensão a que se refere o § 4º do art. 6º desta Lei, a venda ou a retirada do estabelecimento do devedor dos bens de capital essenciais a sua atividade empresarial."

[409] Situação análoga a essa foi discutida em um recurso especial no qual não foi acolhida a tese de bem de família de imóvel alienado fiduciariamente (REsp 1.559.348, relatado pelo Ministro Luis Felipe Salomão, julgado em 18.06.19)

Uma vez declarado que o bem afetado ou objeto da garantia fiduciária não é essencial às atividades empresariais, conclui-se pela inviabilidade de aproveitamento do *stay period* por parte da recuperanda. A proibição do comportamento contraditório é princípio geral consagrado pela expressão *nemo potest venire contra factum proprium*, que se traduz 'ninguém pode vir contra seus próprios atos'.

Por fim, em que pese o legislador tenha optado apenas por inserir o tema da não essencialidade no parágrafo único do artigo 5º da Lei da CPR, tendo em vista os argumentos acima e considerando que o patrimônio rural em afetação foi idealizado e autorizado para ser vinculado tanto na CPR como na CIR, parece lógico e razoável considerar que as partes podem optar por inserir a declaração de não essencialidade também em financiamentos realizados através da emissão da CIR.

Conclusões

O agronegócio é essencialmente composto por diversas atividades de risco que estão sujeitas às intempéries de mercado, climáticas e outros fatores externos que possam resultar no insucesso do *player*[410]. A Nova Lei do Agronegócio tentou criar um ambiente *seguro* ao desenvolvimento dessa *arriscada* atividade econômica.

A predisposição da lei à criação de instrumentos vocacionados à higidez de sua estrutura não é em vão ou descabida. A mera expectativa de que o investidor possa experimentar uma situação de *crise* econômico-financeira, seja em razão da má administração das atividades ou mesmo por influência de conjunturas macroeconômicas, fez com o que o sistema legal se antecipasse na tentativa de garantir *segurança* e *mobilidade* ao investimento na atividade produtiva.

A CIR, o patrimônio em afetação e as demais estruturas abrangidas pela Nova Lei do Agronegócio representam um grande avanço na estruturação do crédito, em especial porque há a criação de uma garantia potencialmente mais *forte* do que a própria alienação fiduciária de bem imóvel, quer seja pela possibilidade de transferência imediata da propriedade em caso de inadimplemento, quer seja pela possibilidade de manutenção da cobrança do saldo da dívida mesmo após os públicos

[410] KATAOKA, Eduardo Takemi. *A recuperação judicial e o patrimônio de afetação*. Revista dos Tribunais Rio de Janeiro | vol. 8/2014 | p. 181-198 | Nov-Dez / 2014 DTR\2015\2018. p. 2.

leilões extrajudiciais, quer seja pela possibilidade de declaração de que aquele bem afetado ou alienado fiduciariamente não é essencial às atividades rurais, ficando, assim, desvinculado da proteção do *stay period*, em processos de recuperação judicial.

Destarte, sob o ponto de vista do patrimônio em afetação, parece-nos não ser possível a desconfiguração da funcionalização do patrimônio separado de modo que seja ele amalgamado na recuperação judicial. Deve-se, pois, ser mantido imune às investidas de quem pretenda arrastá-lo *forçosamente* ao procedimento recuperação judicial, mormente diante do fato de que ele se volta justamente à proteção do sistema privado de financiamento do agronegócio.

Referências

ABDALLA, Letícia Barbosa e Silva. *Execução de título extrajudicial. existência de cláusula compromissória. Exceção de pré-executividade.* In Revista de Arbitragem e Mediação, n. 15, out-dez, 2007.

AZEVEDO, Álvaro Villaça. *Curso de Direito Civil. Direito das coisas.* São Paulo: Atlas, 2014.

AYOUB, Luiz Roberto; CAVALI, Cássio. *A Construção Jurisprudencial da Recuperação Judicial de Empresas.* Rio de Janeiro: Forense, 2016.

BUENO, Francisco de Godoy. *A especialidade dos contratos agrários no contexto do agronegócio. In* Direito agrário e direito do agronegócio: estudos em homenagem à doutora Maria Cecília Ladeira de Almeida / org. Washington Carlos de Almeida; coordenadores Elisabete Aloisa Amaro, Frederico Price Grechi. – Londrina, PR: Thoth, 2019.

BURANELLO, Renato; OIOLI, Erik Oioli. *Certificado de recebíveis do agronegócio: os sistemas agroindustriais e o mercado de capitais*/Renato Buranello, Erik Oioli. – Londrina/PR: Thoth, 2019.

CARMONA, Carlos Alberto. *Considerações sobre a cláusula compromissória e a cláusula de eleição de foro.* In Arbitragem: Estudos em homenagem ao Prof. Guido Fernando da Silva Soares, in memoriam. Coord. Carlos Alberto Carmona, Selma Ferreira Lemes e Pedro Batista Martins. São Paulo: Atlas, 2007.

CHALHUB, Melhim Namem. Alienação Fiduciária: negócio fiduciário. 6ª ed. rev. atual. ampl. Rio de Janeiro: Forense, 2019.

–. *Da Incorporação Imobiliária.* 5ª ed. Rio de Janeiro: Forense, 2019.

–. *Incorporação Imobiliária: Aspectos do Sistema de Proteção do Adquirente de Imóveis.* Revista de Direito Imobiliário | vol. 75/2013 | p. 167 | jul.-dez. / 2013 | DTR\2013\10166.

COELHO, Fabio Ulhoa. *Princípios do Direito Comercial com Anotações ao Projeto de Código Comercial.* São Paulo, Editora Saraiva, 2012.

GOMES, Orlando. Alienação fiduciária em garantia. São Paulo: Revista dos Tribunais, 1970.

GRASSI NETO, Roberto; GRASSI, Christina Moreira Grassi. *Agronegócio: Seguros e Derivativos Agrícolas como Instrumentos Mitigadores de Riscos. In:* Elisabete Aloia Amaro; Frederico Price Grechi; Washington Carlos de Almeida. (Org.). DIREITO AGRÁRIO E DIREITO DO AGRONEGÓCIO: ESTUDOS EM HOMENAGEM À DOUTORA MARIA CECÍLIA LADEIRA DE ALMEIDA. 1ª ed. Londrina: Thoth Editora, 2019.

GUEDES, Gisela Sampaio da Cruz; TERRA, Aline de Miranda Valverde. *Pacto Comissório vs. Pacto Marciano: estruturas semelhantes com repercussões diversas*; in: Direito das Garantias. Coordenação de Gisela Sampaio da Cruz Guedes; Maria Celina Bodin de Moraes; e Rose Melo Vencelau Meireles. São Paulo: Saraiva, 2017.

KATAOKA, Eduardo Takemi. *A recuperação judicial e o patrimônio de afetação.* Revista dos Tribunais Rio de Janeiro | vol. 8/2014 | p. 181-198 | Nov-Dez / 2014 DTR\2015\2018.

MOTA, Jessica Cristina Coitinho. *Da importância jurídica do regime da afetação patrimonial nas incorporações imobiliárias.* Revista de Direito Imobiliário | vol. 82/2017 | p. 155-181 | Jan-Jun / 2017 DTR\2017\2477.

OLIVA, Milena Donato. *Patrimônio separado – herança, massa falida, securitização de créditos imobiliários, incorporação imobiliária, fundos de investimento imobiliário, trust.* Rio de Janeiro: Renovar, 2009.

PERES, Tatiana Bonatti. *et al.* Agronegócio – Volume 2. 1. ed. São Paulo: Chiado Editora, 2017.

REIS, Marcos Hokumura Reis. *Títulos de Financiamento do Agronegócio e Cláusula Arbitral: coexistência pacífica e benéfica.* São Paulo, *In* REIS, Marcos Hokumura (Coord.). *Arbitragem no Agronegócio.* Editora Verbatim, 2018.

–. *A Arbitragem Aplicada do Direito do Agronegócio* – *In* BARROS, Manoel Mário de Souza. *Desafios do Agronegócio Brasileiro.* Editora Casa do Direito, 2020.

ROMA, Bruno Marques Bensal. *Incorporação Imobiliária e Recuperação Judicial: reflexões para compatibilização.* Revista de Direito Recuperacional e Empresa | vol. 10/2018 | Out-Dez / 2018 DTR\2018\22693.

SACRAMONE, Marcelo Barbosa. *Os Direitos do Compromissário Comprador diante da Falência ou Recuperação Judicial do Incorporador de Imóveis.* Revista de Direito Bancário e do Mercado de Capitais | vol. 76/2017 | p. 173-193 | abr.-jun. / 2017 | DTR\2017\1648.

–. *Comentários à lei de recuperação de empresas e falência.* São Paulo: Saraiva Educação, 2018.

SILVA, Fabrício Rocha Pinto. *Garantias imobiliárias em contratos empresariais: hipoteca e alienação fiduciária.* São Paulo: Almedina, 2014.

–. *Não exoneração da responsabilidade pessoal do devedor na excussão da alienação fiduciária de imóveis.* In Alienação fiduciária de bem imóvel. Coord: Mauro Antonio Rocha e Marcus Vinicius Kikunaga. São Paulo: Editorial Lepanto, 2018.

SLAV, Heloísa. *A Arbitragem nas Operações de Financiamento à Exportação.* São Paulo, *In* REIS, Marcos Hokumura (Coord.). Arbitragem no Agronegócio. Editora Verbatim, 2018.

TERRA, Marcelo. *Alienação fiduciária de imóveis em garantia (lei nº 9.514/97, primeiras linhas).* Porto Alegre: Sérgio Antonio Fabris Editor, 1998.

THEODORO JR, Humberto. *Processo de execução e cumprimento da sentença.* São Paulo: Universitária de Direito, 2014.

12.
A BUSCA E APREENSÃO SATISFATIVA DE PRODUTOS AGROPECUÁRIOS EM CPR FÍSICA COM ALIENAÇÃO FIDUCIÁRIA: UMA QUEBRA DE PARADIGMA

Nancy Gombossy de Melo Franco
João Paulo Hecker da Silva

Introdução: a evolução do crédito privado no Brasil

Na década de 1990, o Brasil viveu um novo padrão de financiamento rural, caracterizado por aumento da participação dos agentes privados na destinação de recursos ao setor agrícola.

A mudança emergiu da conjuntura econômica dos anos 80, quando a despeito do crescimento do agronegócio, o cenário de crise financeira resultou em uma crônica escassez de crédito bancário. O resultado foi o surgimento de diversas modalidades de crédito privado, inicialmente alavancados por mecanismos informais, e que vieram, ainda que temporariamente, suprir a falta de crédito, então considerado o maior estrangulamento do setor agrícola.[411]

Nesse contexto, e em resposta à demanda dos agentes privados por maior segurança jurídica e adaptação dos modelos de investimento às especificidades do setor do agronegócio, surgiram no país importantes instrumentos de captação de recursos por parte dos produtores, sendo um dos mais importantes a Cédula de Produto Rural ("CPR"), criada pela Lei nº 8.929/94, chamada Lei da CPR.

[411] Gonzalez, Bernardo Celso R. Gonzalez; Marques, Pedro Valentim. A Cédula de Produto Rural-CPR e seus Ambientes Contratual e Operacional. *Estudos Econômicos*, São Paulo, vol. 29, n. 1, p. 65-94, jan./mar. 1999, p. 68.

Embora não tenha como requisito o financiamento do produtor rural,[412] a CPR é um título de crédito a termo empregada frequentemente em operações de fomento, nas quais o produtor recebe antecipadamente, no momento do plantio, recursos correspondentes à quantidade de produto comprometida para entrega futura, na safra. Tais recursos podem ser financeiros ou mesmo matéria prima a ser empregada na produção agrícola.

Nas últimas três décadas, houve uma nova sistematização na concessão de crédito rural aos produtores brasileiros. Para aproveitar as oportunidades oferecidas pela expansão da produção de soja, principalmente no Centro Oeste brasileiro, as agroquímicas e *tradings* disseminaram contratações para oferecer recursos de custeio para os agricultores.

Comumente, nestas contratações, os agentes privados antecipam, total ou parcialmente, o preço do produto agrícola ainda na época do plantio, seja por operações de *barter* (trocando preço por insumos), seja por antecipação de recursos financeiros, viabilizando fluxo de caixa ao produtor rural no momento de maior dispêndio e recebendo outorga de garantias.

Além da antecipação de pagamento, essa modalidade de negócio jurídico ainda pode retirar do produtor o alto risco de variação do preço da *commodity*, pois ele pode optar em fixar o preço da compra e venda: no próprio ato do negócio ou em momento futuro, acompanhando a variação e preço no mercado internacional.[413]

De sua parte, os agentes privados contratam *hedges* vinculados a tais operações, ou seja, transações compensatórias contra prejuízos na oscilação de preços, de forma a também anular a variação de preço dos produtos agropecuário entre o momento da compra e venda antecipada fir-

[412] STJ, AgInt no AREsp n. 447.091/GO, 3ª T., rel. Min. João Otávio de Noronha, j. 16.08.2016, v.u.; STJ, REsp n. 1.320.167/SP, 3ª T., rel. Min. Nancy Andrighi, j. 08.05.2014, v.u.; STJ, AgRg no AREsp n. 61.706/SP, 3ª T., rel. Min. Ricardo Villas Bôas Cueva, j. 20.11.2012.

[413] Nesse sentido, observe-se voto da I. Ministra Nancy Andrighi no julgamento do REsp nº 910.537: "*É importante não perder de vista que a CPR consubstancia instrumento importantíssimo para viabilizar o planejamento da produção agrícola. A oportunidade de contar com um instrumento com essa amplitude é fundamental para o crescimento dos negócios dos produtores de boa-fé e o respeito aos contratos que lhe dão base é imprescindível para o melhor desenvolvimento do agronegócio brasileiro no plano internacional.*"

mada com o produtor e a exportação/revenda do produto agropecuário, também anulando o seu risco.

Pela importância do fomento da atividade agrícola acima sucintamente descrito, que o próprio artigo 18 da Lei da CPR previu que os bens vinculados à tais títulos de crédito são *impenhoráveis* para saldar dívidas de terceiros alheios ao título.

Também graças a esta importantíssima estrutura que o agronegócio brasileiro atinge tamanha relevância econômica e social para o país. Segundo dados extraídos do site da Confederação Nacional da Agricultura ("CNA"),[414] "Em 2019, a soma de bens e serviços gerados no agronegócio chegou a R$ 1,55 trilhão ou 21,4% do PIB brasileiro", "o setor absorve praticamente 1 de cada 3 trabalhadores brasileiros" e, em relação ao comércio internacional, "43% das exportações brasileiras, em 2019, foram de produtos do agronegócio".

O agronegócio é uma cadeia produtiva[415] que envolve importantes agentes, começando pelo produtor rural, passando pelos fornecedores de insumos, químicos e sementes, grandes, médias e pequenas *tradings*, bancos públicos e privados que financiam o setor, as seguradoras, toda a estrutura de logística de armazenagem e transporte, os fornecedores de equipamentos e tecnologia, agroindústrias, comerciantes e portos, para enfim chegar ao consumidor.

Ou seja, a cadeia produtiva do agronegócio é representada por um conjunto de etapas consecutivas e interligadas que fazem o produto chegar até a sua constituição final, seja no mercado interno, seja para exportação. Essa sucessão de etapas ou operações ocorre de forma integrada e inseparável no agronegócio, mais que em qualquer outro setor da economia, refletindo também na forma como os recursos financeiros transitam no setor, que é fortemente financiado/fomentado, como amplamente demonstrado.

Dentro do contexto acima exposto, ganham especial relevância as estruturas jurídicas e garantias lastro das operações de financiamento e fomento mencionadas, que devem estar especialmente voltadas para

[414] Confederação Nacional da Agricultura. *Panorama do agro*, jun. 2020. Disponível em: <https://www.cnabrasil.org.br/cna/panorama-do-agro>, acesso em 12 jan. 2021.

[415] Davis, John H.; Goldberg, Ray A. *A concept of agribusiness*. Boston: Harvard University Press, 1957, passim.

viabilização do efetivo *recebimento* do produto agropecuário almejado, ou seja, o cumprimento da obrigação de entrega específica contratada, preservando os elos da cadeia do agronegócio.

1. A nova lei do agro e a alienação fiduciária de produtos agropecuários

Muito embora o cumprimento de obrigação vincenda não devesse se submeter aos efeitos de uma recuperação judicial, o seu processamento tem sido acatado pelo Poder Judiciário como uma autorização ao produtor rural ao descumprimento das obrigações que contatou para entrega de produção agrícola antecipadamente paga, viabilizando-se uma segunda venda, à vista, quebrando o primeiro elo da cadeia do agronegócio.

O produtor rural não só se apropria de recursos de terceiros, como também gera um inadimplemento em cadeia em todo o setor, que conta com a produção agrícola para adimplir negócios futuros já atrelados e atingir os relevantes números do agronegócio que carregam o país.

Para trazer mais segurança ao concedente de crédito, reajustando a balança desnivelada pela recuperação judicial do produtor rural, em abril de 2020, foi promulgada a Lei nº 13.986/2020, conhecida como Lei do Agro, que procurou modernizar as bases de legais dos instrumentos de crédito para o setor.

Tal e qual quando da criação da CPR, o intuito da lei foi ampliar as alternativas de financiamento e fomento e os modelos de garantias existentes na legislação, de forma a diminuir o custo de capital em favor do próprio produtor e, em última instância, ampliar o crédito disponível ao setor, sustentando e potencializando o seu crescimento.

A principal novidade da Lei do Agro é a inclusão do artigo 8º na Lei nº 8.929/94, a Lei da CPR, positivando a até então controversa alienação fiduciária de produtos agropecuários e seus subprodutos ("AF"), negócio pela qual uma das partes adquire, em confiança, a propriedade de um bem, obrigando-se a devolvê-la quando pedida a restituição, cujos fins devem ser: ulterior transmissão de bens a terceiros; execução do crédito e garantia da dívida.[416]

[416] GOMES, Orlando. *Alienação fiduciária em garantia*. 2. ed. São Paulo: Revista dos Tribunais, 1971, p. 18.

Como se sabe, pela regra do §3º do artigo 49 da Lei nº 11.101/05, a Lei da Recuperação Judicial e Falência, abaixo transcrito, o crédito garantido por AF não se sujeita aos efeitos da recuperação, devendo prevalecer os direitos de propriedade sobre a coisa e as condições contratuais.

> § 3º Tratando-se de credor titular da posição de proprietário fiduciário de bens móveis ou imóveis, de arrendador mercantil, de proprietário ou promitente vendedor de imóvel cujos respectivos contratos contenham cláusula de irrevogabilidade ou irretratabilidade, inclusive em incorporações imobiliárias, ou de proprietário em contrato de venda com reserva de domínio, seu crédito não se submeterá aos efeitos da recuperação judicial e prevalecerão os direitos de propriedade sobre a coisa e as condições contratuais, observada a legislação respectiva, não se permitindo, contudo, durante o prazo de suspensão a que se refere o § 4º do art. 6º desta Lei, a venda ou a retirada do estabelecimento do devedor dos bens de capital essenciais a sua atividade empresarial.

Já o novo artigo 8º da Lei da CPR, abaixo transcrito, (i) prevê que a AF poderá recair sobre bens presentes ou futuros, fungíveis ou infungíveis, consumíveis ou não, cuja titularidade pertença ao fiduciante, devedor ou terceiro garantidor, que se transfere, automaticamente, para os produtos e subprodutos resultantes de beneficiamento ou transformação, e (ii) estabelece o procedimento judicial de excussão da garantia, qual seja, a busca e apreensão de natureza satisfativa prevista nos artigos 3º e seguintes do Decreto-Lei nº 911/69.

> Art. 8º A não identificação dos bens objeto de alienação fiduciária não retira a eficácia da garantia, que poderá incidir sobre outros do mesmo gênero, qualidade e quantidade, de propriedade do garante.
>
> § 1º A alienação fiduciária de produtos agropecuários e de seus subprodutos poderá recair sobre bens presentes ou futuros, fungíveis ou infungíveis, consumíveis ou não, cuja titularidade pertença ao fiduciante, devedor ou terceiro garantidor, e sujeita-se às disposições previstas na Lei nº 10.406, de 10 de janeiro de 2002 (Código Civil), e na legislação especial a respeito do penhor, do penhor rural e do penhor agrícola e mercantil e às disposições sobre a alienação fiduciária de bens infungíveis, em tudo o que não for contrário ao disposto nesta Lei.

§ 2º O beneficiamento ou a transformação dos gêneros agrícolas dados em alienação fiduciária não extinguem o vínculo real que se transfere, automaticamente, para os produtos e subprodutos resultantes de beneficiamento ou transformação.

§ 3º Em caso de necessidade de busca e apreensão dos bens alienados fiduciariamente aplicar-se-á o disposto nos arts. 3º e seguintes do Decreto-Lei nº 911, de 1º de outubro de 1969.

2. A busca e apreensão satisfativa e a quebra de paradigma

Reforçando a proteção contra a recuperação judicial, o artigo 6-A do Decreto-Lei nº 911/69 prevê que o pedido de recuperação judicial ou extrajudicial pelo devedor não impede a distribuição e a busca e apreensão do bem. E mais, pelo artigo 7º do mesmo Decreto-lei, na falência do devedor alienante, fica assegurado ao credor ou proprietário fiduciário o direito de pedir, na forma prevista na lei, a restituição do bem alienado fiduciariamente.

Somos da opinião que não há que se falar em essencialidade de produtos agropecuários para fins de se obstar a excussão imediata da garantia em caso de inadimplemento da obrigação de entrega de produto, pois eles não configuram bens de capital e não integram o processo produtivo, conforme já se manifestou a jurisprudência do Superior Tribunal de Justiça, com destaque ao Recurso Especial nº 1.758.746/GO, de relatoria do Ministro Marco Aurélio Bellizze, 3ª Turma, julgado em 25.09.2018 e o Conflito de Competência nº 153.473/PR, de relatoria da Ministra Maria Isabel Gallotti, julgado pela Segunda Seção em 09.05.2018.

RECURSO ESPECIAL. RECUPERAÇÃO JUDICIAL. CESSÃO DE CRÉDITO/RECEBÍVEIS EM GARANTIA FIDUCIÁRIA A EMPRÉSTIMO TOMADO PELA EMPRESA DEVEDORA. RETENÇÃO DO CRÉDITO CEDIDO FIDUCIARIAMENTE PELO JUÍZO RECUPERACIONAL, POR REPUTAR QUE O ALUDIDO BEM É ESSENCIAL AO FUNCIONAMENTO DA EMPRESA, COMPREENDENDO-SE, REFLEXAMENTE, QUE SE TRATARIA DE BEM DE CAPITAL, NA DICÇÃO DO § 3º, IN FINE, DO ART. 49 DA LEI Nº 11.101/2005. IMPOSSIBILIDADE. DEFINIÇÃO, PELO STJ, DA ABRANGÊNCIA DO TERMO "BEM DE CAPITAL". NECESSIDADE. TRAVA BANCÁRIA RESTABELECIDA. RECURSO ESPECIAL PROVIDO.

(...)

2. De seu teor infere-se que o bem, para se caracterizar como bem de capital, deve utilizado no processo produtivo da empresa, já que necessário ao exercício da atividade econômica exercida pelo empresário. Constata-se, ainda, que o bem, para tal categorização, há de se encontrar na posse da recuperanda, porquanto, como visto, utilizado em seu processo produtivo. Do contrário, aliás, afigurar-se-ia de todo impróprio — e na lei não há dizeres inúteis — falar em "retenção" ou "proibição de retirada". Por fim, ainda para efeito de identificação do "bem de capital" referido no preceito legal, não se pode atribuir tal qualidade a um bem, cuja utilização signifique o próprio esvaziamento da garantia fiduciária. Isso porque, ao final do stay period, o bem deverá ser restituído ao proprietário, o credor fiduciário.

3. A partir da própria natureza do direito creditício sobre o qual recai a garantia fiduciária - bem incorpóreo e fungível, por excelência -, não há como compreendê-lo como bem de capital, utilizado materialmente no processo produtivo da empresa.

(...)

6. Para efeito de aplicação do § 3º do art. 49, "bem de capital", ali referido, há de ser compreendido como o bem, utilizado no processo produtivo da empresa recuperanda, cujas características essenciais são: bem corpóreo (móvel ou imóvel), que se encontra na posse direta do devedor, e, sobretudo, que não seja perecível nem consumível, de modo que possa ser entregue ao titular da propriedade fiduciária, caso persista a inadimplência, ao final do stay period.

6.1. A partir de tal conceituação, pode-se concluir, in casu, não se estar diante de bem de capital, circunstância que, por expressa disposição legal, não autoriza o Juízo da recuperação judicial obstar que o credor fiduciário satisfaça seu crédito diretamente com os devedores da recuperanda, no caso, por meio da denominada trava bancária.

7. Recurso especial provido.[417]

Dinheiro (REsp. 1.263.500/ES) ou commodities (como os grãos objeto das CPR discutidas nos presentes autos) são ativos, fungíveis, destinados à circulação. Entender que possam, ao critério do juízo da recuperação, ser destinados à venda a clientes da recuperanda, como pretende a suscitante, ou utilizados para pagamento de suas despesas, como sustentado pela divergência no REsp. 1.263.500/ES, implicaria, data máxima vênia, aniquilar a

[417] STJ, REsp n. 1.758.746/GO, 3ª T., rel. Min. Marco Aurélio Bellizze, j. 25.09.2018, v.u.

> própria substância da garantia fiduciária, suprimindo o seu objeto, e não apenas adiar a sua excussão, como autoriza, para bens de capital essenciais à atividade empresarial, a parte final do § 3º do art. 49 da LRF. Em síntese, tenho que, por bem de capital, deve-se compreender aqueles imóveis, máquinas e utensílios necessários à produção. Não é, portanto, o objeto de comercialização da pessoa jurídica em recuperação judicial, mas o aparato, seja bem móvel ou imóvel, necessário à manutenção da atividade produtiva, como veículos de transporte, silos de armazenamento, geradores, prensas, colheitadeiras, tratores, para exemplificar alguns que são utilizados na produção dos bens ou serviços.[418]

Ou seja, a julgar pelos parâmetros estabelecidos pela jurisprudência, os produtos agropecuários passam ao largo do conceito de bem de capital e, consequentemente, carecem da prerrogativa de serem declarados essenciais às empresas agrícolas, pois não constituem bens utilizados no seu processo produtivo, mas puro objeto de comercialização, ou seja, fruto da atividade fim.

De todo modo, há ainda muita controvérsia sobre o tema, principalmente nos Tribunais Estaduais, e embora seja da natureza do produto agropecuário, a declaração de não essencialidade da garantia no corpo da CPR é recomendável, de forma a cumprir a regra do parágrafo único do artigo 5º da Lei da CPR, introduzido pela Lei do Agro, evitando debates judiciais desnecessários:

> Artigo 5º (...) Parágrafo único. A informação eventualmente prestada pelo emitente sobre a essencialidade dos bens móveis e imóveis dados em garantia fiduciária a sua atividade empresarial deverá constar na cédula a partir do momento de sua emissão.

De qualquer forma, a possibilidade de aplicar-se o procedimento de busca e apreensão do Decreto-Lei nº 911/69 aos produtos agropecuários configura uma verdadeira quebra de paradigma ao agronegócio e, se aceito pela jurisprudência, o que se espera pelo simples cumprimento da letra da lei, deve trazer celeridade e efetividade no cumprimento de obrigação de entrega de produtos agropecuários em CPR física garan-

[418] STJ, CC n. 153.473/PR, 2ª S., rel. Min. Isabel Gallotti, rel. p/ acórdão Min. Luis Felipe Salomão, j. 09.05.2018.

tida por AF dos mesmos produtos, reforçando a importância da cadeia do agronegócio, cujos elos precisam ser preservados, conforme mencionado no capítulo introdutório.

Pelo procedimento de busca e apreensão, autônomo e independente de qualquer procedimento posterior, cinco dias após executada a liminar, consolidar-se-ão a propriedade e a posse plena e exclusiva do bem no patrimônio do credor fiduciário, cabendo às repartições competentes expedir certificado de registro de propriedade em nome do credor, ou de terceiro por ele indicado, livre do ônus da propriedade fiduciária.

Se o bem alienado fiduciariamente não for encontrado ou não se achar na posse do devedor, fica facultado ao credor requerer, nos mesmos autos, a conversão do pedido de busca e apreensão em ação executiva, na forma da lei processual. Se o credor preferir recorrer à ação executiva, direta ou a convertida, serão penhorados bens do devedor quantos bastem para assegurar a execução.

O maior obstáculo que o credor pode encontrar no Poder Judiciário, obstando a efetividade ao procedimento mencionado, é a eventual interpretação distorcida da regra material de vedação ao pacto comissório, prevista no artigo 1365 do Código Civil:

> Art. 1.365. É nula a cláusula que autoriza o proprietário fiduciário a ficar com a coisa alienada em garantia, se a dívida não for paga no vencimento.

No Brasil, a vedação ao pacto comissório foi introduzida na legislação pátria pelo Código Civil de 1916 e manteve-se hígida no novo Código Civil, em 2002.

As razões para a manutenção dessa proibição são diversas, e abrangem desde as justificativas históricas, que estariam ligadas à proteção do devedor e repressão à usura, até às noções mais modernas de que a vedação ao pacto comissório teria papel na manutenção do caráter inderrogável da via judicial como forma de execução – coibindo a autotutela –, bem como na preservação da *par conditio creditorum*.

Nesse contexto, Mateus Bessa destaca uma importante distinção entre os institutos, qual seja, o momento da transferência da propriedade do bem. Enquanto o pacto comissório estabelece que a transferência ocorrerá em momento ulterior ao inadimplemento pelo devedor, na alienação fiduciária a propriedade do bem já é do credor fiduciário, antes mesmo do inadimplemento, sendo necessário apenas a realização de procedimentos legais para que a propriedade se consolide em nome do credor fiduciário.[419]

Como nos revela o estudo de Luís Gustavo Haddad, inexiste um entendimento predominante na jurisprudência pátria a embasar a manutenção dessa proibição, ainda que o autor tenha identificado, mediante análise sistemática da legislação e dos precedentes que abordam o tema, uma prevalência na noção de que a referida vedação teria como objetivo zelar pelo preço pelo qual o bem dado em garantia passa ao patrimônio do credor garantido.[420]

Ou seja, a vedação ao pacto comissório se justificaria pelo fato de que a execução da garantia não é precedida de qualquer avaliação, dando azo à possibilidade de que o bem ofertado seja executado por valor vil, desproporcional ao seu preço de mercado.

Diante da introdução da aludida alienação fiduciária de produto agropecuário pela Lei do Agro, coloca-se a necessidade de revisão de todos esses fundamentos, sob pena de se introduzir na legislação um instituto natimorto, caso se force identificar no novo instituto a existência de pacto comissório.

Em primeiro lugar, no tocante ao caráter inderrogável da via judicial como forma de execução, entendemos que há intervenção estatal na excussão da garantia fiduciária e não um mero exercício de autotutela, o que, por si só, já afasta a teleologia da vedação ao pacto comissório.

Em segundo lugar, a noção de que a vedação ao pacto comissório visa a reprimir uma eventual subavaliação do bem objeto da garantia não encontra qualquer eco no agronegócio, pois os produtos são cotados em mercados oficiais, que balizam o seu preço, esvaziando completamente tal argumento.

[419] BESSA, Mateus Castello Branco Almeida. *Alienação fiduciária de bem imóvel: questões processuais*; Dissertação (Mestrado em Direito Processual). São Paulo: Universidade de São Paulo, 2020, p. 153-154.

[420] Em consonância com essa justificativa está a legalidade, reconhecida pela jurisprudência, do pacto marciano, espécie de cláusula contratual que autoriza que o credor se torne proprietário do bem objeto da garantia mediante aferição de seu justo valor. Ver: HADDAD, Luís Gustavo, *A proibição do pacto comissório no Direito brasileiro*. Tese (Doutorado em Direito Civil). São Paulo: Universidade de São Paulo, 2013, p. 109-110.

A crítica à aplicação do conceito de vedação ao pacto comissório à alienação fiduciária de bem móvel também já existe na doutrina, como no pensamento de Pontes de Miranda, aqui exposto por Maria Helena Diniz:

> Em que pese a tudo isso, autores há, como Pontes de Miranda, que entendem que não há por que proibir a cláusula comissória, pois, na alienação fiduciária em garantia, o credor já tem o domínio e a posse indireta do bem, descabendo a proibição de vir ele a ser seu proprietário; no penhor há essa proibição, porque a coisa empenhada é do devedor e dele continua sendo, embora gravada do ônus real.[421]

A jurisprudência relativa à alienação fiduciária de bem móvel particularmente instituída pela Decreto-lei nº 911/69 também é tendente a afastar a noção de que tal instituto se confundiria com o pacto comissório:

> AGRAVO DE INSTRUMENTO. AÇÃO DE BUSCA E APREENSÃO. INEXISTÊNCIA DE PACTO COMISSÓRIO. REGULAR CONSTITUIÇÃO EM MORA DO DEVEDOR MEDIANTE NOTIFICAÇÃO EXTRAJUDICIAL POR ESCRITÓRIO DE ADVOCACIA. POSSIBILIDADE. ALTERAÇÃO AO ART. 2º, §2º DO DECRETO-LEI 911/69 INTRODUZIDA PELA LEI 13.043/2014. MANUTENÇÃO DA DECISÃO AGRAVADA. RECURSO IMPROVIDO. O contrato de alienação fiduciária possui a peculiaridade de não ser dada ao credor a faculdade de ficar com o bem, devendo ser o objeto alienado para liquidar a dívida, consoante disposto no art. 2º do Decreto-lei 911/69, com a redação dada pela Lei nº 13.043/2014. Acrescente-se que o art. 1º, §6º do mesmo diploma legal proíbe a inserção, no contrato, de cláusula que permita ao credor ficar com o bem, em caso de inadimplemento contratual. O instituto, portanto, possui especificidades que claramente o distinguem do Pacto Comissório, desautorizado pelo ordenamento jurídico. O art. 2º, §2º, do referido Decreto-Lei dispõe a forma como se constituirá em mora o devedor. Em sua redação original, o dispositivo legal previa a necessidade de que a carta registrada fosse expedida por intermédio de Cartório de Títulos e Documentos ou protesto de título. Entretanto, após a edição da Lei nº 13.043, de 13 de novembro de

[421] DINIZ, Maria Helena. *Tratado Teórico e Prático dos Contratos*, vol. 5. 6. ed. São Paulo: Saraiva, 2006, p. 85.

2014, tal requisito não se mostra mais necessário, inexistindo óbice em ser remetente o próprio escritório de advocacia. Improvimento do agravo de instrumento, mantendo-se a decisão vergastada.[422]

Apelação cível. Embargos de terceiro. Desconstituição da penhora. Confissão de dívida garantida por alienação fiduciária. Pacto comissório não configurado. Precedentes do STJ. Impenhorabilidade do bem móvel alienado fiduciariamente. Possibilidade de constrição sobre os direitos do devedor em relação às parcelas adimplidas. Recurso parcialmente provido. É pacífica a jurisprudência desta Corte que a alienação fiduciária é regida por lei própria e não se confunde com o instituto do pacto comissório, sendo possível a sua utilização para cumprimento de obrigações contratuais, inclusive para garantia de outras dívidas, tendo por objeto bem já integrante do patrimônio do devedor (enunciado 28/STJ). (STJ, REsp n. 842803/SC, rel. Min. Cesar Asfor Rocha, j. 4.12.2006) Cuidando-se de bem sob alienação fiduciária, possível é a penhora sobre os direitos que decorrem de prestações já pagas pelo devedor fiduciante" (AI n., Des. Alcides. Aguiar). (TJSC, Ap. Cív. n., de São Carlos, rel. Des. Luiz Cézar Medeiros, j. 29.5.2007).[423]

No mesmo sentido, e marcando a diferenciação entre ambos os institutos, há a Súmula 28/STJ, que permite a outorga de garantia de bens já integrantes do patrimônio do devedor, o que certamente é o caso quando da alienação fiduciária de produtos agropecuários:

Súmula 28 – O contrato de alienação fiduciária em garantia pode ter por objeto bem que já integrava o patrimônio do devedor.

Por fim, há no ordenamento jurídico pátrio outros diversos exemplos de interpretação menos rigorosa da vedação ao pacto comissório, como a viabilidade e legalidade de dação em pagamento do bem objeto da garantia para saldar a dívida garantida pelo mesmo bem, a recente inversão da ordem de excussão de garantia, pela preferência à adjudicação, conforme artigo 825 do CPC.

[422] TJBA, Agravo de Instrumento n. 0021540-36.2016.8.05.0000, Primeira Câmara Cível, rel. Des. Mário Augusto Albiani Alves Júnior, publicado em 26.05.2017.

[423] TJSC, Apelação Cível n. 503174 SC 2007.050317-4, Terceira Câmara de Direito Público, rel. Des. Pedro Manoel Abreu, j. 09.02.2009.

3. A alienação fiduciária no direito processual civil contemporâneo: desburocratização e eficiência

A alteração da nova lei do agronegócio e a instituição de garantias fiduciárias em CPR se justificam, como não poderia deixar de ser, pela natureza célere e dinâmica dos títulos de crédito e também da agropecuária patronal. A célere circulação de riquezas dependia, para sua maior eficiência, de uma modalidade de garantia compatível, longe de modalidades já ultrapassadas como a hipoteca ou a arras.

Para além do dinamismo identificável nas normas de direito material relativas a esta ou àquela garantia, é preciso ter cuidado com a eventualidade de um processo de execução para satisfazer as pretensões de credores. Processo de execução, aliás, que é o conhecido calcanhar de Aquiles do direito processual brasileiro.[424]

Em razão dessa catástrofe anunciada, não têm sido poucos os esforços para a desburocratização da execução. Veja-se, por exemplo, o Projeto de Lei 6.204/2019, que delega aos cartórios de notas diversas atividades necessárias à condução de execuções.[425] A toada tem sido, por todos os lados, reproduzir um discurso de eficiência que, aparentemente, não pode olvidar de um "desafogamento" do Poder Judiciário.

A preocupação não se externa apenas no processo de execução. Na exposição de motivos do Código de Processo Civil, por exemplo, razão idêntica é utilizada para justificar o rol taxativo do artigo 1.015, que enumera as hipóteses de cabimento do agravo de instrumento. A calendarização do processo prevista no artigo 191 do Código foi desenhada justamente para prescindir de gastos com a comunicação de atos processuais. A dinâmica dos processos repetitivos (CPC, art. 1.036), do incidente de resolução de demandas repetitivas (CPC, art. 982) e da litigiosidade de massa como um todo também possui como pano de fundo o "desafogamento" dos tribunais.

Reproduzir esse discurso, já bastante impregnado na cultura dos operadores do direito, é perigoso. Fixar o "desafogamento" do Judiciário

[424] Ver: Conselho Nacional de Justiça. *Justiça em números 2020:* ano-base 2019. Brasília: CNJ, 2020.

[425] Ribeiro, Flávia Pereira. *Proposta de desjudicialização da execução civil para o Brasil com base na experiência portuguesa – PL nº 6.204/2019.* In: Ribeiro, F.; Medeiros Neto, Elias Marques de (coord.). *Reflexões sobre a desjudicialização da execução civil.* Curitiba: Juruá, 2020.

como um objetivo a ser buscado, ou mesmo como polo metodológico de alterações legislativas ou de estudos científicos e técnicos sobre o direito processual é incidir em uma grave inversão de valores. O Judiciário não é fim em si mesmo, e sua existência se justifica na medida em que, nos atuais estágio de globalização e civilidade que o mundo atingiu, não cabe mais aos indivíduos exercem arbitrariamente suas próprias razões.

A intenção por detrás de mudanças no direito processual deve ser, sempre, o acesso à ordem jurídica justa, conforme a expressão consagrada por Kazuo Watanabe.[426] "Desafogar" o Judiciário pode até ser uma consequência positiva dessa conduta, mas jamais o objetivo final. Otimizar o trabalho é diferente e ontologicamente preferível a simplesmente diminuir o trabalho, sendo esta última alternativa apenas o sintoma de uma jurisprudência defensiva que com muito esforço e a passos pequenos vem sendo enfrentada e vencida.

Nesse contexto, é natural o crescimento da importância dos meios alternativos (*rectius*: adequados) de solução de controvérsias, sejam eles adjudicatórios como a arbitragem, ou consensuais como a mediação e a conciliação.[427] Grande corrente doutrinária, hoje certamente majoritária, já vislumbra no juízo arbitral atividade verdadeiramente jurisdicional. E, mesmo nos meios autocompositivos, sem decisão imposta por um terceiro, vozes respeitadas afirmam existir jurisdição.[428]

O que difere o processo judicial das outras formas de solução de conflitos não é necessariamente a sua caracterização como jurisdicional, mas antes disso, o *poder de império* que apenas o Estado-juiz exerce.

As medidas constritivas sobre a pessoa são efetivadas mediante o exercício do *imperium*, e aqui reside, com renovado impacto, o risco que o processo judicial representa para o agronegócio patronal. A lentidão do processo de execução é obstáculo tremendo à manutenção das boas

[426] Watanabe, Kazuo. Tutela antecipatória e tutela específica das obrigações de fazer e não fazer. *Revista de direito do consumidor*, São Paulo: Revista dos Tribunais, n. 19, p. 77-101, jul./set. 1996, p. 77.

[427] Lorencini, Marco Antonio Garcia Lopes. *"Sistema multiportas": opções para tratamento de conflitos de forma adequada*. In: Salles, Carlos Alberto de; Lorencini, Marco Antonio Garcia Lopes; Silva, Paulo Eduardo Alves (coord.). *Negociação, mediação e arbitragem:* curso básico para programas de graduação em direito. 2. ed. Rio de Janeiro: Forense, 2019, p. 43-72.

[428] Por todos: Grinover, Ada Pellegrini. *Ensaio sobre a processualidade:* fundamentos para uma nova teoria geral do processo. Brasília: Gazeta Jurídica, 2016, passim.

relações entre os diversos agentes de mercado aí inseridos: agricultores, pecuaristas, instituições de crédito e tantos outros.

A opção pela alienação fiduciária de produtos agropecuários como modalidade de garantia de um título de crédito, portanto, tem tudo a ver com o objetivo de obter uma tutela mais satisfatória no âmbito das relações jurídicas que esse pacto garante. É uma verdadeira "fuga" do Poder Judiciário, moroso por excelência, para arenas de solução de conflitos que se revelem mais adequadas ao caso concreto.

Na dinâmica da alienação fiduciária de produtos agropecuários, a arena de solução de conflitos passa a ser, em grande parte, um cartório, ou mesmo atos privados entre as partes. E, sendo a execução da garantia modalidade satisfativa de processo, faz ainda mais sentido permitir ao credor que escolha esta ou aquela via.[429] Assim, aliás, como um dos autores deste artigo já apontou em oportunidade anterior:

> Abrir mão da via executiva pode parecer, à primeira vista, uma clara desvantagem ao credor. O quadro muda, porém, se se levar em conta que o processo de execução, mesmo com toda a invasão que realiza na esfera patrimonial do devedor, nem sempre (poucas vezes, na realidade) é a melhor opção ao credor, porque tem grande potencial de restar infrutífero e, mesmo que consiga o cumprimento da obrigação, será após o decurso de tempo desmedidamente longo.
>
> Com o *pactum de non exequendo* o credor abre mão do processo executivo, mas mantém a possibilidade de utilizar vias menos invasivas de cobrança do crédito, e acentua as possibilidades de chegar à autocomposição com o devedor inadimplente. Já o devedor – para quem figurar no polo passivo de um processo executivo é situação bastante incômoda – se vê livre da constante ameaça dos atos de constrição patrimonial comuns ao processo de execução e, em razão disso, mais propenso a uma transação amigável com

[429] "A autonomia da vontade do 'senhor' do processo de execução, por conseguinte, é de ser respeitada a menos que contrária a alguma norma essencialmente cogente no direito processual – a liberdade do sujeito é cerceada pelo direito positivo, derivado da Constituição, e sempre observando outros ideais igualmente caros ao processo, como o contraditório ou a efetividade da prestação jurisdicional" (SILVA, João Paulo Hecker da. *Convenções processuais na execução e a desjudicialização da atividade satisfativa*. In: ASSUMPÇÃO, Marcio Calil de; ORLEANS E BRAGANÇA, Gabriel de (coord.). *Direito bancário:* estudos da Comissão de Direito Bancário OAB/SP. São Paulo: Quartier Latin, 2018, p. 161-194, p. 169).

o credor, quiçá com o consequente cumprimento espontâneo da obrigação. E principalmente, o *pactum de non exequendo* abre às partes (credor e devedor) a possibilidade de construírem um procedimento executivo (mesmo extrajudicial) adequado a ambos, sem onerar excessivamente o executado e garantindo a satisfação da pretensão do exequente.[430]

Os procedimentos para a consolidação da propriedade em nome do credor fiduciário são curtos e céleres, exatamente aquilo que se espera de um título de crédito. A pretensão do credor é facilmente satisfeita e, obviamente, sempre há espaço para que o devedor busque outras medidas no Judiciário caso seja indevidamente tolhido de algum direito.

Conclusões

O agronegócio patronal sempre foi pedra angular da economia brasileira, e não parece que perderá esse status no curto ou médio prazo. Essa constatação, porém, apenas reforça o interesse em, sempre que possível, aprimorar e incentivar a circulação de riquezas no universo da agropecuária. Foi com essa preocupação que surgiram os títulos de crédito rurais e, por excelência a CPR.

Característica inexorável do agronegócio é a necessidade de obtenção de crédito para a consecução das atividades empresariais, e aí reside a importância de garantias idôneas e expeditas para coibir o inadimplemento. E, nesse cenário, modalidades vetustas de garantia como a hipoteca não conversam com a dinamicidade da economia contemporânea. Já a alienação fiduciária, por transmitir a propriedade ao credor (ainda que resolúvel), contorna o problema com perfeição. O trâmite célere para a consolidação da propriedade em nome do credor tem tudo a ver com a circulação quase instantânea das cártulas rurais, e é medida que agrada tanto aos produtores rurais – que terão mais facilidade na obtenção de crédito – quanto aos financiadores, que se verão mais resguardados em suas operações financeiras e de fomento.

E tudo isso, como se viu, se dá ao largo do moroso Poder Judiciário, cujo processo de execução passa longe de ser considerado eficiente. A noção de sistema multiportas leva à inarredável conclusão de que é preciso, cada vez mais, desjudicializar as atividades que não sejam estrita-

[430] Idem, p. 190-191.

mente correlatas ao Estado-juiz e ao exercício do poder de império e/ou viabilizar procedimentos judiciais mais céleres. Nessas, como a evolução legislativa e a realidade já comprovam, estão inseridas aquelas destinadas à consolidação da propriedade fiduciária.

Referências

BESSA, Mateus Castello Branco Almeida. *Alienação fiduciária de bem imóvel: questões processuais.* Dissertação de Mestrado. São Paulo: Universidade de São Paulo, 2020.

CONSELHO NACIONAL DE JUSTIÇA. *Justiça em números 2020:* ano-base 2019. Brasília: CNJ, 2020.

CONFEDERAÇÃO NACIONAL DA AGRICULTURA. *Panorama do agro,* jun. 2020. Disponível em: <https://www.cnabrasil.org.br/cna/panorama-do-agro>, acesso em 12 jan. 2021.

DAVIS, John H.; GOLDBERG, Ray A. *A concept of agribusiness.* Boston: Harvard University Press, 1957.

DINIZ, Maria Helena. *Tratado Teórico e Prático dos Contratos,* vol. 5. 6. ed. São Paulo: Saraiva, 2006.

GOMES, Orlando. *Alienação fiduciária em garantia.* 2. ed. São Paulo: Revista dos Tribunais, 1971.

GONZALEZ, Bernardo Celso R. Gonzalez; MARQUES, Pedro Valentim. A Cédula de Produto Rural-CPR e seus Ambientes Contratual e Operacional. *Estudos Econômicos,* São Paulo, vol. 29, n. 1, p. 65-94, jan./mar. 1999.

GRINOVER, Ada Pellegrini. *Ensaio sobre a processualidade:* fundamentos para uma nova teoria geral do processo. Brasília: Gazeta Jurídica, 2016.

HADDAD, Luís Gustavo, *A proibição do pacto comissório no Direito brasileiro.* Tese (Doutorado em Direito Civil). São Paulo: Universidade de São Paulo, 2013.

LORENCINI, Marco Antonio Garcia Lopes. *"Sistema multiportas": opções para tratamento de conflitos de forma adequada.* In: Salles, Carlos Alberto de; LORENCINI, Marco Antonio Garcia Lopes; SILVA, Paulo Eduardo Alves (coord.). *Negociação, mediação e arbitragem:* curso básico para programas de graduação em direito. 2. ed. Rio de Janeiro: Forense, 2019, p. 43-72.

RIBEIRO, Flávia Pereira. *Proposta de desjudicialização da execução civil para o Brasil com base na experiência portuguesa – PL no 6.204/2019.* In: RIBEIRO, F.; MEDEIROS NETO, Elias Marques de (coord.). *Reflexões sobre a desjudicialização da execução civil.* Curitiba: Juruá, 2020.

SILVA, João Paulo Hecker da. *Convenções processuais na execução e a desjudicialização da atividade satisfativa.* In: ASSUMPÇÃO, Marcio Calil de; ORLEANS E BRAGANÇA,

Gabriel de (coord.). *Direito bancário:* estudos da Comissão de Direito Bancário OAB/SP. São Paulo: Quartier Latin, 2018, p. 161-194.

WATANABE, Kazuo. Tutela antecipatória e tutela específica das obrigações de fazer e não fazer. *Revista de direito do consumidor*, São Paulo: Revista dos Tribunais, n. 19, p. 77-101, jul./set. 1996.

13.
A NOVA LEI DO AGRONEGÓCIO, RESOLUÇÃO DE DISPUTAS E O USO DA ARBITRAGEM COMERCIAL

Thiago Marinho Nunes, FCIArb

Introdução

As discussões sobre agronegócio, representam, na atualidade, o que há de mais importante no dia a dia da vida político-econômica brasileira. O agronegócio é, sem sombra de dúvidas, o setor de maior importância na economia nacional e que tem tido exponencial crescimento, especialmente no período da pandemia causada pela Covid-19. O Brasil conta com abundantes recursos hídricos, possui clima favorável ao plantio e cultivo, e seu vasto território ostenta proporções continentais. Estima-se que o país possua 22% das terras agricultáveis do mundo[431], ainda que somente 7,6% do território brasileiro atualmente esteja destinado à agricultura[432]. Dessa forma, considerando o potencial geográfico e a atual relevância econômica do setor, forçoso concluir que a continuidade do crescimento do agronegócio, de modo vertical e horizontal, representa uma perspectiva real.

[431] Rodrigues, Roberto. *O céu é o limite para o agronegócio brasileiro. Conjuntura Econômica*, v. 60, n. 11. Rio de Janeiro: nov. 2006. p. 14-15.

[432] O percentual é baixo quando comparado a outros países. A título de exemplo, os países da União Europeia dedicam entre 20% e 30% do seu território à agricultura. Os Estados Unidos – concorrente direto do Brasil –, utilizam 18,3%; a China, 17,7%; e a Índia, 60,5% (Fonte: https://www.embrapa.br/busca-de-noticias/-/noticia/30972114/nasa-confirma--dados-da-embrapa-sobre-area-plantada-no-brasil. Acesso em 09 jan. 2021).

Dados públicos confirmam que, o agronegócio brasileiro encerrou o ano de 2019 com novos recordes e conquistas importantes. Segundo informações extraídas do Ministério da Agricultura, Pecuária e Abastecimento ("**MAPA**"): "Mais uma vez, o Produto Interno Bruto (PIB) do Brasil foi puxado pela agropecuária, registrando crescimento de 1,3%. A safra do período deverá ter produção recorde com a colheita de 246,4 milhões de toneladas de grãos – aumento de 1,8% comparado a 2018/2019. Informa ainda que, "impulsionado pela pecuária, o PIB do agronegócio também apresentou aumento de 0,58% no primeiro semestre do ano em relação ao mesmo período do ano anterior. A pecuária também foi destaque nas exportações, que atingiu US$ 8,21 bilhões em novembro, a exportação de carnes passou de US$ 1,28 bilhão para US$ 1,56 bilhão, aumento de 22,1%"[433].

Ademais, destaca-se que o agronegócio brasileiro não foi afetado pela crise sanitária gerada pela pandemia da Covid-19. Segundo informações do MAPA: "As vendas externas no mês foram de US$ 9,29 bilhões, com expansão de 13,3% em relação a março do ano anterior (US$ 8,20 bilhões), crescimento em valores absolutos de US$ 1,09 bilhão"[434].

[433] Fonte: https://www.gov.br/planalto/pt-br/acompanhe-o-planalto/noticias/2020/01/agricultura-setor-impulsiona-crescimento-no-brasil. Acesso em 01 jan. 2021.

[434] A notícia é assim complementada: As exportações do agronegócio subiram em função do aumento da quantidade exportada (18,8%). Já o índice de preço dos produtos exportados caiu 4,7%, de acordo com a Balança Comercial do Agronegócio, elaborada pela Secretaria de Comércio e Relações Internacionais (SCRI) do Ministério da Agricultura, Pecuária e Abastecimento (Mapa). As importações do agronegócio alcançaram US$ 1,28 bilhão, em março deste ano (12,3%). Portanto, o saldo comercial da balança ficou em US$ 8 bilhões, com a participação do agro nas exportações totais brasileiras em 48,3%. Os três produtos responsáveis pelo incremento das exportações do agronegócio foram soja em grão (US$ 3,98 bilhões), açúcar (US$ 441 milhões) e carne bovina *in natura* (US$ 555 milhões). De acordo com a SCRI, a participação da China nas exportações agropecuárias brasileiras passou de 34,2% (março/2019) para 41% (março/2020). As exportações de soja e carne bovina in natura ocorreram, principalmente, para esse país asiático. As vendas de soja em grão para o mercado chinês subiram de 5,9 milhões de toneladas (US$ 2,10 bilhões) para 8,8 milhões de toneladas (US$ 3,02 bilhões). A China foi mais uma vez o destaque nas aquisições de carnes, com US$ 451,45 milhões (+101,1%), praticamente, uma terça parte do valor total exportado pelo Brasil. Em março do ano passado as vendas foram de US$ 224,52. Fonte: Exportações do agronegócio totalizam US$ 9,2 bilhões em março – Português (Brasil) (www.gov.br). Acesso em 09 jan. 2021.

Seguindo na toada de crescimento do agronegócio brasileiro, em 07 de abril de 2020 foi sancionada a Lei nº 13.986 ("**Nova Lei do Agro**"), a qual promoveu importantes comandos normativos com o intuito de fomentar o agronegócio nacional. A referida lei, decorre da conversão da Medida Provisória nº 987, de 1º de outubro de 2019, também conhecida como a "**MP do Agro**". Conforme se discorrerá no presente estudo, esta lei não só aprimorou como criou modalidades de financiamento privado no âmbito do agronegócio, incrementando-o.

Como em todas as atividades comerciais, dentre as quais se incluem aquelas desenvolvidas no âmbito do agronegócio, divergências de baixa, média ou alta complexidade podem surgir. Qualidade do produto questionada, eventual desequilíbrio econômico-financeiro dos contratos agroindustriais, rompimentos antes do prazo de duração do contrato, problemas no processamento e armazenamento de produtos, na comercialização nas bolsas de mercadorias e futuros, dentre outros, constituem causas comuns de disputas no âmbito do agronegócio.

Para a resolução de tais disputas, diversos são os mecanismos à disposição dos usuários. A arbitragem comercial, regulada pela Lei nº 9.307/1996 ("**Lei de Arbitragem**"), por exemplo tem se revelado como um mecanismo muito eficiente, em comparação com o processo judicial, e vem sendo aplicada, com frequência, nos conflitos oriundos do agronegócio.

Contudo, em relação aos litígios advindos de alguma operação de financiamento privado, tendo como origem um título do agronegócio, dúvidas podem surgir a respeito do uso da arbitragem. Isso porque, na arbitragem, os árbitros não possuem o poder de coerção e, em caso de cobrança de um título agronegocial líquido, certo e exigível, não podem impor ao devedor que este pague a dívida. Assim, ante a ausência de coerção dos árbitros, indaga-se se o instituto da arbitragem permanece útil para resolver litígios nascidos de tais financiamentos privados.

As linhas abaixo demonstrarão que, não obstante a ausência de poder de coerção dos árbitros, a arbitragem permanece sendo um adequado meio de resolução de litígios nascidos de financiamento privados, notadamente aqueles oriundos de títulos firmados sob a égide da Nova Lei do Agro.

1. A nova lei do agro e seus principais destaques

Em 07 de abril de 2020 foi sancionada a Lei nº 13.986 ("**Nova Lei do Agro**"), a qual promoveu importantes comandos normativos com o intuito de fomentar o agronegócio nacional. Conforme mencionado, a referida lei decorre da conversão da Medida Provisória nº 987, de 1º de outubro de 2019, também conhecida como a "**MP do Agro**".

Dialogada pelo Ministério da Agricultura, Pecuária e Abastecimento, em conjunto com o Ministério da Economia, o Banco Central do Brasil, entidades como a Aprosoja[435], Abiove[436] Febraban[437], entre outros, a novel legislação estabeleceu regramentos definitivos para três institutos que já haviam sido trazidos ao ordenamento por intermédio da aludida MP do Agro, quais sejam o Fundo Garantidor Solidário[438], o Patrimônio Rural em Afetação[439] e a Cédula Imobiliária Rural[440], *inter alia*.

Ademais, a Nova Lei do Agro ampliou o leque de produtos rurais a serem objeto de Cédula de Produto Rural ("**CPR**"), já existente no ordenamento jurídico brasileiro por meio da Lei nº 8.929/94. Com efeito, antes da edição da Nova Lei do Agro, apenas produtos rurais poderiam ser comercializados por meio de tal título. Com o novo regramento ora comentado, incluíram-se os subprodutos e derivados, como por exemplo, aqueles obtidos nas atividades agrícola, pecuária, de floresta plantada e de pesca e aquicultura, assim como produtos relacionados à conservação de florestas nativas e dos respectivos biomas, em

[435] Associação dos Produtores de Soja e Milho do Estado do Mato Grosso.

[436] Associação Brasileira das Indústrias de Óleos Vegetais.

[437] Federação Brasileira de Bancos.

[438] Fundos de garantia constituídos e regulados por estatuto próprio, afetados ao pagamento de determinadas operações de crédito contratadas por produtores rurais (inclusive para financiamento de infraestrutura e conectividade rural). Os recursos do FGS não respondem por outras dívidas ou obrigações assumidas pelos devedores, alheias aos financiamentos.

[439] Regime de afetação constituído perante o Serviço de Registro de Imóveis competente, que destaca um determinado imóvel rural, no todo ou em parte (exceto lavouras, bens móveis e semoventes), do patrimônio do seu titular, vinculando-o ao pagamento de dívidas consubstanciadas em Cédulas de Produto Rural (CPR) ou em Cédulas Imobiliárias Rurais (CIR).

[440] Título de crédito cuja emissão é privativa de proprietários rurais, representativo de promessa de pagamento em dinheiro e, em caso de inadimplemento, de obrigação de entregar um imóvel sujeito a Patrimônio Rural de Afetação.

suma, produtos obtidos em outras atividades florestais que vierem a ser definidas pelo Poder Executivo como ambientalmente sustentáveis[441].

Parcialmente criticada como uma legislação muito favorável ao credor[442], a Nova Lei do Agro, ao revés, se lida e interpretada de forma ampla e sistemática, beneficia todos os *players* do agronegócio, sobretudo o produtor rural. Com efeito, a Nova Lei do Agro possibilita e expande o acesso dos produtores à novas modalidades de financiamento privado, como por exemplo a emissão de Certificados de Recebíveis Agrícolas ("**CRAs**"[443]), a participarem de operações de fusão e aquisição, entre outros negócios jurídicos de alta complexidade[444], com fixação em moeda estrangeira. Além disso, fomentará o financiamento para construção de armazéns, ou financiar a compra de equipamentos agrícolas, entre outros.

Em suma, as novas operações criadas pela Nova Lei do Agro não só fomentarão os negócios travados na seara interna, mas também no campo internacional, em que os títulos recebíveis do agronegócio poderão ser atrelados à moeda estrangeira, atraindo o ingresso de capital estrangeiro no Brasil em prol do agronegócio. De uma forma geral, a Nova Lei do Agro promove o progresso do financiamento no âmbito do agronegócio, conferindo maior segurança jurídica nas operações envolvendo a concessão de crédito, estimulando a economia brasileira[445].

[441] Art. 42 da Nova Lei do Agro.

[442] Notadamente em razão da perda do patrimônio afetado, sobretudo em casos que o valor do imóvel seja maior do que o da dívida (art. 28 da Nova Lei do Agro)

[443] O chamado "CRA", título lastreado em direitos creditórios do agronegócio, constituem títulos de crédito nominativos de livre negociação lastreados em créditos agropecuários de emissão exclusiva das companhias securitizadadoras (regulamentado pela Lei nº 11.076, de 30 de dezembro de 2004).

[444] A respeito do nível de complexidade de tais operações, ver ZANCHIM, Kleber Luiz; NOVAES, Natália Fazano. Infraestrutura e Agronegócio: modelagem de projetos estruturados. São Paulo: *Quartier Latin*, 2016, p. 18-27.

[445] Premissas, aliás, destacadas pela própria jurisprudência brasileira, como se observa do voto do Min. Luís Felipe Salomão no âmbito do Recurso Especial nº 1.327.643/RS, com comentar sobre o sistema de financiamento privado do agronegócio: "Nesse passo, tenho que a exploração da atividade econômica depende em grande medida do acesso regular ao crédito, viabilizado por mecanismos que assegurem o financiamento das atividades empresariais e pelo desenvolvimento de instrumentos negociais próprios para atendimento às

2. O uso da arbitragem comercial para a resolução de litígios advindos da nova lei do AGR

Diante da complexidade de determinadas operações firmadas no bojo da Nova Lei do Agro e, notadamente, a inclusão dos novos e citados títulos de financiamento que certamente incrementarão as relações mantidas no campo do agronegócio, controvérsias poderão surgir e é inevitável que se pense a melhor forma de resolvê-las. Nesse momento, pode se afirmar, com toda a segurança, que a arbitragem surge como mecanismo mais apropriado para a resolução dessas disputas. Para tanto, é necessário que os títulos de financiamento a serem estruturados contenham cláusulas compromissórias, *i.e.*, aquelas que remetem todos os eventuais litígios que decorrerem de tais instrumentos à arbitragem, nos termos da Lei de Arbitragem)[446].

Como já se teve a oportunidade de demonstrar em outros estudos[447], a arbitragem tende a ser um mecanismo mais eficiente do que o processo estatal para resolver contendas oriundas no âmbito do agronegócio. A possibilidade de o processo arbitral contar com o amparo de especialistas do setor no curso do processo, a vantagem de o próprio julgamento da demanda ser realizado por alguém com a expertise necessária à solução da lide, *inter alia*, as chances de elaboração de uma sentença adequada aumentam significativamente, resultando na economia de grandes dispêndios de tempo e recursos financeiros, que no âmbito do processo estatal seriam provavelmente investidos na reforma de sentenças pelos tribunais superiores.

peculiaridades de cada setor da economia". STJ, REsp nº 1.327.643/RS, Quarta Turma, rel. Min. Luís Felipe Salomão, j. 21.05.2019, DJe 06.08.2019.

[446] Diversas instituições arbitrais contêm modelos de clausulas compromissórias de arbitragem, dos mais diversos tipos, e podem ser consultadas nos respetivos *websites* das citadas instituições. A título de exemplo, citamos: **(i)** CAMARB: http://camarb.com.br/arbitragem/clausula-modelo/; **(ii)** CAM-CCBC: https://ccbc.org.br/cam-ccbc-centro-arbitragem-mediacao/resolucao-de-disputas/arbitragem/modelos-de-clausula/, *inter alia*.

[447] Ver, nesse sentido: Nunes Thiago Marinho. Arbitragem como método adequado de resolução de conflitos nos contratos agroindustriais in Lee, João Bosco; Mange, Flávia (eds), Revista Brasileira de Arbitragem, (Comitê Brasileiro de Arbitragem CBAr & IOB; *Kluwer Law International* 2019, Volume XVI Issue 62), pp. 58-79. Nunes, Thiago Marinho. *Arbitragem no agronegócio: flexibilidade, tecnicidade e adequação.* In: Reis, Marcos Hokumura (Coord.). *Arbitragem no agronegócio.* São Paulo: Verbatim, 2018. p. 21-35.; *A Nova Lei do Agro e a arbitragem – Migalhas* (uol.com.br). Acesso em 29 jan. 2021.

Tais premissas valem, certamente, não apenas para os negócios jurídicos mais comuns firmados no âmbito do agronegócio, como, por exemplo, disputas no âmbito de contratos agrários de parceria e arrendamento; disputas no âmbito de contratos de financiamento rural e compra e venda de insumos (sementes, defensivos agrícolas); disputas no âmbito de contratos de fornecimento e de integração vertical; disputas no âmbito de contratos imobiliários de compra e venda de imóveis, direito de superfície e constituição de usufruto; disputas acerca de divisões de terras, dissolução de condomínios rurais e disputas de servidões; disputas no âmbito de relações societárias decorrentes de estatutos, contratos socais e acordos de acionistas ou *joint ventures*, entre outros, mas, também para os financiamentos privados agroindustriais, conforme se verificará nos pontos seguintes.

2.1. Da possibilidade de inserção de cláusulas compromissórias em títulos de financiamento privado do agronegócio

Sem prejuízo da inserção de cláusulas compromissórias nos negócios jurídicos anteriormente citados (contratos bilaterais ou multilaterais), é oportuno salientar a ausência de qualquer incompatibilidade de se inserir uma cláusula compromissória em títulos de crédito, como aqueles constantes da Nova Lei do Agro.

Com efeito, configurando-se a liquidez, a certeza e a exigibilidade e diante de eventual inadimplemento, o credor não precisa se valer da arbitragem, até mesmo porque o árbitro é desprovido do poder de coerção. Basta ajuizar simples ação de execução de título extrajudicial perante o foro competente para reaver seu direito. Como bem asseverou a Ministra Nancy Andrighi no julgamento do Recurso Especial nº 944.917/SP:

> Deve-se admitir que a cláusula compromissória possa conviver com a natureza executiva do título. (...) não é razoável exigir que o credor seja obrigado a iniciar uma arbitragem para obter juízo de certeza sobre uma confissão de dívida que, no seu entender, já consta do título executivo"[448].

[448] STJ, REsp 944.917/SP, Terceira Turma, Relª Min. Nancy Andrighi, J. 19.08.2008. Confira-se também, a esse respeito, o Enunciado 544 do Foro Permanente de Processualistas: "Admite-se a celebração de convenção de arbitragem, ainda que a obrigação esteja representada em título executivo extrajudicial".

Nesse caso, caberá aos árbitros o processamento de eventual matéria de defesa por parte do devedor (embargos à execução), já que a matéria tocará o mérito da disputa, integralmente reservado à jurisdição arbitral (conforme se detalhará no item III.2 abaixo).

Explica-se: a atividade jurisdicional de satisfação do direito de forma prática e concreta é exclusiva do Estado, exercida através do Poder Judiciário, sendo certo que o árbitro não detém tal poder de força direta. A Lei de Arbitragem, com efeito, dirige-se à criação de um título executivo, tendo a sentença arbitral os mesmos efeitos da judicial, nos termos do art. 31 do referido diploma legal[449].

Na hipótese ora em discussão, como já existe título executivo extrajudicial, fica afastada, em relação a esse título, a utilização da arbitragem, porquanto as decisões de um árbitro não possuem força executiva. O *imperium*, o poder de coerção, está a cargo dos juízes estatais, sendo que os poderes dos árbitros estão limitados, unicamente, a *jurisdictio*, qual seja, dizer o direito[450]. Nesse sentido, anote-se a posição do Ministro aposentado do Superior Tribunal de Justiça ("**STJ**") Athos Gusmão Carneiro[451]:

[449] Art. 31 da Lei nº 9.307/96: "A sentença arbitral produz, entre as partes e seus sucessores, os mesmos efeitos da sentença proferida pelos órgãos do Poder Judiciário e, sendo condenatória, constitui título executivo.". Da mesma forma, o art. 515, inciso VII do Código de Processo Civil: Art. 515. São títulos executivos judiciais, cujo cumprimento dar-se-á de acordo com os artigos previstos neste Título: [...] VII – a sentença arbitral;".

[450] O árbitro possui o poder de dizer o direito – a *jurisdictio* –, pondo fim à "crise do direito material", condenando o vencido a reaver o bem violado. A pretensão arbitral assimila-se assim a uma demanda, normalmente, de cunho condenatório. E tão somente condenatório, não executório, pois os atos de coerção são próprios da força pública, do *imperium* do juiz estatal. Nesse sentido, já dizia Charles Jarrosson: "*La formule exécutoire ne peut être apposée sur les décisions de justice que par le juge étatique, à l'exclusion de l'arbitre, puisqu'elle ouvre la voie à un éventuel recours à la force publique. On ne comprendrait pas comment un arbitre qui tire son pouvoir juridictionnel de volontés privées, pourrait disposer ce cette force*" JARROSSON, Charles. *Réflexions sur l'imperium, in Études offertes à Pierre Bellet*, Paris, Litec, 1991, p. 245-279, p. 268.

[451] CARNEIRO, Athos Gusmão. *Arbitragem. Cláusula Compromissória. Cognição e Imperium. Medidas Cautelares e Antecipatórias.* Civil Law e Common Law. Incompetência da Justiça Estata*l in* Revista Brasileira de Arbitragem nº 3 (jul/ago/set 2004). Porto Alegre: Síntese, p. 48-49.

"Com didática clareza, escreveu Barbosa Moreira que "nenhuma sentença, seja qual for, é capaz, por si só, de produzir efeitos fora do mundo jurídico; para atingir o mundo dos fatos, necessita sempre de alguma atividade subsequente, que transforme a realidade para conformá-la àquilo que se julgou". (Sentença Executiva?, artigo na Revista de Direito Civil e Processual Civil, Síntese, v. 27/7).

É que a "cognição" se destina a "formular a norma jurídica" que deve disciplinar o conflito de interesses; a "execução" destina-se a "modificar o estado de fato" em conformidade com a norma que haja sido declarada incidente.

Ora, o juiz arbitral não detém os poderes inerentes ao *imperium*, ou seja, para ordenar ou efetuar modificações no "plano dos fatos", e assim o diz, talvez com alguma impropriedade textual, o citado art. 22, § 4º, da Lei de Arbitragem".

Da mesma forma, expõe Joel Dias Figueira Júnior[452]:

"Nesse particular, seus poderes são limitados e não se comparam aos dos juízes togados. Tanto é que as medidas coercitivas ou cautelares que se fizerem necessárias serão solicitadas pelo órgão julgador privado ao Poder Judiciário que seria, originalmente, competente para julgar a causa (art. 22, § § 2º e 4º) assim como a execução forçada da sentença arbitral constitui título executivo judicial (art. 41, que confere nova redação ao art. 584, III, do CPC).

Na jurisdição arbitral, o julgador limita-se a "dizer o direito das partes", sem poderes para fazer exercê-lo. A satisfação no plano material do direito do vencedor que obteve sentença arbitral favorável (condenatória, mandamental ou executiva *lato sensu*) estará na dependência da vontade do vencido de cumprir a decisão espontaneamente. Caso contrário, deverá o interessado executar a sentença perante o Poder Judiciário (art. 584, III, do CPC), se condenatória; se mandamental ou executiva em sentido amplo, basta que o árbitro solicite ao Poder Judiciário, que seria originalmente competente para julgar a causa, que efetive medida para satisfação do vencedor no plano material".

[452] Figueira Júnior, Joel Dias. *Arbitragem, Jurisdição e Execução*. São Paulo: Revista dos Tribunais, 2ª ed., 1999, nº 14, p. 156.

No mesmo sentido se pronunciou a 8ª Câmara do Tribunal de Justiça do Estado do Rio de Janeiro[453]:

> "EXTINÇÃO DO PROCESSO – A CLÁUSULA DE ARBITRAGEM NÃO É CAUSA DE EXTINÇÃO DO PROCESSO DE EXECUÇÃO POR TÍTULO EXTRAJUDICIAL, SENDO O JUÍZO COMUM COMPETENTE PARA PROCESSÁ-LO, POSTO QUE AO JUÍZO ARBITRAL NÃO SE CONCEDEU PODER DE COERÇÃO, RESERVADO À JURISDIÇÃO ESTATAL – PROVIMENTO DO RECURSO."

Em casos, por exemplo, de emissões de títulos como Certificado de Direitos Creditórios do Agronegócio ("**CDCA**"), ou uma CRA, lastreadas em uma Cédula de Produto Rural ("**CPR**")[454], emitidos em moeda estrangeira, como o dólar norte americano, por exemplo, depender do teor da controvérsia (como por exemplo, eventual alta da moeda estrangeira aplicável, a ensejar discussões sobre teoria da imprevisão, onerosidade excessiva, *inter alia*) é de absoluta certeza que ela poderá ser resolvida por profissionais com preparo técnico adequado não só no mercado agronegocial, mas no próprio mercado bancário e, é claro, no campo do Direito.

É justamente a multidisciplinaridade presente na arbitragem, justificada pela boa escolha de árbitros, bem como pela escolha de uma reputada instituição administradora de procedimentos arbitrais, que fazem com que os *players* ao final da disputa se satisfaçam com o seu resul-

[453] Apelação Cível nº 7596/2004, Rel. Des. Adriano Celso Guimarães, julgado em 25/01/05. No mesmo sentido: Pretensão à extinção *"ex officio"* da execução em virtude da existência de cláusula compromissória no contrato firmado pelas partes - Descabimento - Hipótese que o credor é portador de título executivo extrajudicial - Admissibilidade de sujeição ao juízo arbitral apenas as ações de conhecimento." TJSP. AgI. n 7.042.107-1, 12ª Câmara de Direito Privado, rel. Carlos Bondioli, j. 1.2.2006.

[454] De acordo com Marcos Hokumura Reis, "Criada pela Lei 8.929, de 22 de agosto de 1994, a CPR representa uma obrigação de entrega, em data futura, de produtos rurais (ou subprodutos), conforme a quantidade, especificação do produto e local definidos no próprio título. Trata-se, portanto, de um título de crédito líquido, certo e exigível na forma expressa na cédula, passível somente de ser emitido por produtor rural, pessoa física ou jurídica, suas associações ou cooperativas". Reis, Marcos Hokumura. *Títulos de financiamento do agronegócio e cláusula arbitral: coexistência pacífica e benéfica.* In: Reis, Marcos Hokumura (Coord.). Arbitragem no agronegócio. São Paulo: Verbatim, 2018. p. 151-157.

tado, prosseguindo em seus negócios e garantindo segurança jurídica ao mercado.

No entanto, uma vez citado o devedor, e tendo estas matérias de defesa que tenham conexão com pontos substanciais do título executivo, deverá o devedor se valer da cláusula de resolução de disputas previstas no título para discutir seus direitos, e, portanto, instaurar procedimento arbitral, conforme se explicará de forma mais pormenorizada no item seguinte.

2.2. Manejo dos embargos à execução pela via arbitral

Conquanto o descumprimento de obrigações constantes de um título executivo líquido, certo e exigível possa gerar uma ação executiva, cuja competência é exclusiva do juízo estatal, como visto acima, a eventual defesa da parte executada deve se dar pela via da arbitragem, em caso de existência de cláusula compromissória no título exequendo. Nesse tipo de situação, a dúvida reside se seria útil ou benéfica a inserção da cláusula compromissória no título, levando as partes, em caso de disputa a duas frentes diversas (execução via Poder Judiciário e arbitragem, simultâneos).

Entende-se, com efeito, que a adoção da arbitragem nesses casos pode ser benéfica, ainda que tais títulos de financiamento (a depender de suas disposições) possam ser objeto de automática ação executiva (a depender, necessariamente, da presença dos requisitos da liquidez, certeza e exigibilidade, conforme previsão do art. 783 do Código de Processo Civil[455]). Nesses casos, não haverá incompatibilidade do uso da arbitragem em tais títulos, eis que a sua execução será exercida pela via judicial, dada a ausência do chamado poder de *imperium* na arbitragem. No entanto, em caso de o devedor contestar a dívida exequenda, deverá fazê-lo por meio da arbitragem, apresentando seus embargos executórios única e exclusivamente pela via arbitral, já que a matéria tocará o mérito da disputa, integralmente reservado à jurisdição arbitral.

[455] Art. 783. A execução para cobrança de crédito fundar-se-á sempre em título de obrigação certa, líquida e exigível.

As questões atinentes à compatibilidade entre execução e arbitragem já estão pacificadas no Brasil, tendo não só a doutrina[456] como a jurisprudência dos nossos Tribunais[457] como do STJ, tendo firmado entendimento de que ambos os institutos – arbitragem e execução possam conviver de forma harmoniosa[458]. O último e mais detalhado julgado sobre o assunto deu-se no Recurso Especial 1.465.535/SP, julgado pela Quarta Turma do STJ em 21 de junho de 2016[459]. O correspondente acórdão, restou assim ementado:

> "RECURSO ESPECIAL. PROCESSO CIVIL. ARBITRAGEM. EXECUÇÃO. TÍTULO EXECUTIVO EXTRAJUDICIAL. CONTRATO DE LOCAÇÃO. CLÁUSULA COMPRO-

[456] Ver, nesse sentido: REIS, *Marcos Hokumura. Títulos de financiamento do agronegócio e cláusula arbitral: coexistência pacífica e benéfica.* In: REIS, Marcos Hokumura (Coord.). *Arbitragem no agronegócio.* São Paulo: Verbatim, 2018. p. 151-157. O assunto ora tratado também foi objeto de debates na I Jornada Prevenção e Solução Extrajudicial de Litígios do Conselho da Justiça Federal, que culminou com a aprovação do Enunciado 12: "*A existência de cláusula compromissória não obsta a execução de título executivo extrajudicial, reservando-se à arbitragem o julgamento das matérias previstas no art. 917, incs. I e VI, do CPC/2015*". Para uma noção geral e completa acerca do tema, cita-se a dissertação de mestrado de Fernanda Gouvêa Leão ("Arbitragem e Execução". Faculdade de Direito da Universidade de São Paulo, 2012.

[457] Cita-se, a esse respeito, julgado emanado do Tribunal de Justiça do Estado de São Paulo: "Tem-se que a matéria dos presentes embargos deve ficar limitada ao reconhecimento de direitos decorrentes da ação executiva e dos títulos que a embasam, já que somente estas, em decorrência do compromisso arbitral, se encontram inexoravelmente afetas à jurisdição estatal.". TJSP. Ap. n 0158979-08.2010.8.26.0100, 12ª Câmara de Direito Privado, rel. Jacob Valente, j. 29.2.2012.

[458] Nesse sentido, citam-se os seguintes julgados, ambos emanados do STJ: "Deve-se admitir que a cláusula compromissória possa conviver com a natureza do título [...]. Não é razoável exigir que o credor seja obrigado a iniciar uma arbitragem para obter juízo de certeza sobre uma confissão de dívida que, no seu entender, já consta do título executivo" (STJ, REsp 944.917/SP, Terceira Turma, Relª Min. Nancy Andrighi, J. 19.08.2008); "É competente para decidir as questões de mérito relativas a contrato com cláusula arbitral, a câmara eleita pelas partes para fazê-lo. Tal competência não é retirada dos árbitros pela circunstância de uma das partes ter promovido, antes de instaurada a arbitragem, a execução extrajudicial do débito perante o juiz togado. Tendo em vista a competência da câmara arbitral, não é cabível a oposição, pela devedora, de embargos à execução do mesmo débito apurado em contrato. Tais embargos teriam o mesmo objeto do procedimento arbitral, e o juízo da execução não seria competente para conhecer das questões nele versadas" (STJ, MC 3.274/SP, Relª Min. Nancy Andrighi, J. 13.09.2007).

[459] STJ, REsp 1.465.535/SP, 4ª Turma, Rel. Min. Luiz Felipe Salomão, J. 21.06.2016.

MISSÓRIA. EMBARGOS DO DEVEDOR. MÉRITO. COMPETÊNCIA DO JUÍZO ARBITRAL. QUESTÕES FORMAIS, ATINENTES A ATOS EXECUTIVOS OU DE DIREITOS PATRIMONIAIS INDISPONÍVEIS. COMPETÊNCIA DO JUÍZO ESTATAL. HONORÁRIOS ADVOCATÍCIOS. NATUREZA JURÍDICA. LEI NOVA. MARCO TEMPORAL PARA A APLICAÇÃO DO CPC/2015. PROLAÇÃO DA SENTENÇA.

1. A cláusula arbitral, uma vez contratada pelas partes, goza de força vinculante e caráter obrigatório, definindo ao juízo arbitral eleito a competência para dirimir os litígios relativos aos direitos patrimoniais disponíveis, derrogando-se a jurisdição estatal.

2. No processo de execução, a convenção arbitral não exclui a apreciação do magistrado togado, haja vista que os árbitros não são investidos do poder de império estatal à prática de atos executivos, não tendo poder coercitivo direto.

3. Na execução lastreada em contrato com cláusula arbitral, haverá limitação material do seu objeto de apreciação pelo magistrado. O Juízo estatal não terá competência para resolver as controvérsias que digam respeito ao mérito dos embargos, às questões atinentes ao título ou às obrigações ali consignadas (existência, constituição ou extinção do crédito) e às matérias que foram eleitas para serem solucionadas pela instância arbitral (kompetenz e kompetenz), que deverão ser dirimidas pela via arbitral.

4. A exceção de convenção de arbitragem levará a que o juízo estatal, ao apreciar os embargos do devedor, limite-se ao exame de questões formais do título ou atinentes aos atos executivos (v.g., irregularidade da penhora, da avaliação, da alienação), ou ainda as relacionadas a direitos patrimoniais indisponíveis, devendo, no que sobejar, extinguir a ação sem resolução do mérito.

5. Na hipótese, o devedor opôs embargos à execução, suscitando, além da cláusula arbitral, dúvidas quanto à constituição do próprio crédito previsto no título executivo extrajudicial, arguindo a inexistência da dívida pelo descumprimento justificado do contrato. Dessarte, deve-se reconhecer a derrogação do juízo togado para apreciar a referida pretensão, com a extinção do feito, podendo o recorrido instaurar procedimento arbitral próprio para tanto.

6. O Superior Tribunal de Justiça propugna que, em homenagem à natureza processual material e com o escopo de preservar-se o direito adquirido, as normas sobre honorários advocatícios não são alcançadas por lei nova. A sentença, como ato processual que qualifica o nascedouro do direito à

percepção dos honorários advocatícios, deve ser considerada o marco temporal para a aplicação das regras fixadas pelo CPC/2015.

7. No caso concreto, a sentença fixou os honorários em consonância com o CPC/1973. Dessa forma, não obstante o fato de esta Corte Superior reformar o acórdão recorrido após a vigência do novo CPC, incidem, quanto aos honorários, as regras do diploma processual anterior.

8. Recurso especial provido.".

O único ponto que ainda incomoda os operadores da arbitragem, em relação ao julgado acima citado, diz respeito ao possível manejo de Embargos à Execução concomitantemente à instauração de uma arbitragem a título de "Embargos Arbitrais"[460]. Isso porque o acórdão aduz que questões formais do título ou atinentes aos atos executivos (como irregularidade da penhora, da avaliação, da alienação) devem ser manejados por meios de Embargos à Execução, *i.e.*, por meio do Poder Judiciário.

Trata-se de medida que pode se tornar extremamente onerosa para as partes, dados os custos envolvidos em ambas as demandas, e cuja finalidade seria absolutamente a mesma (*i.e.*, qualquer matéria que lhe seria lícito deduzir como defesa em processo de conhecimento). Tirando o fato de que a *coercio* pertença ao monopólio do Estado, não se veria qualquer inconveniente de que todas as matérias que pudessem ser levantadas pelo devedor devessem ser discutidas em apenas um instrumento, no caso, a arbitragem, quando houver cláusula compromissória no título executivo.

Ainda que a jurisprudência dos tribunais brasileiros ande bem na discussão da matéria, o ideal que é se possa firmar entendimento de qualquer matéria cuja discussão pertença ao devedor (o executado no processo estatal, e o requerente da arbitragem), deva estar restrita à arbitragem, evitando-se duplas e paralelas discussões que deveriam ocorrer num único instrumento – a arbitragem. Ou, no máximo que, questões relativas à irregularidade da penhora ou da avaliação errônea, possam ser levadas ao juízo da execução por simples petição nos autos

[460] "A exceção de convenção de arbitragem levará a que o juízo estatal, ao apreciar os embargos do devedor, limite-se ao exame de questões formais do título ou atinentes aos atos executivos (v.g., irregularidade da penhora, da avaliação, da alienação), ou ainda as relacionadas a direitos patrimoniais indisponíveis, devendo, no que sobejar, extinguir a ação sem resolução do mérito".

da ação executiva, sem a necessidade dos embargos à execução, os quais, por questões contratuais e legais deverão ser manejados por meio de procedimento arbitral.

Com base nessas premissas, pensa-se que arbitragem e execução poderão ser mais bem harmonizadas, proporcionando a ausência de interferências do juízo estatal na arbitragem, mas, pelo contrário, atuando o juízo estatal como juízo de apoio à arbitragem (o chamado "*juge d'appui*"[461]). isto é, de assistência e colaboração com o procedimento arbitral[462]. E, é claro, garantindo-se custos acessíveis às partes, o que não ocorreria com o manejo simultâneo de Embargos à Execução e Embargos Arbitrais. Pensa-se que o ideal é que toda e qualquer matéria que lhe seria lícito deduzir como defesa em processo de conhecimento seja manejada por via da arbitragem apenas.

Por todas essas razões, entende-se recomendável que uma cláusula compromissória a ser inserida em títulos de financiamento do agronegócio contenha a seguinte redação:

> Qualquer controvérsia oriunda deste título ou com ela relacionada, incluindo, mas não se limitando, a qualquer matéria que lhe seria lícito deduzir como defesa em processo de conhecimento, será definitiva e unicamente resolvida por arbitragem, na forma da Lei nº 9.307/1996, excetuada as matérias que dependam de atos de coerção pela jurisdição estatal. A arbitragem será administrada pela [EVENTUAL INSTITUIÇÃO] e obedecerá às

[461] Sobre o assunto: O Poder Judiciário da sede da arbitragem: o "*juge d'appui*" – Migalhas (uol.com.br). Acesso em 31 jan. 2021.

[462] Outro exemplo de coordenação entre a jurisdição estatal e a arbitral, bastante recente, advém de julgado emanado do Superior Tribunal de Justiça, em que restou firmado o entendimento segundo o qual é possível aplicar as normas de penhora no rosto dos autos de procedimentos arbitrais, de modo que o Poder Judiciário possa oficiar o árbitro para que este indique, em sua decisão, caso seja favorável à parte executada, a existência de ordem judicial de constrição. Merece destaque o seguinte trecho da ementa do julgado em questão: "(...) Respeitadas as peculiaridades de cada jurisdição, é possível aplicar a regra do art. 674 do CPC/73 (art. 860 do CPC/15), ao procedimento de arbitragem, a fim de permitir que o juiz oficie o árbitro para que este faça constar em sua decisão final, acaso favorável ao executado, a existência da ordem judicial de expropriação, ordem essa, por sua vez, que só será efetivada ao tempo e modo do cumprimento da sentença arbitral, no âmbito do qual deverá ser também resolvido eventual concurso especial de credores, nos termos do art. 613 do CPC/73 (parágrafo único do art. 797 do CPC/15).". STJ, Terceira Turma, REsp nº 1.678.224-SP, Rel. Min. Nancy Andrighi, j. 07.05.2019, DJE 09.05.2019.

normas estabelecidas no seu Regulamento, cujas disposições integram o presente contrato. O Tribunal Arbitral será constituído por [um/três] árbitro(s), indicados na forma prevista no Regulamento de Arbitragem da [EVENTUAL INSTITUIÇÃO]. A arbitragem terá sede em [Cidade, Estado] e a lei aplicável será a brasileira. O procedimento arbitral será conduzido em [idioma]).

Conclusões

O ponto principal que se pretende demonstrar nessas breves linhas, e sem qualquer pretensão de esgotar a matéria ainda sujeita a muito debate, é mostrar aos *players* do agronegócio a importância de se ter um mecanismo eficaz de resolução de disputas. Se a arbitragem já é uma realidade nos tradicionais negócios jurídicos firmados no âmbito do agronegócio, assim deve ser naqueles negócios originados dos títulos de financiamento agroindustriais.

Com efeito, as novas operações criadas pela Nova Lei do Agro não só fomentarão os negócios travados na seara interna, mas também no campo internacional, em que os títulos recebíveis do agronegócio poderão ser atrelados à moeda estrangeira, atraindo o ingresso de capital estrangeiro no Brasil em prol do agronegócio.

Eficácia não significa que o conflito deva ser resolvido de forma rápida ou açodada. Eficácia deve ser lida no plano da eficiência. A arbitragem proporciona uma resolução técnica e em espaço de tempo razoável, preservando as relações comerciais e estabilizando a cadeia produtiva agroindustrial, desta forma, pode se afirmar, com toda a segurança, que a arbitragem surge como mecanismo mais apropriado para a resolução dessas disputas, em razão de suas especificidades, notadamente em razão de sua flexibilidade, da possibilidade da livre escolha dos julgadores da controvérsia, do caráter sigiloso do procedimento, e, ao fim e ao cabo, dos custos mais acessíveis em comparação com o processo estatal (notadamente no que tange à relação custo-benefício).

Referências

BRASIL. Conselho da Justiça Federal. I Jornada Prevenção e Solução Extrajudicial de Litígios. SALOMÃO, Luis Felipe; FERREIRA, Antonio Carlos; WATANABE, Kazuo; FALCÃO, Joaquim (Coords.). Brasília, 2016.

–. Embrapa. NASA confirma dados da Embrapa sobre área plantada no Brasil. Publicado em: 29 dez. 2017. Disponível em: <https://www.embrapa.br/busca-de-noticias/-/noticia/30972114/nasa-confirma-dados-da-embrapa-sobre-area-plantada-no-brasil#:~:text=Foto%3A%20Valter%20Cunha-,O%20ministro%20da%20Agricultura%2C%20Pecu%C3%A1ria%20e%20Abastecimento%2C%20Blairo%20Maggi%2C,%2C%20somando%2063.994.479%20hectares.>. Acesso em 09 jan. 2021.

–. Lei nº 5.869, de 11 de janeiro de 1973. Institui o Código de Processo Civil. Disponível em: <http://www.planalto.gov.br/ccivil_03/leis/l5869impressao.htm>.

–. Lei nº 8.929, de 22 de agosto de 1994. Institui a Cédula de Produto Rural, e dá outras providências. Disponível em: <planalto.gov.br/ccivil_03/leis/l8929.htm>.

–. Lei nº 9.307, de 23 de setembro de 1996. Dispõe sobre a arbitragem. Disponível em: <http://www.planalto.gov.br/ccivil_03/leis/l9307.htm>.

–. Lei nº 10.406, de 10 de janeiro de 2002. Institui o Código Civil. Disponível em: <http://www.planalto.gov.br/ccivil_03/leis/2002/l10406compilada.htm>.

–. Lei nº 11.076, de 30 de dezembro de 2004. Dispõe sobre o Certificado de Depósito Agropecuário – CDA, o Warrant Agropecuário – WA, o Certificado de Direitos Creditórios do Agronegócio – CDCA, a Letra de Crédito do Agronegócio – LCA e o Certificado de Recebíveis do Agronegócio – CRA, dá nova redação a dispositivos das Leis nºs 9.973, de 29 de maio de 2000, que dispõe sobre o sistema de armazenagem dos produtos agropecuários, 8.427, de 27 de maio de 1992, que dispõe sobre a concessão de subvenção econômica nas operações de crédito rural, 8.929, de 22 de agosto de 1994, que institui a Cédula de Produto Rural – CPR, 9.514, de 20 de novembro de 1997, que dispõe sobre o Sistema de Financiamento Imobiliário e institui a alienação fiduciária de coisa imóvel, e altera a Taxa de Fiscalização de que trata a Lei nº 7.940, de 20 de dezembro de 1989, e dá outras providências. Disponível em: <http://www.planalto.gov.br/CCIVIL_03/_Ato2004-2006/2004/Lei/L11076.htm>.

–. Lei nº 13.105, de 16 de março de 2015. Código de Processo Civil. Disponível em: <http://www.planalto.gov.br/ccivil_03/_ato2015-2018/2015/lei/l13105.htm>.

–. Lei nº 13.986, de 7 de abril de 2020. Institui o Fundo Garantidor Solidário (FGS); dispõe sobre o patrimônio rural em afetação, a Cédula Imobiliária Rural (CIR), a escrituração de títulos de crédito e a concessão de subvenção econômica para empresas cerealistas; altera as Leis nºs 8.427, de 27 de maio de 1992, 8.929, de 22 de agosto de 1994, 11.076, de 30 de dezembro de 2004, 10.931, de 2 de agosto de 2004, 12.865, de 9 de outubro de 2013, 5.709, de 7 de outubro de 1971, 6.634, de 2 de maio de 1979, 6.015, de 31 de dezembro de 1973, 7.827, de 27 de setembro de 1989, 8.212, de 24 de julho de 1991, 10.169, de 29 de dezembro de 2000, 11.116, de 18 de maio de 2005, 12.810, de 15 de maio de 2013, 13.340, de 28 de setembro de 2016, 13.576, de 26 de dezembro de 2017, e o Decreto-Lei nº 167, de 14 de fevereiro de 1967; revoga dispositivos das Leis nºs 4.728, de 14 de julho de 1965, e 13.476, de 28 de agosto de 2017, e dos Decretos-Leis nºs 13, de 18 de julho de 1966; 14, de 29 de julho de 1966; e 73, de 21 de novembro de 1966; e dá outras providências. Disponível em: <http://www.planalto.gov.br/ccivil_03/_ato2019-2022/2020/lei/L13986.htm>.

–. Planalto. Agricultura: setor impulsiona crescimento no Brasil. Publicado em: 03 jan. 2020. Disponível em: <https://www.gov.br/planalto/pt-br/acompanhe-o-planalto/noticias/2020/01/agricultura-setor-impulsiona-crescimento-no-brasil>. Acesso em 01 jan. 2021.

–. Planalto: Exportações do agronegócio totalizam US$ 9,2 bilhões em março. Disponível em: <https://www.gov.br/agricultura/pt-br/assuntos/noticias/exportacoes-do-agronegocio-totalizam-us-9-2-bilhoes-em-marco#:~:text=As%20exporta%C3%A7%C3%B5es%20do%20agroneg%C3%B3cio%20brasileiro,US%24%201%2C09%20bilh%C3%A3o>. Acesso em 09 jan. 2021.

–. Tribunal de Justiça do Rio de Janeiro, 8ª Câmara Cível, Apelação Cível nº 7596/2004, Rel. Des. Adriano Celso Guimarães, Data de Julgamento: 25/01/05.

–. Tribunal de Justiça de São Paulo. Agravo de Instrumento nº 7.042.107-1, Rel. Des. Carlos Bondioli, 12ª Câmara de Direito Privado, Data de Julgamento: 01/02/2006.

–. Superior Tribunal de Justiça. Medida Cautelar 3.274/SP, Relª Min. Nancy Andrighi, Data de Julgamento: 13/09/2007.

–. Superior Tribunal de Justiça. Recurso Especial 944.917/SP, Rel. Min. Nancy Andrighi, Data de Julgamento: 18/09/2008, T3 – Terceira Turma, Data de Publicação: DJe 03/10/2008.

–. Superior Tribunal de Justiça. Recurso Especial nº 944917 SP 2007/0093096-6, Relator: Ministra Nancy Andrighi, Data de Julgamento: 18/09/2008, T3 – Terceira Turma, Data de Publicação: DJe 03/10/2008.

–. Tribunal de Justiça de São Paulo. Apelação nº 990.10.090319-5 SP, Relator: Celso Pimentel, Data de Julgamento: 14/09/2010, 28ª Câmara de Direito Privado, Data de Publicação 23/09/2010.

–. Tribunal de Justiça de São Paulo. Apelação nº 0158979-08.2010.8.26.0100, Rel. Des. Jacob Valente, 12ª Câmara de Direito Privado, Data de Julgamento: 29/02/2012.

–. Superior Tribunal de Justiça. Recurso Especial 1.465.535/SP, Rel. Min. Luiz Felipe Salomão, Data de Julgamento: 21/06/2016, T4 – Quarta Turma, Data da Publicação: DJe 22/08/2016.

–. Superior Tribunal de Justiça. Terceira Turma, REsp nº 1.678.224-SP, Relator: Ministra Nancy Andrighi, Data de Julgamento: 07/05/2019, T3 – Terceira Turma, Data de Publicação: DJe 09/05/2019.

–. Superior Tribunal de Justiça. Recurso Especial nº 1327643 RS 2012/0117472-8, Relator: Ministro Luis Felipe Salomão, Data de Julgamento: 21/05/2019, T4 – Quarta Turma, Data de Publicação: DJe 06/08/2019.

Câmara de mediação e arbitragem empresarial-brasil. Cláusula Modelo. Disponível em: <https://camarb.com.br/arbitragem/clausula-modelo/>. Acesso em 27 jan. 2021.

Carneiro, Athos Gusmão. Arbitragem. Cláusula compromissória. Cognição e *imperium*. Medidas cautelares e antecipatórias. Civil law e Common law. Incompetência da justiça estatal. Revista dos Tribunais. São Paulo, v. 94, n. 839, p. 129-141, set. 2005.

Centro de arbitragem e mediação da câmara de comércio brasil-canadá. Modelos de cláusulas. Disponível em: <https://ccbc.org.br/cam-ccbc-centro-arbitragem-mediacao/resolucao-de-disputas/arbitragem/modelos-de-clausula/>. Acesso em 27 jan. 2021.

Figueira Júnior, Joel Dias. *Arbitragem, Jurisdição e Execução.* São Paulo: Revista dos Tribunais, 2ª ed., 1999, nº 14, p. 156.

Fórum permanente de processualistas civis. VIII Encontro do Fórum Permanente de Processualistas Civis, Didier Jr., Fredie; de Oliveira, Pedro Miranda; Rodrigues, Luiza; Lamy, Eduardo (Coord.). Enunciado nº 544, Florianópolis, 2017.

Jarrosson, Charles. *Réflexions sur l'imperium, in Études offertes à Pierre Bellet,* Paris, Litec, 1991, p. 245-279, p. 268.

Leão, Fernanda Gouvêa. *Arbitragem e Execução.* 2012. 140f. Dissertação (Mestrado em Direito) Faculdade de Direito da Universidade de São Paulo, São Paulo.

Nunes, Thiago Marinho. Arbitragem como método adequado de resolução de conflitos nos contratos agroindustriais *in* Lee, João Bosco; Mange, Flávia (eds), Revista Brasileira de Arbitragem, (Comitê Brasileiro de Arbitragem CBAr & IOB; Kluwer Law International 2019, Volume XVI Issue 62), pp. 58-79.

–. Thiago Marinho. *Arbitragem no agronegócio: flexibilidade, tecnicidade e adequação. In:* Reis, Marcos Hokumura (Coord.). Arbitragem no agronegócio. São Paulo: Verbatim, 2018. p. 21-35.

–. Thiago Marinho. *O Poder Judiciário da sede da arbitragem: o "juge d'appui".* Publicado em: 25 jun. 2019. Disponível em: <https://migalhas.uol.com.br/coluna/arbitragem-legal/305034/o-poder-judiciario-da-sede-da-arbitragem--o--juge-d-appui>. Acesso em 31 jan. 2021.

–. Thiago Marinho. *A Nova Lei do Agro e a arbitragem.* Publicado em: 28 abril 2020. Disponível em: <https://migalhas.uol.com.br/coluna/arbitragem-legal/325606/a-nova-lei-do-agro-e-a-arbitragem>. Acesso em 29 jan. 2021.

RODRIGUES, Roberto. *O céu é o limite para o agronegócio brasileiro*. Conjuntura Econômica, v. 60, n. 11. Rio de Janeiro: nov. 2006. p. 14-15.

REIS, Marcos Hokumura. *Títulos de financiamento do agronegócio e cláusula arbitral: coexistência pacífica e benéfica*. In: REIS, Marcos Hokumura (Coord.). *Arbitragem no agronegócio*. São Paulo: Verbatim, 2018. p. 151-157.

ZANCHIM, Kleber Luiz; NOVAES, Natália Fazano. *Infraestrutura e Agronegócio: modelagem de projetos estruturados*. São Paulo: *Quartier Latin*, 2016, p. 18-27.